国家社科基金重大项目"中国图书馆学史"（13&ZD153）结项成果

第一卷　绪　论　　　　　　　　　　　　　王余光　陆滢竹◎著

第二卷　先秦秦汉魏晋南北朝图书馆学史　　何官峰◎著

第三卷　隋唐五代图书馆学史　　　　　　　赵　晓◎著

第四卷　宋辽夏金元图书馆学史　　　　　　钱　昆◎著

第五卷　明代图书馆学史　　　　　　　　　熊　静◎著

第六卷　清代图书馆学史　　　　　　　　　熊　静◎著

第七卷　民国图书馆学理论　　　　　　　　王莞菁◎著

第八卷　民国图书馆学教育　　　　　　　　郑丽芬◎著

第九卷　民国图书馆学学术团体　　　　　　王　玮◎著

第十卷　民国图书馆学学者　　　　　　　　李诗苗◎著

第十一卷　民国文献学学者　　　　　　　　李诗苗◎编著

国家出版基金项目
NATIONAL PUBLICATION FOUNDATION

中国图书馆学史

第二卷

主　编　王余光
副主编　熊　静　吴永贵

赵晓　著

时代出版传媒股份有限公司
安徽教育出版社

图书在版编目（CIP）数据

中国图书馆学史. 第二卷 / 王余光主编；熊静，吴永贵副主编；赵晓著. -- 合肥：安徽教育出版社，2024.5
ISBN 978-7-5748-0242-1

Ⅰ.①中… Ⅱ.①王… ②熊… ③吴… ④赵… Ⅲ.①图书馆学史－研究－中国 Ⅳ.①G250.92

中国国家版本馆 CIP 数据核字（2024）第 093932 号

中国图书馆学史·第二卷
ZHONGGUO TUSHUGUANXUE SHI · DI-ER JUAN

出 版 人：费世平
策划编辑：江　舟
统筹编辑：江　舟　陶忠娣
责任编辑：付　静　杨菁菁　马小玲
装帧设计：张鑫坤
技术编辑：陈善军

出版发行：安徽教育出版社
地　　址：合肥市经开区繁华大道西路 398 号　邮编：230601
网　　址：http://www.ahep.com.cn
营销电话：(0551)63683012，63683013
排　　版：安徽时代华印出版服务有限责任公司
印　　刷：安徽新华印刷股份有限公司

开　　本：710 mm×1010 mm　1/16
印　　张：21.25
字　　数：252 千字
版　　次：2024 年 5 月第 1 版
印　　次：2024 年 5 月第 1 次印刷
定　　价：148.00 元

（如发现印装质量问题，影响阅读，请与本社营销部联系调换）

（长安）大兴善寺

（长安）大慈恩寺

玄奘雕塑

五台山金阁寺

庐山东林寺

唐代草书《法华经》

衡阳石鼓书院

石鼓书院大观楼

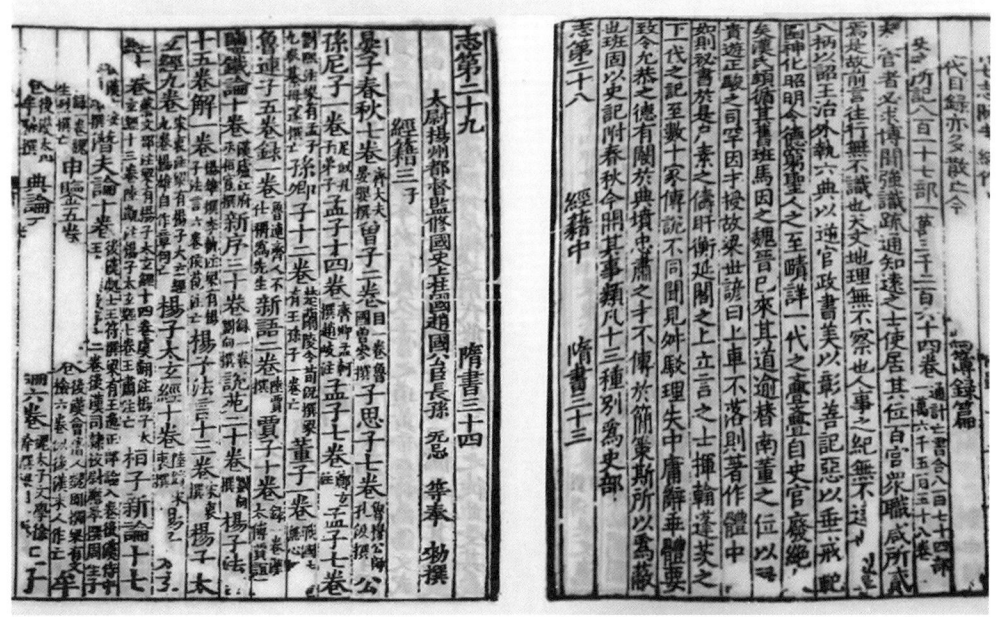

《隋书·经籍志》

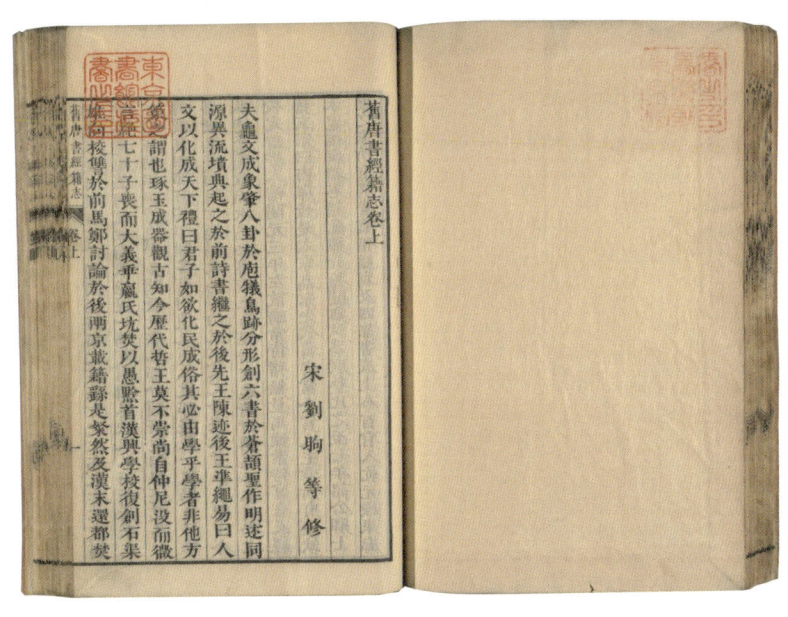

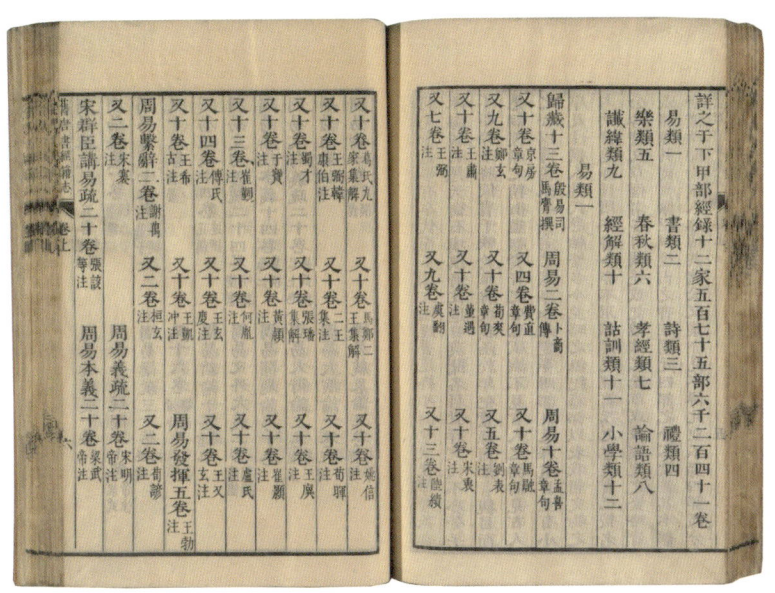

《旧唐书·经籍志》

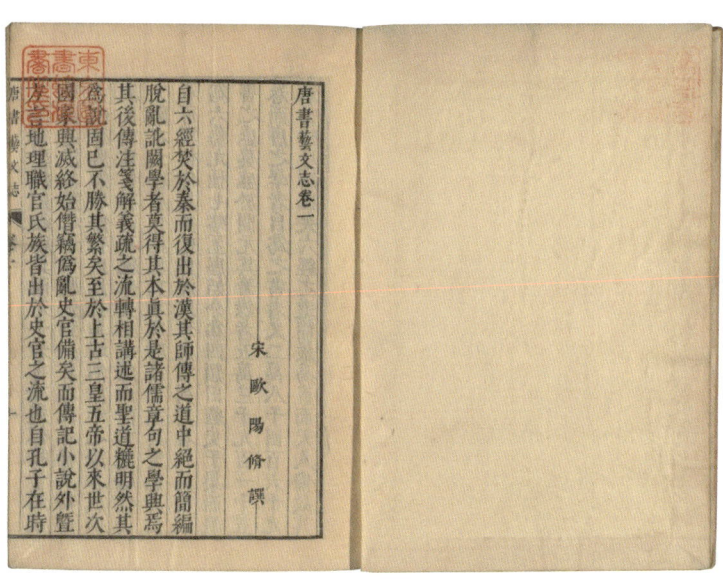

《新唐书·艺文志》

商殷之亡也紂為淫虐內史摯載圖而歸周燕丹
請獻秦皇不疑蕭何先收沛公乃王圖畫者有國
之鴻寶理亂之紀綱是以漢明宮殿贊茲粉繪之
功蜀郡學堂義存勸戒之道馬后女子尚願戴君
於唐堯石勒羯胡猶觀自古之忠孝登同博奕用
心自是名教樂事余嘗恨王充之不知言云人觀
圖畫上所畫古人也視畫古人如視死人見其面
而不若觀其言行古賢之道竹帛之所載燦然矣

叙畫之興廢

笠徒墻壁之畫哉余以此等之論與夫大笑其鄙
吝病其儒以食與耳對牛鼓簧又何異哉
圖畫之妙爰自秦漢可得而記降于魏晉代不乏
賢泊乎南北哲匠間出曹衞顧陸擅重價於前董
展孫楊垂妙迹于後張鄭兩家高步於隋室大安
兄弟首冠於皇朝此蓋尤所煊赫也世俗知尚者
其餘英妙今亦輝論漢武創置秘閣以聚圖書漢

歷代名畫記目錄

第九卷 唐朝上一百二十八人
第十卷 唐朝下七十九人
隋二十一人
後周一人
北齊十八

歷代名畫記卷第一
唐河東張彥遠愛賓 撰
明東吳毛 晉子晉 訂

叙畫之源流

夫畫者成教化助人倫窮神變測幽微與六籍同
功四時並運發於天然非繇述作古先聖王受命
應籙則有龜字効靈龍圖呈寶自巢燧以來皆有
此瑞迹暎乎瑤牒事傳乎金冊庖犧氏發於滎河

《历代名画记》

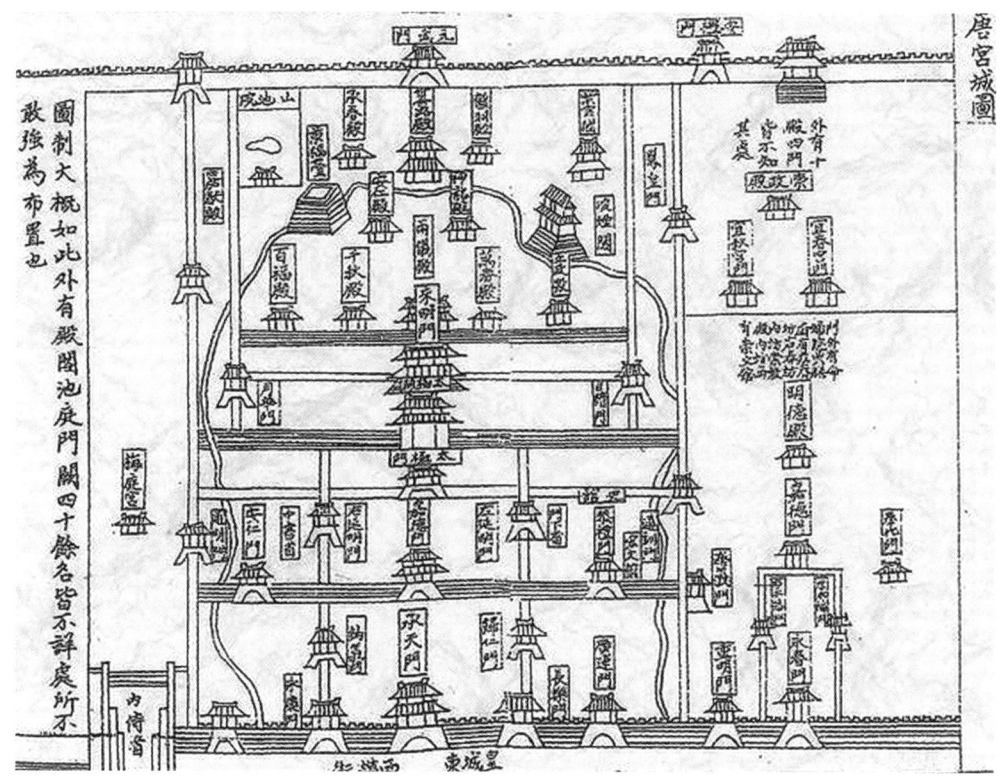

《唐宫城图》

总　序

1925年，梁启超先生在中华图书馆协会成立会上呼吁，建设"中国的图书馆学"，明确指出"对于中国的目录学（广义的）和现代的图书馆学都有充分智识"之人，才能将中国的图书馆学建设成一门独立的学科，成为"中国的图书馆学"（《中华图书馆协会成立会演说辞》）。自此之后，经过几代图书馆学学人的共同努力，中国现代图书馆学走完了从孕育到成熟的发展历程。

中国古代藏书文化源远流长，自刘向、刘歆父子校理群书起，积累了丰富的藏书经验与整理理论；以清末西学东渐、西方图书馆学思想传入为起点，现代意义上的图书馆在中国生根发芽，一代图书馆学家完成了中国图书馆学学科体系构建的历史使命。数千年来，一代代爱书人聚书万卷、丹黄不辍，谱写了世界文化史上关于书的学问最为绚丽的篇章。

近百年来，数代图书馆学家筚路蓝缕，将中国传统藏书管理、整理的方法和理念，与西方图书馆学思想相结合，完成了中国图书馆学的本土化进程。在这个过程中形成的思想、理论、著作、学术流派，为学科发展作出贡献的人物，以及学科教育、学术组织、刊物等，都属于中国图书馆学学科史的重要内容。今天，我们重视学科史、学术史，既为表彰前辈学人开山辟路之功，同时也是在回顾成就的基础上，为中国图书馆学的发展厘清思路。

按照学界惯例，学术史是体现学科成熟度的重要标志。然而，中国图书馆学虽历史悠久，但学科史的研究一直比较薄弱，成果较少且叙述都较为简略，未能建立起纵贯古今的图书馆学史研究框架。2017年，四卷本《中国图书馆史》出版，填补了我国图书馆史系统性研究的空白，我担纲其中《古代藏书卷》的主编。图书馆事业与图书馆学，为一体之两面，也是我长期以来重点关注的研究领域。在爬梳史料的过程中，我深感古代藏书与近现代图书馆事业之间的紧密联系，以及建立中国图书馆学史研究体系的必要性。

随着学界同道对"中国图书馆学史"研究意义认识的不断深入，我们愈发感到推进"中国图书馆学史"研究的紧迫。因此，2013年初，笔者向国家社科基金委提交了"中国图书馆学史"重大项目选题。选题通过后，我们组建了一支由国内知名高校图情领域中青年研究者组成的团队，共同完成课题申报，并于2013年11月获得立项，项目名称就是"中国图书馆学史"，项目号为"13&ZD153"，该项目的预定目标就是推出一套多卷本的《中国图书馆学史》。

2014年，我们于北京大学信息管理系召开开题报告会，徐雁教授、王子舟教授、姚伯岳教授、吴永贵教授等参会，就研究计划与实施方案提出了大量切实可行的建议。课题组根据专家意见，重新修改完善了研究大纲并确定分工，正式展开中国图书馆学史的资料收集与研究工作。

经过一年多的准备，2015年11月28日至29日，课题组在北大信息管理系召开第二次全体工作会议。经过两天的讨论，会议确定了各卷的主要内容、写作大纲，讨论开列了各时期重要图书馆学学人名录，进一步明确了研究思路，课题研究转入攻坚阶段。2016

年初至2019年底，是各分卷按照分工独立展开研究的阶段。其间，我们多次召开小型研讨会，就各卷研究遇到的问题展开讨论，同时协调进度，统一写作思路。为保证书稿质量，2020年元月2日至3日，课题组在北京召开第三次全体工作会议，从体例统一的角度，对各分卷初稿逐一审读并提出修改意见。2020年4月底，各分卷按计划完成了初稿。经过近半年的修改，2020年10月14日至18日，课题组在苏州召开结题审稿会，邀请苏州图书馆邱冠华、金德政、费巍和苏州大学李雅等专家学者与会，就审稿过程中发现的问题进行研讨。充分吸纳专家意见并对书稿进行修改后，2020年11月底，"中国图书馆学史"重大课题结项报告最终定稿，并于2021年3月通过鉴定，获批结项。

我与安徽教育出版社渊源颇深，2017年底，由我主编的十卷本《中国阅读通史》由安教社出版。在十余年"漫长"的合作中，安教社始终支持我们的工作，对作者的"拖延"保持了足够的宽容，并为出版做了大量认真细致的工作。因此，在与作者团队商议后，我们决定"再续前缘"，延续我们因《中国阅读通史》而结下的良好合作关系，共同做好《中国图书馆学史》的出版工作。2021年，安徽教育出版社将该项目的结项成果按照出版规范加以调整后，申报了国家出版基金，并于2022年3月正式获批。此后，按照国家出版基金时间要求，根据专家审读意见再次修改书稿，完善内容，打磨细节。

2023年10月14日至15日，在安徽教育出版社、河南大学新闻传播学院的支持下，我们在河南开封召开"《中国图书馆学史》出版推进会"，讨论了出版规范、书稿体例等问题。2024年3月14日至17日，为了解决出版过程中遇到的问题，安徽教育出版社在合肥召开了一次由作者和全体责编参加的终审会,对书稿进行最后的修改。至此,基本完成全书定稿工作,最终的成果就是这套即将与读者见面的十卷本《中国图书馆学史》,目次为:

第一卷　绪论　先秦秦汉魏晋南北朝图书馆学史
第二卷　隋唐五代图书馆学史
第三卷　宋辽夏金元图书馆学史
第四卷　明代图书馆学史
第五卷　清代图书馆学史
第六卷　民国图书馆学理论
第七卷　民国图书馆学教育
第八卷　民国图书馆学学术团体
第九卷　民国图书馆学学者
第十卷　民国文献学学者

第一卷分为《绪论》和《先秦秦汉魏晋南北朝图书馆学史》两部分。《绪论》重点解决中国图书馆学史研究中的重要理论问题,阐释我们对中国图书馆学、图书馆学史等基本概念的理解,梳理前人研究成果,确立研究的疆域与边界,构建全书总体框架,为后续研究奠定基础。按照我们的理解,中国图书馆学既应包括西学东渐、近代学术转型以来,西方图书馆学思想本土化后的成果,更应继承古代藏书整理的经验、方法、理论。近代学科体系的突出特征,就是分科越来越细,交叉越来越多。在近代学科体系建立的过程中,许多原本有密切联系的知识门类独立为专门的学科,图书馆学与文献学就是其中的代表,但从学术史的角度看,相关学科之间的客观联系是无论如何不应被忽视的。因此，在对前人研究成果进行梳理时，我们将之分为图书馆学与文献整理学两部分，以求更为全面地展现本领域的既有进展，帮助我们厘清思路，提炼重点研究问题。

从《先秦秦汉魏晋南北朝图书馆学史》至《清代图书馆学史》，属于中国图书馆学史的古代部分。我们认为，中国古代关于藏书的文化传统，是滋养中国图书馆学发生、发展的土壤，而系统的西方学科理论，奠定了中国图书馆学学科化、体系化的基石。中国古代藏书文化中关于藏书建设、整理、管理的思想与方法，是中国图书馆学的重要内容，也是"中国的图书馆学"的文化土壤与特色所在。因此，我们按照时间顺序将古代图书馆学划分为五个时段，分论每个时段图书馆学的历史发展、主要成就、代表人物，重点梳理各时段藏书管理与藏书整理思想、理论。具体内容有：古代藏书管理的思想与方法，即古代藏书收集、保存、利用等相关经验的总结；古代藏书整理的思想与方法，重点放在分类、编目、版本等藏书整理实践中总结的方法和理论。

民国是中国图书馆学学科体系建立的关键时期，有对传统藏书经验和理论的总结与继承，更有随近代学科体系建构而形成的新领域、新思想；也是中国图书馆学发展的关键阶段，在形塑学科体系结构、引领学科发展方向等方面产生了深远影响。此外，这一时期学人、著作不断涌现，学术团体、学科教育等学术建制的萌芽与成熟对于学科发展意义重大，同样应当进入学术史的范畴。而学人、著作是学术史的"主角"，以人为纲，学案体的写法更利于展现学派、学术发展之内在关联。故中国图书馆学发展至民国以后，有必要对其进行进一步的细分，以契合民国图书馆学在中国图书馆学史上的重要地位。在写作思路上，采用总分式结构。以一卷的篇幅总论民国图书馆学的发展背景、理论进展、学科建制；再以四卷的规模，择取民国图书馆学教育、学术团体、图书馆学与文献学学者等不同侧面，多维度展现民国图书馆学的发展面貌与主要成就，力求揭示近代中国图书馆学学科建构与转型的路径及其发展的内在机理。

"中国图书馆学史"的研究过程中，我的研究生、博士后也参与了课题讨论，从中选取相关论题撰写论文，为课题积累了丰富的前期成果和研究资料。由于工作变动，其中部分成员没有参与书稿的撰写，在此对他们的付出表示感谢。他们是北京大学范凡、许欢、张慧丽、李世娟、衡明明、张婵娟，清华大学王媛，中国人民大学王丽丽，河北大学赵元斌，青岛大学刘悦。

需要说明的是，在中国图书馆学史研究领域，许多基本概念尚存争议，学科史的研究框架与内容亦无成例可循，本书的观点仅代表一家之言。限于学力、时间，疏漏之处在所难免，诚盼学界同人不吝批评，就书中涉及的问题与我们展开讨论。

对学科史研究的重视，是学科发展到一定程度之后的学术自觉。对几千年来中国图书馆学成就的系统梳理，能够帮助我们找寻图书馆学史闪耀的思想光芒，确认值得今天借鉴的精神成果。当前图书馆学的发展也需要我们时常回望来路，通过反思历史，审视今天的问题，厘清前进的方向。当前，随着国民经济的快速发展，中国图书馆事业突飞猛进，取得了令世界瞩目的成就，图书馆是重要文化设施的理念深入人心。然而，与事业发展相伴的是图书馆学学科及其教育发展面临的困境。一方面，信息技术的革新赋予了以图书馆学为代表的信息学科无限的想象空间；另一方面，与现实脱节，对事业发展重大现实问题回应力不足，以及由此而生的关于学科必要性、独立性的悲观情绪，正在学科内部蔓延。历史总是相似的，如今，中国的图书馆学又走到了一个需要选择何去何从的关口。我们梳理图书馆学学术史时，不仅要铭记前辈先贤为构建学科作出的努力与贡献，更重要的是从历史经验中汲取养分，对今天的图书馆事业、图书馆学发展进行深入思考，厘清思路、拓展视野，透过纷繁的现象，为中国图书馆学未来的发展作出正确的道路选择。这也是时代赋予当代图书馆学学人的重大使命与责任！

十卷本《中国图书馆学史》的出版，仅是我们为上述目标所作的初步努力，而学术史的完善，仍需更多关心图书馆学的发展、深入理解"中国的图书馆学"内涵的学者共襄其事。我相信，图书馆是人类文明生活的"第二起居室"；中国的图书馆学，将有一个光明的未来！

是为总序。

王余光

2024年4月于北京

目录

引　言 / 1

第一章 / 25
隋唐五代时期藏书事业发展的历史背景

第一节　经济与藏书事业 / 26
　一、隋朝初年经济恢复 / 26
　二、唐朝经济繁荣 / 29
　三、五代十国时期经济重心南迁 / 33

第二节　政治与藏书事业 / 34
　一、改革官制 / 34
　二、建立科举取士制度 / 37

第三节　教育与藏书事业 / 40
　一、隋朝教育发展概况 / 40
　二、唐朝教育发展概况 / 41
　三、五代十国时期教育发展概况 / 45

第四节　技术变迁与藏书事业 / 46
　一、造纸技术 / 46
　二、雕版印刷术 / 52

第二章 / 64
隋唐五代时期的藏书事业

第一节　隋朝以前的藏书体系 / 65
　　一、官府藏书机构沿革 / 65
　　二、人员设置沿革 / 68

第二节　隋唐五代时期的官府藏书体系 / 72
　　一、官府藏书体系全貌 / 72
　　二、官府藏书体系构成 / 73
　　三、隋唐五代时期官府藏书体系的特征 / 93

第三节　隋唐五代时期的私人藏书体系 / 98
　　一、隋朝以前的私人藏书体系 / 99
　　二、隋唐五代时期私人藏书体系概况 / 103
　　三、隋唐五代时期的私人藏书政策 / 105
　　四、隋唐五代时期私人藏书家的主要分布区域 / 108
　　五、隋唐五代时期私人藏书家的主要类型及藏书体系的特点 / 115

第四节 隋唐五代时期的寺观藏书体系 / 129
　一、隋唐时期寺观藏书事业发展的背景 / 130
　二、官方寺观藏书体系建设 / 136
　三、隋唐时期的民间寺院藏书机构 / 139
　四、隋唐时期的民间宫观藏书机构 / 147

第五节 隋唐五代时期的书院藏书体系 / 151
　一、书院藏书体系的兴起 / 151
　二、官办书院的设立及其藏书建设 / 153
　三、民间书院的设立及其藏书建设 / 156

第三章 / 159
隋唐五代时期的藏书建设

第一节 官府藏书建设政策 / 160
　一、购求制度 / 160
　二、重书政策 / 161

第二节 官府藏书建设制度 / 163
　一、藏书建设制度的演变 / 164
　二、官府征书制度产生的背景 / 165

　　　　三、隋唐以前的献书制度与访书
　　　　　　制度 / 168
　　　　四、隋唐五代时期确立的购求
　　　　　　制度 / 172
　　　　五、购求制度在后世的发展 / 175

第三节　私人藏书体系的藏书建设 / 182
　　　　一、私人购买 / 182
　　　　二、抄录图书 / 184
　　　　三、藏书继承 / 186
　　　　四、藏书颁赏 / 187

第四节　寺观藏书体系的藏书建设 / 188
　　　　一、翻译佛经 / 188
　　　　二、抄写旧藏 / 190
　　　　三、校对经书 / 193
　　　　四、中外佛教藏书交流 / 193

第五节　隋唐五代时期民间藏书建设的
　　　　特征 / 194
　　　　一、藏书来源以抄写为核心 / 195
　　　　二、兴起校雠之风 / 195
　　　　三、具有自觉性特征 / 196

第四章 / 198
隋唐五代时期的藏书管理制度

第一节　官府藏书管理 / 199
  一、隋朝官府藏书管理 / 199
  二、唐朝官府藏书管理 / 203

第二节　图书装订形式 / 209
  一、卷轴装 / 210
  二、经折装 / 212
  三、旋风装 / 213

第三节　藏书保管制度 / 215
  一、官府藏书保管制度 / 215
  二、私人藏书保管制度 / 221
  三、寺观藏书管理体系的确立 / 223

第五章 / 227
隋唐五代时期的藏书整理

第一节　隋唐五代时期的藏书整理活动 / 227
  一、隋朝官府藏书的整理活动 / 227
  二、唐朝官府藏书的整理活动 / 231

第二节　藏书分类思想 / 234
  一、隋朝之前的图书分类方法 / 234
  二、隋唐五代时期的四部分类方法 / 237

第三节　藏书的流通与利用 / 239
　一、藏书的流通实践 / 240
　二、官府藏书的利用方式 / 245
　三、私人藏书的利用方式 / 250
　四、私人藏书的利用特点 / 257

第六章 / 262
隋唐五代时期的图书馆学学人及其思想

第一节　牛弘与《请开献书之路表》 / 263
　一、牛弘生平 / 263
　二、牛弘的图书馆学思想 / 264

第二节　魏徵与《隋书·经籍志》 / 271
　一、魏徵生平 / 271
　二、《隋书·经籍志》总序中的藏书建设思想 / 272
　三、《隋书·经籍志》的分类与著录思想 / 275
　四、《隋书·经籍志》的图书馆学思想价值 / 280

第七章 / 282
隋唐五代时期图书馆学思想发展概况

第一节　古代藏书体系的形成时期 / 283
　一、官府藏书体系完备 / 283
　二、私人藏书体系兴盛 / 284
　三、寺观藏书体系发展 / 285
　四、书院藏书体系产生 / 287

第二节 古代图书馆学思想的形成
时期 / 289
一、系统阐述官府藏书的
重要性 / 289
二、提出藏书的文化传承意义 / 290
三、开藏书沿革史研究之先河 / 291

第三节 古代藏书措理之术的规范化
时期 / 292
一、藏书建设制度 / 292
二、藏书整理制度 / 293

主要参考文献 / 296

索　引 / 308

后　记 / 320

引 言

一、研究隋唐五代时期图书馆学思想的意义

（一）隋唐五代时期特殊的社会环境

隋朝（581—618）是中国历史上在经历了五胡乱华和南北朝两个漫长的分裂时期后建立的大一统王朝。继之而起的唐朝（618—907）进一步巩固了全国统一的政治局面，在经济、军事、文化和科技等方面皆有精进，是我国封建社会发展中的一个高潮。在政治方面，国家政局相对稳定，这为藏书事业的发展和藏书实践活动的开展创造了良好的社会环境。在文化方面，随着科举制度的实行，私人藏书事业迅速发展，书院藏书体系开始产生，最终确立了包括官府藏书、私人藏书、寺观藏书和书院藏书在内的中国古代四大藏书体系。在科技方面，唐朝雕版印刷术的产生与发展使图书的出版方式由传统的抄写向刻印转变，图书的生产量和发行量有了明显提高，民间藏书之风盛行。隋唐之后的五代十国（907—979）是一段

大分裂时期，政权的频繁更迭和接连不断的天灾，使藏书事业遭到毁灭性打击。

自隋至五代十国的近四百年间，封建社会经历了由大一统到分裂的过程。藏书事业也伴随着封建社会的兴衰，经历了兴起、发展、繁荣、衰落直至被完全破坏的全过程。因而，对隋唐五代时期的藏书事业及图书馆学思想进行研究，能在较短时期内纵向观察影响藏书事业发展的因素，以及这一时期图书馆学思想发展的整体情况。

（二）隋唐五代时期拥有丰富的图书馆学著作

隋唐五代时期历来是中国古代目录学、版本学、校雠学和文献学研究的重要时期，因为这一时期与图书馆学相关的论著十分丰富，也出现了较多从事图书馆学相关研究的学人。如隋代秘书监牛弘的《请开献书之路表》被认为是我国历史上第一篇图书馆学论文，唐代魏徵的《隋书·经籍志》总序、毋煚的《古今书录·序》都被看作反映这一时期图书馆学思想的经典文章。与汉代刘向的《别录》、刘歆的《七略》以及南朝梁阮孝绪的《七录》相比，隋唐五代时期的图书馆学论著开始关注除图书编目以外的内容，如产生了有关图书流转的"五厄论"，以及有关官府征集图书的原则等理论。这些理论的出现标志着古代图书馆学研究的重点由分类目录向图书馆管理工作扩展。因而，对隋唐五代时期图书馆学论著进行研究，有利于进一步了解我国图书馆管理理论的源流和发展脉络。

二、隋唐五代时期图书馆学研究进展

目前国内学界对古代图书馆学的研究主要集中在"古代图书馆

学综合研究""古代图书馆学学人研究""古代图书馆学对当下图书馆建设的借鉴意义"这三个方面。隋唐五代时期图书馆学研究的内容多散见于古代图书馆学史研究的部分著作中，故本书通过对相关古代图书馆学研究文献的内容进行梳理，从"隋唐五代时期图书馆学理论研究概况"和"隋唐五代时期图书馆学学人研究概况"这两个方面对隋唐五代时期图书馆学研究著作进行整体论述。总体来看，目前国内学界开展的隋唐五代时期图书馆学研究大致可以分为两种：一种为综合性研究，即全面论述隋唐五代时期图书馆学发展的整体情况；另一种为专门性研究，即探讨隋唐五代时期图书馆学在某一领域的发展情况，如官府藏书研究、寺观藏书研究等。从研究成果的数量来看，后者明显多于前者。下面笔者分别从综合性和专门性两个方面对前人的研究成果予以介绍。

（一）隋唐五代时期图书馆学理论研究概况

作为古代图书馆学的一部分，隋唐五代时期的图书馆学多散见于图书馆学相关著作中，目前尚未出现专门研究隋唐五代时期图书馆学的著作，故本书主要列举涉及隋唐五代时期图书馆学的古代图书馆学和图书馆学导论类著作，并进行简要介绍。

吴仲强等著有《中国图书馆学史》，黄宗忠在该书的序言中指出全书的重点是第一章和第二章，第一章主要探讨了中国图书馆学史的一些基本理论问题，第二章梳理了中国图书馆学的发展脉络。另外，该书还分专题讨论了中国图书学史、中国藏书学史、中国图书分类学史、中国目录学史、中国版本学史、中国文献学史、中国图书馆学教育史等。其中，关于中国古代图书馆学史的内容主要集中在第二章第一节，作者首先从老子曾任周守藏室史推理出当时的藏室大致相当于今天的国家图书馆，分析了图书馆的相关工作包括图书的搜集、管理和提供使用的方法等，并且依据文献记载论证了中国图书馆学的萌芽时期为周朝的观点；其次，讨论了孔子在目录学和图书整理方面所作的贡献；再次，指出《汉书·艺文志》详细记载了汉代图书馆的活动和建立国家藏书的情况，认为"刘向的《别录》、刘歆的《七略》和班固的《汉书·艺文志》，是汉代图书馆学的重要文献，在中国图书馆学史上占有重要地位"[1]。该书中涉及隋唐五代时期图书馆学的内容多与《隋书·经籍志》《古今书录·序》等有关。该书根据《隋书·经籍志》的记载分析魏徵提出的"藏书"的概念和"藏用"的目的，论述了魏徵的图书馆学思想及其贡献。该书还介绍了隋代牛弘的《请开献书之路表》，并分析其中蕴含的图书馆学思想。此外，该书分析了唐代目录学家毋煚在目录学方面的成就，认为其《古今书录·序》是现存的古代目录学文献之一。

程焕文的《晚清图书馆学术思想史》，以西学东渐为经，以晚清图书馆的发展为纬，从西方图书馆观念与学术的流入、中国人翻译介绍与出国考察西方图书馆事业、外国人和中国人在中国宣传和建设近代图书馆事业等多个方面，全方位、多角度地阐述了在政治局势动荡不安、社会思潮汹涌澎湃的晚清时期，中国近代图书馆学术思想产生、发展和演变的过程。该书主要介绍晚清时期图书馆学术思想的发展脉络和西方图书馆学在中国发展的整体情况，虽未涉及隋唐五代时期图书馆学，但为隋唐五代时期图书馆学研究提供了范式和思路。

---

[1] 吴仲强等：《中国图书馆学史》，湖南出版社，1991年，第16页。

来新夏在《中国古代图书事业史概要》的第四章"图书事业的发展阶段——隋、唐、五代"中,对隋唐五代时期的图书形态和图书典藏、整理、编纂的情况进行了简要介绍。作者认为该时期是中国图书的第二次大集合时期。从图书形态来看,仍旧以手写本为主,不过雕版印刷术已经小范围地应用在经书的印刷上;装帧形式逐步由卷子本向叶子本过渡。从典藏情况来看,该时期的统治者们都重视对图书的征集和保管工作。隋炀帝时期,按照图书的质量进行分类管理,把图书分为上、中、下三品,以书轴来区别,并坚持"分库藏书",将甲、乙两部的图书藏于东都洛阳观文殿的东厢,将丙、丁两部的图书藏于西厢。到了唐代,由于国力雄厚,"除了大量地征集图书、保管图书,还在管理图书方面建立了一套比较完整的机构。主管图书工作的是秘书省,主要负责人称为秘书监……监下有少监为辅,另有秘书郎四人'掌甲乙丙丁四部之图籍,谓之四库',下设校书郎、正字等官"。除秘书省之外,还设有崇文馆、弘文馆用来收藏管理图书。唐玄宗时期,"准许百官到乾元殿参观阅览。从这时开始,国家图书可以开放了"。值得一提的是,来新夏将古代藏书楼的管理人员视为图书馆员:"玄宗把图书馆人员的社会地位、政治地位提得很高,在物质上也给了保证,国家有明文规定,向图书机构提供抄书、校书的物质条件。"[①] 从整理情况来看,隋唐五代时期重视对各类目录的编纂工作,具有代表性的目录学著作有《隋书·经籍志》《群书四部录》《古今书录》等。从编纂情况来看,来新夏论述了隋唐五代时期类书的编纂工作,简单介绍了该时期的部分类书,如《初学记》《群书治要》等。

---

① 来新夏:《中国古代图书事业史概要》,天津古籍出版社,1987年,第43—45页。

黄宗忠编著的《图书馆学导论》的第七章"图书馆学思想的发展"涉及古代图书馆学史，从理论角度阐述了图书馆学思想发展的一般问题，用客观的态度对中国古代图书馆学思想的发展情况进行了分析。该书认为："图书馆学的孕育时期从有图书馆知识的记载开始，到19世纪初结束。""从图书馆学研究的深度来看，我国从殷代就有关于图书馆的极为简单的记载，《周礼》的'辟藏说'则提出了图书馆的'藏'与'用'的问题，是我国图书馆学思想的萌芽。"从图书馆学研究的广度来看，由最初着眼于图书的整理、目录、摘要、分类，逐渐发展到研究馆舍建筑、书籍流通、图书馆的职能地位，再到关注书籍的采购、排架，研究图书馆学与其他学问的关系等，图书馆学的研究范围是在不断扩大的。该书认为汉代刘向的《别录》、刘歆的《七略》和班固的《汉书·艺文志》详细地记载了国家图书馆藏书校雠的过程与办法、分类编目的体系与内容，"这些专著和其他文献在我国图书馆文献中第一次比较系统地反映了我国古代图书馆的活动内容，记载了当时图书馆藏书的收集、整理、典籍和使用的情形等"。该书认为隋代秘书监牛弘的《请开献书之路表》系统论述了历代国家藏书的发展概况，唐代魏徵的《隋书·经籍志》总序标志着我国古代图书馆学发展进入了新的阶段，"图书馆积累的知识逐步走向成熟，并且出现了初步概括的理论"。此外，该书指出唐代以后"大批图书馆学者对前代的经验和学说进行总结，形成了比较系统的知识，在图书馆学的某些方面，提出了比较深刻的至今仍有其价值的理论"。[①]

任继愈主编的《中国藏书楼》，首先概述中国古代的藏书可分

---

① 黄宗忠编著：《图书馆学导论》，武汉大学出版社，1988年，第92—95页。

为官府藏书、私家藏书、佛道寺观藏书、书院藏书几个类型；其次，对中国藏书楼的相关问题进行讨论；再次，划分出先秦时期、秦汉时期、魏晋南北朝时期、隋唐五代时期、宋辽金元时期、明代、清代前期、近现代等八个历史时期，分别阐述各历史时期内中国藏书楼的发展状况，其中对晚清以前古代藏书楼的发展史的阐述尤为详细。书中涉及隋唐五代时期的内容主要包括两大部分：一部分为上编第二章第六节"藏书与书厄"中有关"书厄史研究"的内容，该部分提及隋代牛弘的《请开献书之路表》，对牛弘归纳的先秦至隋代以来发生的五次书厄进行了介绍，对牛弘"五厄论"之后各类书厄论的发展情况进行了总结和概括，并分析了书厄的成因与造成的后果，这些可为深入研究隋唐五代时期的书厄内容提供参考与借鉴。另一部分为中编第四章"隋唐五代时期的藏书"中对隋唐五代时期著名的民间藏书故事及藏书实践进行论述的内容，该部分介绍了毋煚的《古今书录·序》，并对其中蕴含的目录学思想进行了分析。隋唐五代时期作为中国古代四大藏书体系的形成时期，其藏书实践活动是图书馆实践活动的重要组成部分，因而该书有关隋唐五代时期藏书实践活动的论述为之后开展的隋唐五代时期图书馆学研究提供了丰富的研究对象。

傅璇琮、谢灼华主编的《中国藏书通史》对中国的藏书历史作了全面、系统的论述：以史为经，上起夏商周，下迄20世纪90年代，贯通古今；以藏书事业为纬，既以公藏、私藏为主体，又述及书院藏书、寺观藏书。该书认为藏书形态的演进与社会的进步密切相关，并以此为基本线索，划分藏书的各个发展阶段。该书编者以开阔的视野，综合了历史学、图书馆学、文献学、文化史、社会史等多门学科的理论与方法，对中国藏书史展开了跨学科、多方位的研究。该书第四编"隋唐五代藏书",分别介绍了隋唐五代时期的官府藏书、私家藏书、寺观藏书、书院藏书,其中对官府藏书的社会文化背景、藏书处所、藏书管理活动、藏书的聚散流转等进行了详细总结与概括,第二章第二节"唐代官府藏书"还对"晚唐官府藏书之衰落"进行了阐述与分析。

王子舟《图书馆学基础教程》的第二章第三节"中国的图书馆学"论述了古代的图书馆知识体系,并称:"中国古代图书馆知识体系有个专有名词——校雠学。它主要由目录学、版本学、校勘学等组成,均以图书为研究对象。"从西汉至隋唐五代时期,"由于图书主要靠抄写生成,加之流传不畅,屡有散亡,因此这一时期校雠学对图书的研究,主要内容是撮旨意、叙作者、定是非、考存亡、分类例、明源流等。代表作有汉代班固的《汉书·艺文志》(主要是依刘向之子刘歆的《七略》撰成)、唐代魏徵的《隋书·经籍志》等"。①

《中国图书馆学学科史》为"中国学科史研究报告系列"丛书中的一册。该书在编写过程中大体遵循了古代、近代、现当代的时间顺序,以及学科孕育、萌芽、建立和发展的逻辑顺序。该书第一章第三节第七部分对隋唐时期官府藏书的发展情况进行了简要介绍,第二章第二节第四部分对魏徵的目录学思想进行了简要介绍。该书虽然在章节标题上采用中国古代图书馆学的概念,但是在内容叙述中仍旧采用原有的中国古代藏书楼的说法,并且将目录学作为图书馆学的分支学科进行研究。

吴晞《图书馆史话》的主体内容共分为七个部分,其中第一部

---

① 王子舟:《图书馆学基础教程》,武汉大学出版社,2003年,第41页。

分"文明渊薮"对中国古代文献及其收藏内容,以及中国古代藏书、藏书楼和图书馆进行了介绍,涉及隋唐时期的内容较少。此外,该书第三部分"悚然惊梦"对梁启超有关中国古代图书馆学的论述进行了深入的阐述。

傅荣贤《中国古代图书馆学思想史》主要对中国古代图书馆学思想的发展历史进行论述,其中第一章"绪论"对"中国古代""中国古代图书馆""中国古代图书馆学""中国古代图书馆学思想"的内涵进行了系统的介绍。该书认为"基于中国古代历史悠久、积淀深厚的数千年图书馆实践,中国先贤也产生了关于图书馆的理论思考,形成了独特的中国古代'图书馆学'",并且"中国古代图书馆学以古代图书馆实践和理论的总和为对象,一方面,要对古代的图书馆实践所折射出来的认识进行理论总结","另一方面,又要对古人在实践基础上形成的理论总结再行总结,分析其是非得失和特点规律"。因此,"图书馆学是以历史上具体存在的图书馆为对象,围绕文献收集、整理、保存和利用的具体文献实践而形成的理论总结或再总结,是一门'关于'图书馆实践的理论知识之学"。该书第七章"隋唐五代时期的藏书理论与实践及其图书馆学思想"专门对《请开献书之路表》和《隋书·经籍志》所反映的隋唐时期人们的文献观进行了详细的论述,并对隋唐时期官府藏书中的副本与装帧制度进行了介绍。该书认为文献内容的判分"是中国古代图书馆学思想的逻辑起点,影响到图书馆学思想的走向。当历史发展到隋唐五代时期,图书馆学思想的一个重大特色即在于以明确的话语,对文献的双重本质(知识内容和价值内容)做出了清晰的揭示",并称牛弘的《请开献书之路表》是"最早系统阐述文献功能的史料"。①

（二）隋唐五代时期图书馆学学人研究概况

目前所见到的中国古代图书馆学论著中有关图书馆学学人研究的内容，主要包括对图书馆学学人的学术经历、撰述、学术观点等的评述。除上述专著外，还有一些论文涉及隋唐五代时期图书馆学学人研究。

罗康泰在《牛弘〈请开献书之路表〉简析》一文中论述了牛弘的《请开献书之路表》在图书馆学、文献学方面的价值，并详细解析了牛弘提出的"五厄论"，认为"牛弘的献书之表，对抢救、收集、整理文献典籍，发展文化，弘扬文教，做出了不可磨灭的贡献，让后人敬仰的同时更能激发我们对祖国文献典籍保护与传承的热情"②。

马慧萍在《牛弘文献学考》一文中具体论述了牛弘的文献学思想以及《请开献书之路表》中蕴含的目录学思想，指出牛弘首倡献书，丰富典籍，编订书目，尤其认识到了古代目录学的发展规律，对文献典籍的保存和传承均作出了重要贡献。③

梅海燕在《对牛弘〈请开献书之路表〉的探讨》一文中提出，牛弘"是古代第一个探寻图书聚散规律的图书馆学家"。她认为牛弘在担任秘书监执掌隋朝官府藏书的过程中，"在丰富图书馆实践的基础上写成《请开献书之路表》。该奏表是历史上第一篇专门论

---

① 傅荣贤：《中国古代图书馆学思想史》，黄山书社，2016年，第3、5、203页。
② 罗康泰：《牛弘〈请开献书之路表〉简析》，《上海高校图书情报工作研究》2009年第4期。
③ 马慧萍：《牛弘文献学考》，《图书馆学刊》2013年第1期。

述图书馆理论的文献,对我国古代官府藏书的发展产生了深远的影响,是今大学习研究中国古代图书馆学史的最重要文献之一"。①

陈蓉在《〈隋书·经籍志〉总序对牛弘"五厄论"的受容》一文中提出,《隋书·经籍志》总序的内容源于《七录叙目》和牛弘的"五厄论",该总序对"五厄论"的借鉴、吸收和继承,即其对牛弘"五厄论"的受容,使其成为目录学文献中的重要篇什。该总序将秦至隋的五次书厄连成一个整体,使后人更加了解这段历史。②

张宏荣在《谈唐洛阳籍元行冲、毋煚对目录学的贡献》一文中详细介绍了元行冲与《群书四部录》、毋煚与《古今书录》的关系,并系统分析了毋煚在目录学治学方面的思想、理论和态度,认为元行冲与毋煚共同编写的《群书四部录》是"开创官修目录中辑录体提要之方法"的著作。③

鲁海在《毋煚〈古今书录·序〉——我国最早的情报学文献》一文中指出,毋煚的《古今书录·序》是中国最早的情报学文献,其"不仅概述了传统的文献典籍的重要作用,而且阐明作为现代观念的情报的意义和任务"。这是因为毋煚在《古今书录·序》中提出的"使书千帙于掌眸,披万函于年祀,览录而知旨,观目而悉词"的观点是在说明掌握二次文献对开展研究工作的意义。④

何瑞云在《毋煚的书目实践活动及其成就》一文中详细介绍了

---

① 梅海燕:《对牛弘〈请开献书之路表〉的探讨》,《河南图书馆学刊》2002年第3期。
② 陈蓉:《〈隋书·经籍志〉总序对牛弘"五厄论"的受容》,《佳木斯职业学院学报》2016年第8期。
③ 张宏荣:《谈唐洛阳籍元行冲、毋煚对目录学的贡献》,《河南图书馆学刊》2004年第5期。
④ 鲁海:《毋煚〈古今书录·序〉——我国最早的情报学文献》,《图书情报工作》1984年第2期。

毋煚的目录学思想、目录学实践活动，列举和分析了《古今书录》《群书四部录》中类目的设置情况。①

（三）隋唐五代时期图书馆学研究中存在的不足

通过上述探讨和总结，我们从不同的视角和层面对目前我国图书馆学界有关隋唐五代时期图书馆学研究的情况产生了一定的了解。上述专著与论文对隋唐五代时期图书馆学研究提出了一些具有重要学术价值的观点，为拓宽和深化该领域的研究奠定了基础。但总体来看，以往对隋唐五代时期图书馆学发展史的研究仍存在诸多不足之处，主要表现在以下几个方面。

第一，对于隋唐五代时期图书馆学的发展过程缺少系统的研究。相关著述在提及隋唐五代时期图书馆实践时大多内容较为简略，在针对隋唐五代时期图书馆学发展整体情况的概述方面更是存在欠缺。

第二，对于隋唐五代时期图书馆学学人的个案研究不足。个案研究是宏观研究的基础，虽然隋唐五代时期图书馆学论著存者不多，但是吉光片羽，弥足珍贵，有必要对隋唐五代时期图书馆学学人及其图书馆学论著进行深入研究，以期全面反映隋唐五代时期图书馆学发展的特征和规律。

第三，关于隋唐五代时期图书馆学学人对图书馆学发展、学术发展和社会发展各层面的影响和意义的研究不够具体深入。比如，上述部分专著及文章在谈到隋唐五代时期图书馆学学人时，多是对其某一图书馆实践活动进行介绍，或对其提出的理论加以分析，但

---

① 何瑞云：《毋煚的书目实践活动及其成就》，《广东图书馆学刊》1987年第2期。

对该实践活动和理论产生的思想源头,以及该实践活动和理论对后续图书馆学发展、学术发展等方面的意义的论述不够全面、深入。

三、隋唐五代时期图书馆学的研究对象

(一)本书对古代图书馆学的定义

自20世纪西方图书馆学传入中国以来,国内图书馆学界一直存在"图书馆学是20世纪以后出现的"这一观点,与此相关联的是"中国古代图书馆学思想和20世纪以后的中国图书馆学严格意义上并没有学术继承和血缘关系,中国图书馆学并不是在我国古代有关图书馆学思想基础上形成的,它们是两套学术系统"[①]的观点。受以上两种观点的影响,我国古代藏书楼在相当长的时间内不受学界的重视,因而对古代藏书楼成功经验的概括和总结存在相当大的缺失,蕴含在古代藏书楼中的中国古代图书馆学学科思想体系难以得到充分的挖掘,但未被充分发掘并不能说明中国古代不存在图书馆学。

杜定友在《图书馆学的内容和方法》一文中说道:"图书馆学成为专门科学,也非一朝一夕偶然间事。在我国历史上看来,自从周室之守藏史老聃起,已有藏书之官。汉刘向、刘歆起,就有目录之学。班固因《七略》而作《艺文志》,其后各代正史每附有经籍志。其他如郑樵的《校雠略》、章学诚的《校雠通义》,也都是研究图书馆学的成绩。历来中国学者,凡是饱学之士,没有不研究目

---

① 戎军涛、吴杏冉:《中国图书馆学理论发展史的历史分期问题研究》,《图书馆建设》2008年第3期。

录、版目之学。可见图书馆学在中国本来是发达很早，而且是很普遍的。"① 刘国钧在《什么是图书馆学》一文中指出，"图书馆学就是关于图书馆的科学。也就是研究图书馆事业的性质和规律及其各个组成要素的性质和规律的科学"，并认为"在图书馆学领域内，各个科目的发展是不平衡的。有的已有上千年或几百年的历史，有的才有几十年的研究，有的才开始研究。举例来说：目录学，包括版本学和校勘学，至迟在南宋就已成立而且早为学者们所承认了；但是图书管理学只是近百年来才发生的，在我国不过三四十年的历史；而关于读者的研究，无论中外，直到近年才开始。在图书管理学中，各部分的发展也是不平衡的。分类和编目的研究随着目录学的发生就已发生了。但采购、流通、推广等等到最近几十年才成为专门研究的对象"。②

综上所述，在中国古代悠久的历史进程中已经积累了雄厚的图书馆实践基础，并且产生了关于图书馆学的理论思考，形成了专门的学科如版本学、目录学、校雠学等，这些学科与中国古代图书馆实践相结合，共同推动了中国古代图书馆学的产生。虽然中国古代图书馆学与1807年德国学者马丁·施莱廷格（Martin Schrettinger）所提出的近代意义上的西方图书馆学并不完全相同，但这并不影响我们称其为"中国图书馆学"。黄宗忠在《图书馆学导论》一书中将"广义图书馆学"定义为"研究图书馆收集、加工、整理、保藏、控制图书与一定社会读者利用藏书之矛盾产生与发展规律的科学"③。本书借鉴此观点，将"中国古代图书馆学"定义为本质上是

---

① 杜定友：《图书馆学的内容和方法》，《教育杂志》1926年第18卷第9期。
② 刘国钧：《什么是图书馆学》，《中国科学院图书馆通讯》1957年第1期。
③ 黄宗忠编著：《图书馆学导论》，武汉大学出版社，1988年，第28页。

研究藏书楼收集、加工、整理、保藏、控制、交流图书与一定社会读者利用藏书之矛盾产生与发展规律的科学。它产生于古人认识世界和改造世界的过程中,是古人对图书流转、建设、管理等实践活动经验的总结。

(二)本书的研究对象

结合隋唐五代时期的时代特点,本书开展的隋唐五代时期图书馆学研究的对象主要包括以下几个:(1)藏书管理实践方法论体系,即对藏书收集、保存、利用等相关经验的总结;(2)藏书整理思想,重点是分类、编目、版本考辨等过程中所产生的制度、方法;(3)藏书利用思想,具体包括藏书借阅思想及活动、藏书钤印文化、藏书旨趣表达等;(4)藏书流通管理制度及藏书传播现象;(5)隋唐五代时期图书馆学思想的发展脉络、内涵及其现代传承价值。

除了上述研究对象之外,本书还需要对隋唐五代时期的校雠学、版本学、目录学等进行研究。校雠学是关于古代典籍整理的一门学问,有学者认为,校雠学是中国图书馆学的源头。但是,我们认为,按照与图书收藏、利用的关系的密切程度,校雠学可被分为三个层次:第一层次是与藏书活动直接相关的目录学、版本学等;第二层次是与藏书活动间接相关的辑佚学、辨伪学等;第三层次是校勘、注释等相对独立的学问,它们并非藏书整理活动的必备工作。其中,第一层次的内容应当属于隋唐五代时期图书馆学的研究范畴,第二层次和第三层次的内容不应作为隋唐五代时期图书馆学研究的一部分,而应归入图书馆学相关学科给予适当的介绍和研究。

四、藏书事业与古代图书馆学

鸦片战争后,清朝的闭关锁国状态被打破,图书馆学伴随着当时西方的先进技术一起传入中国并不断得到发展。受当时社会条件的影响,人们认为图书馆"是现代新进事业之一"①,而将传统的藏书楼看作封建遗留的糟粕,这实际上否认了"中国古代图书馆"的存在。这种观念可见于李小缘的《图书馆学》一书,李小缘在书中说道:"夫图书馆乃文明国之征象,观一国图书馆,可以见一国文化之消长。图书馆中之书,乃动的,非静的;必须流通;非为落灰装饰而设,故书应可以借出图书馆,回家去用。"② 反观中国的藏书楼则是"(1)静的 (2)设在山林 (3)官府办的 (4)被动的 (5)贵族式的 (6)贵保存 (7)注重学术著作 (8)文化结晶的机关 (9)腐败化的"③。受此观念的影响,当时图书馆学界在进行图书馆学研究的过程中普遍将中国古代传承千年的藏书机构称为"古代藏书楼",而否认中国古代存在图书馆的事实。

造成上述现象的主要原因是我国近现代图书馆学的建立主要受欧美图书馆学的影响,在具体的研究和教育中多以西方国家的图书馆学理论为基础。我国多数图书馆学学者坚信"开放性"是图书馆的核心特征,收集、整理和保存中国古代文献的机构——藏书楼不具有"开放性",因而"中国古代没有图书馆"这一观念一直被我国图书馆学界奉为圭臬。即使有如梁启超这样的著名学者呼吁建立

---

① 杜定友:《图书馆学概论》,商务印书馆,1927年,第1页。
② 李小缘:《图书馆学》,国家图书馆出版社,2014年,第2页。
③ 李小缘:《图书馆学》,国家图书馆出版社,2014年,第3页。

"中国的图书馆学",也未能动摇欧美图书馆学在国内学界的话语权。

这种观念的影响一直持续到今天,我国图书馆学学者在研究中国古代图书和图书馆事业史时仍旧使用"藏书"一词,而不承认中国古代存在图书馆事业。如陈源蒸认为"科学研究可以追本溯源,但把古代的藏书楼思想说成是图书馆思想则未必妥帖,其客观的消极影响也是学者们所始料未及","藏书楼思想实质上是封建主义流毒在文献收藏利用上的一种表现"。① 严文郁在《中国图书馆发展史:自清末至抗战胜利》一书中虽然以"中国"冠名图书馆,但之后又专门指出该书的历史时期为"自清末至抗战胜利",默认中国在清朝末年之前并无图书馆之实。②

1925年,梁启超在《中华图书馆协会成立会演说辞》中说道:"中国从前虽没有'图书馆学'这个名词,但这种学问却是渊源发达得很早。"③ 随着时代的发展,越来越多的学者开始关注中国古代图书馆学研究。伴随着"中国古代图书馆学思想史"(项目批准号:10BTQ002)、"中国图书馆学史专题研究"(项目批准号:13AZD066)、"中国图书馆学史"(项目批准号:13&ZD153)、"中国图书馆史"(项目批准号:14FTQ003)等国家社科基金项目相继立项,越来越多的学者开始认同"中国古代具有图书馆和图书馆事业"这一事实,并对其进行深入探讨。如吴仲强等在《中国图书馆学史》一书中说道:"图书馆是一个发扬文化、保存文化的机构。无论哪一个

---

① 陈源蒸:《宏观图书馆学》,北京大学出版社,1989年,第8—9页。
② 严文郁:《中国图书馆发展史:自清末至抗战胜利》,台湾枫城出版社,1983年,第6页。
③ 中国图书馆学会主编,《建筑创作》杂志社编:《百年文萃:空谷余音》,中国城市出版社,2005年,第45页。

开化较早的民族，莫不有他们的图书，既然有图书，就可能有一保藏图书的所在。这个所在就是图书馆，这就是图书馆的起源。"① 谢灼华在《中国图书和图书馆史》（修订本）中论及中国古代图书馆时提出，"从历史角度看，古代藏书处（古代图书馆）即是为一定的目的积累典籍（图书），有专门人员负责保存、整理，并提供使用的藏书处所"②，以此来佐证我国古代就存在图书馆，并具有图书馆事业。

图书馆作为收集、整理、保存书籍的机构自古就存在，但它成为一种服务社会和发展教育的工具则是从 20 世纪 20 年代开始的。刘国钧在《图书馆学要旨》一书中对图书馆下的定义是"图书馆乃是以搜罗人类一切思想与活动之记载为目的，用最科学、最经济的方法保存它们，整理它们，以便利社会上一切人使用的机关"③。正如刘国钧所言，中国古代的藏书机构，无论是藏书楼还是藏书处，从其作为文献收集、整理、保管和利用机构的角度来看，都承担着近代图书馆"搜罗人类一切思想与活动之记载"的职能，这也是西方国家的图书馆作为图书保管机构所具有的根本职能。虽然我国古代图书馆与西方国家的图书馆在是否具有开放性以及图书是否全民公有等方面存在着差异，但我们不能据此否定中国古代具有图书馆这一事实。正如巴特勒在《图书馆学导论》中所说，"书籍是保存人类记忆的一种社会机制，而图书馆则是将这种记忆移植到活着的

---

① 吴仲强等：《中国图书馆学史》，湖南出版社，1991 年，第 12 页。
② 谢灼华主编：《中国图书和图书馆史》（修订本），武汉大学出版社，2005 年，"绪论"第 3 页。
③ 刘国钧编：《图书馆学要旨》，中华书局，1934 年，第 5 页。

个人意识中一种社会装置"①，中国古代藏书楼作为古籍的保管处所，也具有传承书籍、保存人类记忆的功能。中国古代藏书楼与西方国家的图书馆在文献收集、整理、保管与利用等方面具有共性，两者都是文化生成、保存和传播的单位。由此可知，中国古代虽无图书馆之名，但有图书馆之实。因而，本书对隋唐五代时期的图书馆实践和图书馆学理论、思想的研究，主要是以隋唐五代时期的官府藏书、私人藏书、寺观藏书、书院藏书这四大藏书体系中的藏书机构（或藏书楼）为研究对象的。

五、古代图书馆学与相关学科的关系

（一）与古典文献学的关系

1920 年，梁启超在《清代学术概论》一书中提出"文献学"这一概念。1928 年，郑鹤声、郑鹤春编纂的《中国文献学概要》一书正式将"文献学"用于书名中。之后，"文献学"逐步取代"校雠学"这一古典称谓。1991 年出版的《文献学辞典》对"文献学"作了解释："即研究文献的产生、发展、整理和利用的专门学科。在我国通常有两个含义：一指传统意义上的文献学（或称古典文献学），一指现代文献学。我国古时称从事文献整理与研究的学者为校雠学家。传统文献学正是在综合校雠、目录、版本诸学的基础上发展起来的，是指研究我国古典文献的源流、特点、处理原则和方法（如分类、目录、版本、辨伪、校勘、注释、编纂、辑佚

---

① 皮尔斯·巴特勒著，谢欢译：《图书馆学导论》，海洋出版社，2018 年，"绪论"第 1 页。

等）及其利用的一门学科。"① 该学科的研究对象主要包括图书、档案等文献资料。

关于古典文献学与古代图书馆学之间的关系，目前学界主要存在两种观点：第一种观点认为古典文献学是古代图书馆学的分支。如吴仲强等合著的《中国图书馆学史》将中国文献学史作为中国古代图书馆学史的一部分进行阐述；王余光在《藏书家、文献家与文献学家》一文中说道："传统的图书馆学与文献学，都是在社会藏书的基础上发展起来的，本无学术界限与区别。只是西学引进之后，始有'图书馆学'之名。而那些文献学家们，仍踏着传统藏书家的步伐，艰难而寂寞地走进新时代。"② 第二种观点认为古典文献学与古代图书馆学之间存在并列交叉的关系。如王子舟在《图书馆学基础教程》中指出古典文献学"涉及古文献的版本、目录、校勘、辑佚、辨伪、注释、编纂等内容，颇重于客观知识的微观研究"，"文献学与图书馆学有着非常紧密的关联"。③《中国图书馆学学科史》一书则认为："一方面，并不是所有的文献学都必然与图书馆学有关；另一方面，文献学虽然是图书馆学的核心内容，但图书馆学除了文献学这个核心之外，还包括馆员、管理、读者、事业等其他外围内容。正是由于图书馆学与文献学之间的异同关系，决定了两者的共存和共荣。共存是指，一方不能取代另一方；共荣是指，一方的研究成果可以加强或促进对另一方的深入研究。"④

---

① 赵国璋、潘树广主编：《文献学辞典》，江西教育出版社，1991年，第186页。
② 王余光：《藏书家、文献家与文献学家》，《图书情报工作》2009年第11期。
③ 王子舟：《图书馆学基础教程》，武汉大学出版社，2003年，第241页。
④ 中国科学技术协会主编，中国图书馆学会编著：《中国图书馆学学科史》，中国科学技术出版社，2014年，第50页。

基于上述观点，我们认为中国古代图书馆学与古典文献学之间存在并列交叉的关系。除了相同的部分，我们也要看到它们的区别。"古文献学以古代文献典籍的形式内容和整理它的各个环节为骨架，构筑了所需要的古代语言文字、古籍目录版本、校勘辨伪、辑佚、古代历史文化等有关知识，以及运用这些知识解决实际问题的方法，形成了一个独立的学科"，"古文献学本身又有许多分支，诸如注释、校勘、目录、版本、辨伪、辑佚、编纂等，可见它是一个成熟的学科"。①古典文献学中的文献有序化整理思想与方法，文献整理、校勘、翻译等大规模活动均属于古代图书馆学的研究范畴，但古典文献学中的文献注释、校勘、解释、翻译等具体方法则不在古代图书馆学的研究范畴之内。

（二）与目录学的关系

关于图书馆学与目录学的关系，学界存在着两种对立的观点：一种观点认为图书馆学应包含目录学，两者是从属关系；另一种观点认为图书馆学不包含目录学，两者是平行（并列）关系。

持第一种观点的学者代表是黄宗忠。他在《关于图书馆学的对象和任务》一文中明确赞同图书馆学包含目录学的观点，他认为"目录学与图书分类学、编目学等是并列（平行）关系，但它们都包含在图书馆学里，作为图书馆学的组成部分"②。这种观点也可见于吴仲强等合著的《中国图书馆学史》，该书将中国目录学史作为中国古代图书馆学史的一部分进行阐述。第二种观点可见于徐国仟

---

① 孙钦善：《中国古文献学史简编》，高等教育出版社，2001年，第2—3页。
② 黄宗忠、郭玉湘、陈冠忠：《关于图书馆学的对象和任务》，《图书馆学通讯》1960年第5期。

主编的《目录学》一书，该书认为"目录学与图书馆学是相近学科，关系非常密切。……两者虽有某些相同之处，但各自有不同的研究对象和内容及理论体系，应是平行关系和相互为用的关系"①。丘巴梁在《普通图书馆学》一书中也认为"在图书馆学和目录学之间，存在着特别密切的相互作用"②。《中国图书馆学学科史》一书提出："一方面，并不是所有的目录学都必然与图书馆学有关……另一方面，目录学虽然是图书馆学之核心，但图书馆学除了目录学这个核心之外，还包括文献的收集、保存和利用以及馆员、管理、读者、事业等其他外围内容。因此，图书馆学与目录学也呈现为共存共荣的关系。"③

综上所述，无论持哪种观点，学者们均认同图书馆学和目录学之间存在密切的关系。关于古代图书馆学和目录学的关系，我们认为古代图书馆学包含目录学的理论成果和实践方法，就研究对象而言，目录学的研究对象是书目，古代图书馆学的研究对象包含但不限于藏书目录，还包括藏书管理的思想与方法等。

（三）与藏书学的关系

王余光在《中国文献史》（第一卷）中将古代藏书学的内容归纳为如下几个方面：（1）关于图书的价值以及藏书的旨趣和情趣的研究；（2）关于藏书沿革、藏书机构（或藏书楼）演变以及历代藏

---

① 徐国仟主编：《目录学》，中国医药科技出版社，1994年，第8—9页。
② O. C. 丘巴梁著，徐克敏等译：《普通图书馆学》，书目文献出版社，1983年，第47页。
③ 中国科学技术协会主编，中国图书馆学会编著：《中国图书馆学学科史》，中国科学技术出版社，2014年，第51—52页。

书家的研究；(3) 关于藏书实践的研究。① 徐雁在《我国古代藏书实践和藏书思想的历史总结——中国古代藏书学述略》一文中对"措理之术"作了解释："'措理之术'，所指应该就是我们所说的古代藏书学的一个重要内容，即在典籍收藏活动中，访求、编目、庋藏、保管以至刊布借钞图书等具体实践。"② 吴仲强等合著的《中国图书馆学史》将中国藏书学史作为中国古代图书馆学史的一部分进行阐述。

基于前人观点，我们认为，古代图书馆学与藏书学之间存在交叉关系，古代图书馆学涵盖藏书的保存、整理和研究，以及藏书旨趣、书目推荐等内容。本书将在藏书学研究的基础上进一步探讨古代图书利用观念、图书交流及其影响等有关藏用矛盾、藏书建设等现代图书馆学研究中普遍关注的问题，以作补充。

（四）与版本学的关系

杜定友在《图书馆学的内容和方法》（续）一文中说道："中国的版目学，原为专门学问。但向无专书，又无科学的研究。所以这种学问，不绝如缕。现在研究图书馆学的人，正宜切实研究，以期保存国粹。其余我国固有的校雠学、目录学、提要学等等，都于世界学术上有极大之贡献。"③ 由此可知，版本学作为"从古籍的版本源流和相互关系中，研究古籍版本的异同优劣，鉴定古籍版本的真伪，评定古籍版本的功用价值，并从中总结工作的规律性和方法的

---

① 王余光：《中国文献史》（第一卷），武汉大学出版社，1993年，第107页。
② 徐雁：《我国古代藏书实践和藏书思想的历史总结——中国古代藏书学述略》，《四川图书馆学报》1986年第1期。
③ 杜定友：《图书馆学的内容和方法》（续），《教育杂志》1926年第18卷第10期。

一门科学"①，其内容来源于图书管理实践，又反过来指导图书收集、保存工作。我们认为古代图书馆学与版本学之间具有从属关系，版本学作为考辨古籍源流的学问，是古代图书馆学的重要组成部分。

---

① 郭松年：《古籍版本学与其相关学科的关系》，《黑龙江图书馆》1989年第5期。

第一章

隋唐五代时期藏书事业发展的历史背景

公元581年，北周静帝宇文阐禅位于杨坚，北周灭亡，杨坚代北周建隋，定都大兴（今陕西西安），年号开皇。开皇九年（589），隋朝攻灭南朝陈，统一中国，结束了自西晋末年以来长达二百七十多年的分裂割据局面，建立了统一的中央集权制国家。大业十三年（617），李渊带兵攻克长安（今陕西西安）。义宁二年（618），宇文化及等人发动兵变刺杀隋炀帝。同年，隋恭帝杨侑禅位于李渊，李渊于关中称帝，国号唐。唐朝作为我国封建社会高度繁荣的一个王朝，历经二十位帝王（除去四位登基不足一年的皇帝），国祚长达二百八十九年。在隋唐两朝共三百余年的历史进程中，虽然出现过"安史之乱"、藩镇割据等动荡局面，但总体来看国家处于安定、统一的状态，尤其是长江流域，社会安定、文明开化、物产富饶、贸易繁盛，各方面的发展均达到了古代封建社会的一个高峰。社会的稳定和经济的发展带来了文化的繁荣，文化的繁荣推动了图书整理、出版、编目等工作顺利进行，进而促进了以图书收集、整理、保管为核心的古代藏书事业的发展。五代十国时期,中国再次进入藩镇割据的战乱年代,出现"不禀朝旨,自补官吏,不输王赋"① 的现象。国家分裂、战事频繁使藏书事业遭受了毁灭性的打击,唐昭宗迁都于洛阳之后,唐宫半数藏书皆散佚。此时中原地区的藏书建设以及相关的图书馆学思想发展一度被中断,后来藏书事业随着南方政权的安定不断南迁,在南方诸国得到一定的恢复与发展。

陈平原认为,学术史的研究"无法脱离其所处时代的思想文化潮流……学术史与思想史、文化史确实颇多牵连。不只是外部环境的共同制约,更有内在理路的相互交织。想象学术史研究可以关起门来,'就学问谈学问',既不现实,也不可取"②。因此,在进行隋唐五代时期图书馆学研究之前,我们需要对这一历史时期社会发展的整体情况进行概括。

第一节 经济与藏书事业

一、隋朝初年经济恢复

在经历了长达三百六十余年的战火连绵、政权更迭频繁、社会

---

① 刘昫等:《旧唐书》卷一百四十二《李宝臣传》,中华书局,2000年,第2627页。
② 陈平原:《"学术史丛书"总序》,载《刊前刊后》,生活·读书·新知三联书店,2015年,第101页。

积贫积弱之后，隋朝建立，隋文帝为了恢复社会生产、巩固封建统治，在政治、经济、文化等各个方面进行了大刀阔斧的改革。下面主要介绍隋文帝在发展经济方面的重要举措。

第一，隋文帝承袭北魏的均田制，对其中存在的土地兼并、土地买卖等现象进行整顿、改革与完善，并严格惩处地主豪强与官僚士族兼并土地的行为。《隋书·食货志》记载："帝乃发使四出，均天下之田。其狭乡，每丁才至二十亩，老小又少焉。"① 每丁授田二十亩，在今天看来能够满足农户的日常生活需要，但是在隋朝初年这个数量并不算多。《旧唐书·袁高传》记载：

> 贞元二年，上以关辅禄山之后，百姓贫乏，田畴荒秽，诏诸道耕牛，待诸道观察使各选拣牛进贡，委京兆府劝课民户，勘责有地无牛百姓，量其地著，以牛均给之。其田五十亩已下人，不在给限。高上疏论之："圣慈所忧，切在贫下。有田不满五十亩者尤是贫人，请量三两家共给牛一头，以济农事。"②

由此可知，在唐代"有田不满五十亩者"属于穷苦之人。因此，隋文帝派遣使臣前往各州县督管均田工作，是为了进一步促进生产，减少地方豪强兼并土地的情况。隋朝推行的均田制将土地划分为永业田、露田、园宅地、职分田和公廨田等。均田制下受田的对象为各级官吏和一般农户，农户的受田标准为"一夫受露田八十亩，妇四十亩……又每丁给永业二十亩，为桑田"③。露田属于国家，农民

---

① 魏徵：《隋书》卷二十四《食货志》，中华书局，2000年，第463页。
② 刘昫等：《旧唐书》卷一百五十三《袁高传》，中华书局，2000年，第2779页。
③ 魏徵：《隋书》卷二十四《食货志》，中华书局，2000年，第459页。

年满六十可不交赋税,身故之后其土地将收归国家重新分配。

第二,在均田制的基础上,隋文帝对源自西魏、北周的府兵制度进行改革,采取"兵民共籍"的政策。隋朝以前,府兵作为职业军人受军府管辖,不编入州县户籍,府兵的家属随府兵居住在营帐,并作为军户编入户籍。经隋文帝改革后,府兵仍旧保留军籍并归军府管辖,与此同时,府兵及其亲属被编为民户列入州县。《隋书·高祖纪下》记载:

> 诏曰:"魏末丧乱,宇县瓜分,役车岁动,未遑休息。兵士军人,权置坊府,南征北伐,居处无定。家无完堵,地罕苞桑,恒为流寓之人,竟无乡里之号。朕甚愍之。凡是军人,可悉属州县,垦田籍帐,一与民同。"①

由上述文字可知,经隋文帝改革以后,府兵及其亲属均有了固定的住所,并可以按照均田制分得土地从事农业生产。自此,隋朝建立了兵农合一、寓兵于农的制度。

第三,隋文帝统一了货币和度量衡。魏晋南北朝时期,连年战乱,政权更迭频繁,从而造成货币和度量衡杂混不清。隋文帝登基以后,下令铸造"五铢钱"作为官方货币通行全国。关于度量衡,隋文帝则沿用北周旧制。《隋书·律历志上》说:"后周市尺……开皇初,著令以为官尺,百司用之,终于仁寿。大业中,人间或私用之。"又说:"开皇以古斗三升为一升……以古称三斤为一斤,大业中,依复古秤。"② 货币和度量衡的统一,极大地促进了隋初商业和

---

① 魏徵:《隋书》卷二《高祖纪下》,中华书局,2000年,第25页。
② 魏徵:《隋书》卷十六《律历志上》,中华书局,2000年,第272、276页。

手工业贸易的繁荣。

隋文帝对均田制的改革增加了当时农民持有土地的数量，减少了地方豪强兼并土地的情况；对府兵制度的改革培育壮大了社会生产力，增加了耕地开采的数量，并提高了耕地的质量；对货币和度量衡的统一推进了商业和手工业贸易的繁荣。以上这些措施在一定程度上促进了当时经济的恢复和发展，为国家的安定、文化的繁荣奠定了经济基础。通过各项改革，隋朝出现了"君子咸乐其生，小人各安其业，强无陵弱，众不暴寡，人物殷阜，朝野欢娱。二十年间，天下无事，区宇之内晏如也"[①]的局面。此外，府兵制度的改革在强化国民与土地之间关系的基础上，将劳动力与土地紧密联系在一起，大大降低了社会人口的流动性，从而为中国延续千年的宗族制度奠定了坚实的基础。民间私人藏书楼是宗族劝诫子孙读书的重要工具，宗族制度为隋以后私人藏书楼的建立和发展提供了物质条件和众多读者，促进了私人藏书事业的繁荣。

二、唐朝经济繁荣

由于隋末大规模的农民战争，唐初大部分的土地成为无主荒田，政府可以利用这些荒田来分封建制。与此同时，在农民战争中获得土地耕种权的农民需要将手中的土地合法化。因此，隋朝实行的均田制在唐初重新受到统治者的重视。武德七年（624），唐高祖李渊颁布均田令和赋役令，实行均田制以及与均田制相配套的租庸调制。《新唐书·食货志一》记载：

---

① 魏徵：《隋书》卷二《高祖纪下》，中华书局，2000年，第38页。

> 授田之制，丁及男年十八以上者，人一顷，其八十亩为口分，二十亩为永业；老及笃疾、废疾者，人四十亩，寡妻妾三十亩，当户者增二十亩，皆以二十亩为永业，其余为口分。永业之田，树以榆、枣、桑及所宜之木，皆有数。①

一方面，均田制规定丁男、十八岁以上的中男每人授田一百亩，其中二十亩为永业田，八十亩为口分田。丁男年满六十岁，口分田将由政府收回五十亩，永业田则可以一直保留。在丁男去世后，口分田由政府全部收回进行再分配。均田制的实行使经历战乱的自耕农获得土地资源，大量的无主荒田得到耕种，理论上实现了土地资源的均等化配给，有助于恢复农业生产，维持国家稳定。

另一方面，唐朝在大力发展均田制的基础上改革赋税制度，开始实行与均田制相配套的租庸调制。武德二年（619）二月，"初定租、庸、调法"②，规定凡是均田人户，每户每丁"岁入租粟二石。调则随乡土所产，绫绢绝各二丈，布加五分之一。输绫绢绝者，兼调绵三两；输布者，麻三斤。凡丁，岁役二旬。若不役，则收其佣，每日三尺"③。租庸调制强调以"人丁"为本，各家各户不论土地、财产多寡都要按丁交纳同等数量的绢、粟，庸调由县尉负责征收。此外，租庸调制虽然要求丁男服徭役，但是又规定可采用纳绢代役的方法，减免服徭役的时间。唐初同步实行均田制和租庸调制，既使农民有土地耕种，又保证了农耕的时间，推动了农业的发展。这一时期农业发展带来的赋税成为国家各职能部门恢复运行的

---

① 欧阳修、宋祁：《新唐书》卷五十一《食货志一》，中华书局，2000年，第882页。
② 欧阳修、宋祁：《新唐书》卷一《高祖皇帝纪》，中华书局，2000年，第6页。
③ 刘昫等：《旧唐书》卷四十八《食货志上》，中华书局，2000年，第1407页。

财政来源，充足的财政收入为之后藏书事业的发展提供了经济条件。

据史料记载，唐太宗大力推行均田制，努力稳定和发展经济，实行轻徭薄赋、裁减冗员的政策。贞观元年（627），全国年租、调总量为粟三百六十八万石、绢九十二万匹，而官员的俸禄开支"每年转运不过一二十万石，所用便足"[①]，唐王朝出现了第一个鼎盛时期——"贞观之治"。这一时期政府在经济方面采取的改革措施促进了经济的恢复和进一步发展，国家财政收入不断增加，除去维持政府系统日常运营的开销，府库仍十分充实，这为国家开展修书活动和建设藏书事业提供了坚实的经济基础。贞观年间，唐太宗先后任命魏徵、虞世南、颜师古为秘书监求购民间的书籍，并从五品以上官员的子孙中选拔擅长书写的人作为书手，抄写从民间征集来的文献藏入内库，派专人进行管理。

唐太宗以后，国家政局稳定，经济迅速发展，至唐玄宗开元年间，唐王朝的统治又达到了封建社会的一个顶峰，出现了"开元盛世"。这一时期社会经济繁荣，各地商贸往来频繁，国家财政宽裕。杜佑在《通典》卷七中描述了当时的盛况：

米斗至十三文，青、齐谷斗至五文。自后天下无贵物。两京米斗不至二十文，面三十二文，绢一匹二百一十文。东至宋、汴，西至岐州，夹路列店肆待客，酒馔丰溢。每店皆有驴，赁客乘，倏忽数十里，谓之驿驴。南诣荆、襄，北至太原、范阳，西至蜀川、凉府，皆有店

---

① 刘昫等：《旧唐书》卷九十八《裴耀卿传》，中华书局，2000年，第2086页。

肆，以供商旅，远适数千里，不持寸刃。①

雄厚的财政实力为国家发展藏书事业奠定了坚实的经济基础。开元五年（717），唐玄宗任命左散骑常侍、昭文馆学士马怀素为秘书监，秘书少监卢俌、崔沔为修图书副使，秘书郎田可封、康子元为判官，在乾元殿编纂修缮典籍，采选时文篇目和之前志书遗漏的部分来续修王俭的《七志》并藏于内府。开元六年（718），改乾元殿藏书阁为丽正修书院；开元十三年（725），将丽正修书院更名为集贤殿书院；开元十九年（731），集贤殿书院四库中共藏有图书八万九千卷。

但是随着唐王朝的发展，人口不断增多，国家用于均田制的田产则不断减少，土地兼并的情况逐年加剧，失地农民逐年增多。而与均田制相配套的租庸调制在征收赋税时仅以人丁数量为依据，导致失地农民的负担日益加重，社会矛盾不断加剧。唐玄宗在位后期，受"安史之乱"的影响，国家丧失对户口和田亩籍账的管理能力，土地兼并的情况加重，江南地区发生大规模农民起义。为了缓解社会矛盾，唐德宗建中元年（780）下诏，采用丞相杨炎的建议，实行"户以见居为簿、人以贫富为差"②的两税法。两税法以原有的地税和户税为主，由所在刺史、县令依据辖区内人户的贫富状况进行等级评定，并据此差派徭役和科税，不准地方按旧籍账的虚额去摊及邻保。这实际上就是用户税的征收原则去代替原本的租庸调的征税原则，一定程度上缓解了均田制瓦解造成的租庸调制难以维

---

① 杜佑：《通典》卷七《食货七·历代盛衰户口》，载《景印文渊阁四库全书》史部（603），台湾商务印书馆，1983—1986年，第76页。
② 吕思勉：《隋唐五代史》，上海古籍出版社，2005年，第981页。

持的局面，减轻了失地农民的赋税负担。两税法颁布以后，唐王朝的赋税收入大大增加。

两税法的实行虽然在一定程度上缓解了社会矛盾，但是变相承认大地主阶级进行土地兼并的合法性，造成了富人勒逼贫民卖地而不移税的现象。总而言之，随着中央对地方控制权力的减弱，地方税收权限不断扩大，藩镇割据导致地方豪强横征暴敛，国家税收逐渐减少，可用于教育和藏书建设的款项不断缩减，虽然唐玄宗之后的各位统治者接力重建官府藏书，但直至唐末黄巢起义爆发之前，也未能恢复盛唐时期官府藏书的恢宏旧观。

三、五代十国时期经济重心南迁

五代十国时期的社会发展呈现出明显的地域特征。随着唐王朝的土崩瓦解，五代时期，中原地区成为各地藩镇混战的主要场所与争夺的主要目标。五代时期的五个政权以及十国之一的北汉相继占据黄河流域，因该地区争战不断，大量人口南迁，经济发展较慢，尤其在后梁、后唐及后晋争夺政权期间，中原地区的社会经济遭到严重破坏。与中原地区战事频发不同，南方兵乱较少，北方大量人口迁移至此，当地经济处于较为平稳发展的状态。与此前唐王朝的经济重心在北方不同，五代十国时期南方经济的发展已然超过北方，经济重心南移的趋势相当明显，正如史学家唐长孺在《魏晋南北朝隋唐史三论：中国封建社会的形成和前期的变化》中所说："大河南北却'戎事方殷'，大批劳动力流亡南徙，或'释耒执兵'，社会经济发展停滞甚至萎缩。在南北经济的彼此升降之间，经济重心从黄河流域稳健、逐步地移到长江流域。"① 经济重心逐步南迁，不仅为南方经济的繁荣奠定了人口基础，也为南方藏书事业的发展奠定了经济基础。此外，南方九国的统治者十分重视割据之地的经济发展，他们在减轻徭役、兴修水利以确保农业发展的同时，对制茶、制瓷、纺织、造船、印刷等工商业都给予了相当的关注，使经济在较为稳定的社会环境中得以恢复并快速发展，为藏书事业提供了发展的温床。

第二节　政治与藏书事业

一、改革官制

北周时期，宇文家族为了加强统治阶级的内部团结，实行托古改制，模仿周礼设置六官。隋文帝统一全国后，针对当时从北周沿袭下来的六官制度进行改革，废除六官制，恢复汉魏旧制，设置三师、三公，尚书、门下、内史、秘书、内侍五省，御史、都水二台，太常、卫尉、宗正、太仆、大理、鸿胪、司农、太府、光禄、国子、将作十一寺，左右卫、左右武卫、左右武候等十二府，分司

---

① 唐长孺：《魏晋南北朝隋唐史三论：中国封建社会的形成和前期的变化》，武汉大学出版社，1992年，第369页。

统职。其中，三师"不主事，不置府僚"，三公"参议国之大事，依后齐置府僚。无其人则阙"。① 三师三公虽然地位尊崇，但实际上仅是虚职。真正负责国家事务、具有实权的是尚书、门下、内史三省，三省长官相当于秦汉时期的丞相，其中在尚书省之下设六部，即吏部、礼部、兵部、度支、都官和工部，三省与六部作为实权部门构成了当时国家权力的核心，因而这种制度被后世称为"三省六部制"。在这种制度下，三省之间互相合作，又互相牵制，内史省主管决策，门下省负责审议，尚书省则是行政机构。虽然三省的名称在魏晋时期已经存在，但三省并立且共同向皇帝负责的情况则开始于隋代。三省六部制的出现加强了中央集权，国家权力高度集中于中央，国家意志以统治者的意志为中心，因此隋文帝和隋炀帝两人颁布的推进官府藏书事业建设的政策才得以顺利实施。

隋文帝将秘书省纳入中央五省之列，并将太史划归秘书省。秘书省在机构建制、人员编制、权责范围等方面较前朝都有了极大的进步。自东汉末年设秘书监"掌禁中图书秘记"② 以来，秘书监一直存在，并且职能不断扩大。据《隋书·百官志下》记载，隋朝的秘书省，"监、丞各一人，郎四人，校书郎十二人，正字四人，录事二人。领著作、太史二曹。著作曹，置郎二人，佐郎八人，校书郎、正字各二人。太史曹，置令、丞各二人，司历二人，监候四人。其历、天文、漏刻、视祲，各有博士及生员"③。

隋炀帝继位以后又对秘书省进行了几次改革，如大业三年

---

① 魏徵：《隋书》卷二十八《百官志下》，中华书局，2000年，第525页。
② 张九龄等撰，李林甫等注：《唐六典》卷十《秘书省》，载《景印文渊阁四库全书》史部（595），台湾商务印书馆，1983—1986年，第102页。
③ 魏徵：《隋书》卷二十八《百官志下》，中华书局，2000年，第526页。

(607)将秘书省长官秘书监由三品降为从三品①,新增秘书监少监、著作郎,减少校书郎人数,等等。这些举措使得秘书省内各官员的职责更加清晰,为官府藏书的收集、整理和编修工作的开展奠定了基础。

隋亡以后,唐承隋制,在中央继续实行三省六部制,并进一步完善中央各级行政机构的设置,明确各省职责。三省之中,中书省的最高长官为中书令,负责制定决策;门下省的最高长官为侍中,负责审议封驳;尚书省的最高长官为尚书令②,负责执行政策。三省的工作流程为中书省拟定诏书,门下省负责审核,中书、门下两省通过的诏书在经皇帝裁定后交由尚书省形成政令,下达至吏、户、礼、兵、刑、工六部执行。为了加强封驳制度,唐太宗在门下省设立政事堂作为宰相共同议事的地方,并在三省六部长官之外指定品级较低的官员,加"同中书门下三品""同中书门下平章事"的称号作为宰相,参加政事堂议事。为了加强对官员的监察,唐朝中央还设置御史台,长官称御史大夫,副长官称御史中丞,负责监察考核百官、防止权臣专权。唐朝对三省六部制的强化进一步明确

---

① 《隋书·百官志下》记载隋炀帝时"秘书省降监为从二品"(魏徵:《隋书》卷二十八《百官志下》,中华书局,2000年,第540页),但前文提及隋文帝时"上州刺史,京兆尹,秘书监,银青光禄大夫,开国伯,为正三品"(出处同上,第533页),且《唐六典》卷十说"隋秘书与尚书、门下、内史、殿中为五省,秘书监正第三品,炀帝三年降为从第三品"[张九龄等撰,李林甫等注:《唐六典》卷十《秘书省》,载《景印文渊阁四库全书》史部(595),台湾商务印书馆,1983—1986年,第102页],故此处应为"从三品"。

② 岑仲勉在《隋唐史》中说:"武德初,太宗尝为尚书令,自后臣下避不敢居,使其副左、右仆射代之,此宰相名位之一变。"(岑仲勉:《隋唐史》,河北教育出版社,2000年,第108页)唐太宗在即位前曾任尚书令一职,所以自唐太宗即位以后,尚书令一直是虽名存但不实授,尚书省中地位较低的左、右仆射成为尚书省的实际长官。

了各机构的职权范围，不同部门和官员之间互相制约，总体上提高了行政决策的效率和正确性，加强了中央集权。

在掌管官府藏书的秘书省的机构设置方面，唐朝较隋朝也有了进一步的改革与发展。隋初，秘书省作为五省之一是独立机构，唐初则将其"隶中书之下"①。《唐六典》卷十记载，唐朝秘书省在册工作人员共有一百六十二人，秘书监（一人）仍旧是秘书省的长官；秘书少监（二人）为秘书省的副长官，负责协助秘书监主持工作；设秘书丞一人负责主管秘书省的日常事务；在秘书丞下设置秘书郎、校书郎、正字、典书、楷书手等负责图书的编修、抄录工作；设熟纸匠、装潢匠、笔匠等负责纸张制造、图书装裱等辅助工作。② 由此可见，唐朝官府藏书建设中的人员设置体系更加完备，工作人员的数量不断增加，这些因素都促进了当时官府藏书事业的发展与进步。

二、建立科举取士制度

在魏晋南北朝长达三百六十余年的分裂割据时期，封建君主的权威不断受到挑战，国家权力被门阀士族把持。魏晋南北朝时期，国家推行的九品中正制是加强世家门阀权力的重要人才选拔制度。九品中正制，又称"九品官人法"，是由魏文帝曹丕于黄初元年（220）颁布施行的官员选拔制度。该制度大体是指由地方各州郡分别向中央推选一人担任中正，州一级推举的为大中正，郡一级推举

---

① 刘昫等：《旧唐书》卷四十三《职官志二》，中华书局，2000年，第1265页。
② 张九龄等撰，李林甫等注：《唐六典》卷十《秘书省》，载《景印文渊阁四库全书》史部（595），台湾商务印书馆，1983—1986年，第102—103页。

的为小中正。大小中正掌管州中数郡人物的品评，按照"家世""行状""定品"三条原则对本州和散居其他各郡的士人进行品评，将人才分为上上、上中、上下、中上、中中、中下、下上、下中、下下九等，并将评议结果上交司徒府进行复核，最后送交吏部作为选官的依据。九品中正制上承两汉察举制，下启隋唐科举制，在中国古代政治制度史上占有十分重要的地位，是中国封建社会三大选官制度之一。从本质上看，九品中正制是两汉察举制的一种延续和发展，或者说是察举制的另一种表现形式。

九品中正制在颁布施行之初发挥了很重要的作用。首先，九品中正制解决了自汉以来选拔官吏无标准的问题，曾一度澄清吏治，发挥了为国家选拔人才的作用。其次，九品中正制在人才选拔过程中注重将个人能力与家世品德相结合，促进了社会风气的改善，使注重品德名声的传统思想逐渐被人们接受。最后，九品中正制改变了过去察举制中州郡长官自辟僚属的现象，将官员的任免权收归中央，一定程度上加强了中央集权，缓解了中央政府与世家门阀之间的紧张关系，为一统三国创造了条件。但是在魏晋南北朝后期，九品中正制逐渐变成世家门阀控制朝政的手段，"上品无寒门，下品无势族"[①]的现象日益增多。

南北朝末年，均田制的实施催生了一大批庶族地主阶级，这对世家门阀垄断朝政的局面有所冲击，世家门阀逐渐走向衰落。隋朝建立之初，为了改变世家门阀垄断朝政的局面，隋文帝正式废除九品中正制，宣布按照德才标准选拔官员。开皇十八年（598），隋文帝下诏开设"有德""有才"二科，开始用分科考试的方式选拔官

---

① 房玄龄等：《晋书》卷四十五《刘毅传》，中华书局，2000年，第839页。

吏。《隋书·高祖纪下》对此有记载:"丙子,诏京官五品已上,总管、刺史,以志行修谨、清平干济二科举人。"① 隋炀帝时期,设置进士科,以试策取士,这标志着科举制度正式确立。唐代在官员选拔方面仍旧实行隋代的科举制度,并分为常举和制举两种。每年都举行的分科考试称为常举,考试科目包含秀才、明经、进士、明法、明算、明书等。其中,秀才科在贞观年间被取消,据《通典》卷十五记载,"初秀才科等最高。……贞观中,有举而不第者,坐其州长,由是废绝"②;明经科以经义和策问考试为主;进士科除考经义和策问外,还加考诗赋;明法、明算、明书作为技术专科,报考人数不多。进士及第后可经过吏部考核然后做官,所以当时的士人主要通过进士科考试进入仕途。制举则是由皇帝下诏临时举行的考试,科目均为临时设置,未仕、已仕者皆可参加,但与常举相比录取人数极少。五代十国时期,五代诸国均沿用隋朝旧制,不断加强和巩固科举制度在人才选拔方面的地位,如《旧五代史·选举志十》说:"洎梁氏以降,皆奉而行之,纵或小有厘革,亦不出其轨辙。"③ 隋唐时期创立和发展起来的科举制度,到五代时期虽然受制于当时的政权体制而有所更迭,但从体例上看基本承袭了唐朝完善后的科举制度而略有调整。十国之中除少数国家自行举行科举考试之外,多数国家仍旧奉行中原文化,以中原及其周边政权举行的科考为主要入仕途径,南北方士子也多选取中原地区作为准备科考的场所,这在一定程度上为战事频繁的北方地区带来了文化的复兴,

---

① 魏徵:《隋书》卷二《高祖纪下》,中华书局,2000年,第30页。
② 杜佑:《通典》卷十五《选举三·历代制下》,载《景印文渊阁四库全书》史部(603),台湾商务印书馆,1983—1986年,第161页。
③ 薛居正等:《旧五代史》卷一百四十八《选举志十》,中华书局,2000年,第1369页。

推动了藏书事业的缓慢发展。

总而言之，科举制度的建立打破了世家门阀垄断政权的局面，为庶族地主阶级进入统治行列开辟了途径，对朝廷选拔优秀人才来提高政治效率，巩固和加强封建专制主义中央集权起到了很大的作用。对于古代图书馆学来说，科举制度为寒门学子提供了进入仕途的途径，寒门学子为了改变自身及家族的命运，都开始重视读书，因而推动了与之相关的私人藏书事业的发展。

第三节　教育与藏书事业

图书事业发展与文化事业发展相交融，教育作为一个国家文化事业的重要组成部分，它的发展与进步推动了社会文化的繁荣兴盛，因此研究一个时期图书馆学发展的整体情况离不开对教育情况的探讨。

一、隋朝教育发展概况

隋朝在结束战乱统一全国后，就在文化教育领域采取了一系列改革措施，以此推动文化教育事业的恢复与发展。开皇三年（583）四月，隋文帝下诏昭告天下"劝学行礼"，在全国范围内推广针对儒家经典的讲学活动。《隋书·儒林传》记载：

天子乃整万乘，率百僚，遵问道之仪，观释奠之礼。博士罄悬河之辩，侍中竭重席之奥，考正亡逸，研核异同，积滞群疑，涣然冰释。于是超擢奇隽，厚赏诸儒，京邑达乎四方，皆启黉校。齐、鲁、赵、魏，学者尤多，负笈追师，不远千里，讲诵之声，道路不绝。中州儒雅之盛，自汉、魏以来，一时而已。①

由上述文字可见隋文帝时期"劝学行礼"的盛况。

在宗教方面，隋文帝时期实行儒、释、道三教并重的政策，三教之中，尤其重视对儒家思想的宣传，大力兴办儒学，专门设立国子寺主管中央官学。虽然隋文帝晚年对儒学的态度和政策有所变化，但是从整体上看，隋文帝当政时期呈现出儒、释、道三教并重的格局。隋炀帝继位以后，秉持隋文帝统治早期弘扬儒学的态度，将国子寺更名为国子监，作为中央政府主管各地教育的专门机构；在发展国子监的基础上，恢复隋文帝统治末期被废除的太学，并提出"君民建国，教学为先，移风易俗，必自兹始……国子等学，亦宜申明旧制，教习生徒，具为课试之法，以尽砥砺之道"②的观点，重新以儒教立国，采取"尊崇儒术""三教并存"的统治策略。

二、唐朝教育发展概况

进入唐朝以后，讲学之风日益兴盛，唐朝政府在前代官学教育制度的基础上将中央与地方两级教育制度相结合，对教师的员额和

---

① 魏徵：《隋书》卷七十五《儒林传》，中华书局，2000年，第1148页。
② 魏徵：《隋书》卷三《炀帝纪上》，中华书局，2000年，第44—45页。

品级、生员人数、入学资格、学习内容、考课制度等都作出完备周详的规定。

唐朝的国子监仍旧是中央官学和地方官学的统一管理机构，国子祭酒作为国子监的最高长官领导全国教育工作，祭酒之下设有司业、丞、主簿、录事、府、史、亭长、掌固等教员。《旧唐书·职官志三》记载：

祭酒一员，从三品。司业二员。从四品下。祭酒、司业之职，掌邦国儒学训导之政令，有六学。……丞一人，从六品下。主簿一人，从七品下。录事一人，从九品下。府七人，史十三人，亭长六人，掌固八人。丞掌判监事。凡六学生每岁有业成上于监者，以其业与祭酒、司业试所习业，上尚书礼部。①

中央官学下面设置六学馆，"一国子学、二太学、三四门、四律学、五书学、六算学也"②。六学馆的必修课程为《孝经》《论语》，此外，前三馆还需要选修"五经"。《旧唐书·职官志三》记载："凡教授之经，以《周易》《尚书》《周礼》《仪礼》《礼记》《毛诗》《春秋左氏传》《公羊传》《穀梁传》各为一经，《孝经》《论语》兼习之。"③ 六学馆均设有博士和助教，他们的职责是"分经授诸生，未终经者无易业"④。中央官学对学生年龄的规定是"限年十四以上，十九以下；律学十八以上，二十五以下"⑤。六学馆还设有其

---

① 刘昫等：《旧唐书》卷四十四《职官志三》，中华书局，2000 年，第 1288 页。
② 刘昫等：《旧唐书》卷四十四《职官志三》，中华书局，2000 年，第 1288 页。
③ 刘昫等：《旧唐书》卷四十四《职官志三》，中华书局，2000 年，第 1288 页。
④ 欧阳修、宋祁：《新唐书》卷四十四《选举志上》，中华书局，2000 年，第 762 页。
⑤ 欧阳修、宋祁：《新唐书》卷四十四《选举志上》，中华书局，2000 年，第 762 页。

他职员，各明确其不同执掌，对每馆学生的儒学资格也有明文规定。其中，国子学设置的教职人员有"国子博士二人，正五品上。助教二人，从六品上。……典学四人，庙干二人，掌固四人"①。国子博士掌教授生员，助教协助教学，典学掌抄录课业，庙干掌洒扫学庙。国子学对学生的员额和入学资格作了规定："国子学，生三百人，以文武三品以上子孙若从二品以上曾孙及勋官二品、县公、京官四品带三品勋封之子为之"②，规定考课办法是"每岁生有能通两经已上求出仕者，则上于监。堪秀才进士者，亦如之"③。

与国子学相比，太学的教员人数较少，"太学博士三人，正六品上。助教三人，从七品上"④。太学有学生五百人，学生的入学资格为"五品以上子孙、职事官五品期亲若三品曾孙及勋官三品以上有封之子"⑤。太学的教学方法与国子学相同。

四门学主要教授学生各类专业知识。四门学的教员品级低，员额少，"四门博士三人，正七品上。助教三人，从八品上。……直讲四人，掌佐博士助教之职"⑥；学生人数多，入学资格要求相对较低，"四门学，生千三百人，其五百人以勋官三品以上无封、四品有封及文武七品以上子为之，八百人以庶人之俊异者为之"⑦。

中央官学中律学、书学和算学的教员和生徒的员额都较少，入学门槛很低，文武官八品以下及庶人之子都符合入学资格，所学内

---

① 刘昫等：《旧唐书》卷四十四《职官志三》，中华书局，2000年，第1288页。
② 欧阳修、宋祁：《新唐书》卷四十四《选举志上》，中华书局，2000年，第761页。
③ 刘昫等：《旧唐书》卷四十四《职官志三》，中华书局，2000年，第1288页。
④ 刘昫等：《旧唐书》卷四十四《职官志三》，中华书局，2000年，第1288页。
⑤ 欧阳修、宋祁：《新唐书》卷四十四《选举志上》，中华书局，2000年，第761页。
⑥ 刘昫等：《旧唐书》卷四十四《职官志三》，中华书局，2000年，第1288—1289页。
⑦ 欧阳修、宋祁：《新唐书》卷四十四《选举志上》，中华书局，2000年，第761页。

容也是各科的专门知识。《旧唐书·职官志三》记载：

> 律学博士一人，从八品下。太宗置。助教一人，从九品上。学生五十人。博士掌教文武官八品已下及庶人子为生者。以律令为专业，格式法例亦兼习之。
>
> 书学博士二人，从九品下。学生三十人。博士掌教文武官八品已下及庶人之子为生者。以《石经》《说文》《字林》为专业，余字书兼习之。
>
> 算学博士二人，从九品下。学生三十人。博士掌教文武八品已下及庶人子为生者。二分其经，以为之业。习《九章》《海岛》《孙子》《五曹》《张邱建》《夏侯阳》《周髀》十五人，习《缀术》《缉古》十五人。其《纪遗》《三等数》亦兼习之。①

除六学馆外，门下省设有弘文馆，学生有三十人；东宫设有崇文馆，学生有二十人。这些学生主要为"皇缌麻以上亲，皇太后、皇后大功以上亲，宰相及散官一品、功臣身食实封者、京官职事从三品、中书黄门侍郎之子"②。唐代中央设置的官学制度，种类丰富，学生人数多，教学科目和内容设置极其完备，远超之前的任何一个朝代。

除上述中央官学以外，唐代地方官学的发展也远胜之前各个朝代。唐高祖武德元年（618）五月，敕令"上郡学置生六十员，中郡五十员，下郡四十员。上县学并四十员，中县三十员，下县二十

---

① 刘昫等：《旧唐书》卷四十四《职官志三》，中华书局，2000年，第1289页。
② 欧阳修、宋祁：《新唐书》卷四十四《选举志上》，中华书局，2000年，第761—762页。

员"①。中央官学与地方官学相辅相成，共同构成了唐代官学体系。从王府学宫到地方官学，这种由中央政府主导、地方政府辅助而构建的自上而下的教育体系为国家培养了大量的人才，促进了图书编撰、出版等行业的繁荣，为之后以图书收集、保管为核心的古代藏书楼的建立奠定了基础。

三、五代十国时期教育发展概况

五代十国时期，中原地区虽战事频发，但仍是当时的教育中心和科举考试的重要场所，科举制度的推广带来了自上而下的教育事业的繁荣与发展。不过频繁征战造成社会动荡，导致社会结构急速变动，科举入仕不再是社会底层实现阶级跨越的唯一途径。

五代十国时期的武人政治造成社会动荡，而社会动荡又导致社会结构急速变动，从而打破了原来的社会等级秩序，使社会下层通过非传统的途径流动到社会上层。这种社会阶层的相对流动，主要是通过军事战争途径实现的，因此从军成为求取功名的主要途径。士族阶层在这样的政治氛围中的境遇可想而知，他们非但不能通过武人政治实现最高理想——治国平天下，还成为武人政治的依附物，为战争和割据服务。这种现象给五代十国时期的教育事业发展带来了沉重的打击，直观表现是当时的藏书刊刻事业遭受重创，如冯道与李愚上奏称："汉时崇儒，有三字石经，唐朝亦于国学刊刻。今朝廷日不暇给，无能别有刊立。"② 二人所上奏疏先提及了以前诸

---

① 刘昫等：《旧唐书》卷一百八十九上《儒学传上》，中华书局，2000年，第3359页。
② 王钦若等：《册府元龟》卷六百八《学校部·刊校》，载《景印文渊阁四库全书》子部（912），台湾商务印书馆，1983—1986年，第642页。

朝雕刻石经的做法，再结合当时朝廷财政入不敷出的尴尬处境，提出了相应的对策，即从民间书肆引入雕版印刷术用于经典的印刷，以推动文化事业的发展。由此可知，记载科举考试内容的重要石经在当时已经被严重破坏。

第四节　技术变迁与藏书事业

　　隋唐五代时期的藏书仍旧以写本为主体，因此在研究这一时期的图书馆学时不得不对图书制作的各个环节加以讨论。对图书制作和传播具有重要影响的三项技术是造纸技术、印刷技术、装订技术。下面分别对造纸技术和雕版印刷术的发展情况作进一步的论证分析。关于装订技术，我们将在第四章展开论述。

一、造纸技术

　　东汉以来造纸技术不断革新，纸张制作原料、制作方法的不断改进推动了纸张生产规模的扩大。相对于简帛来说，纸张制作原料多样、工艺简单，由纸张制成的图书也更便于携带，因此纸张逐渐代替简帛成为书籍的主要载体。

　　魏晋南北朝时期长达三百六十余年的战乱，使得原本由官府收藏的书籍开始流入民间，促进了民间抄书业的繁荣，催生了大量以抄书为生的职业佣书人，推动了当时写本的发展。隋唐五代时期，写本的发展达到了鼎盛。虽然现代研究发现，早在隋代我国已有雕版印刷制品，但是当时社会上普遍的图书生产方式仍旧是手抄，雕版印刷术大规模地应用到图书出版行业是隋唐之后的事情。隋唐时期大一统的社会环境、科举制度的实行，以及自上而下的教育体系的形成，都增加了民间对书籍的需求，从而推动了图书出版事业的进一步发展，为四大藏书体系的形成奠定了馆藏基础。

造纸术作为中国古代四大发明之一，在推动人类文明进步的过程中发挥了重大作用。制作简单、价格低廉、携带方便的纸张的产生和推广，是文献资料增加和科学文化传播的前提。造纸术的普及促进了纸张的大量生产，这使抄书、写书等活动更为方便，极大地加快了图书的流通，从而推动了私人藏书、寺观藏书和书院藏书等藏书事业的发展。唐代裴铏《传奇·文箫》曾记载：

> 大和末岁，有书生文箫者，海内无家，因萍梗抵钟陵郡。……生素穷寒，不能自赡。姝曰："君但具纸，吾写孙愐《唐韵》。"日一部，运笔如飞，每鬻获五缗。缗将尽，又为之。如此仅十载，至会昌二年，稍为人知，遂与文生潜奔新吴县越王山侧百姓郡举村中，夫妻共训童子数十人。[①]

文箫之妻在纸张上抄写的《唐韵》，作为唐代士子习诗必备的韵书，受到当时士林学子的欢迎。造纸术的改进在图书流通和教育发展中所起的作用由此可见一斑。

---

① 裴铏撰，穆公校点：《传奇·文箫》，载上海古籍出版社编、丁如明等校点《唐五代笔记小说大观》，上海古籍出版社，2000年，第1151—1152页。

（一）隋朝以前造纸技术的发展概况

一般认为，纸张发明于我国的东汉时期，如《后汉书·宦者列传》记载：

> 自古书契多编以竹简，其用缣帛者谓之为纸。缣贵而简重，并不便于人。伦乃造意，用树肤、麻头及敝布、鱼网以为纸。元兴元年奏上之，帝善其能，自是莫不从用焉，故天下咸称"蔡侯纸"。①

从上文可以看出，与之前作为主要书写材料的竹简和缣帛相比，纸张具有原料容易获取、制作成本低廉、可以大量生产的优势。东汉末年，左伯对蔡伦的造纸方法进行改进，制作出被后世赞为"妍妙辉光"的"左伯纸"。但是受当时交通落后等客观条件的限制，利用植物纤维制造纸张的工艺的传播速度极为缓慢，直到6世纪，在造纸术发明了几百年之后，利用植物纤维制成的纸张才完全替代竹简与缣帛成为主要书写材料。

魏晋南北朝时期，造纸技术进一步发展，造纸原料的种类不断增加。由于造纸工艺流程的普及，不同地域的工匠开始尝试采用当地的植物造纸，经过工艺的不断改进，楮树皮、桑树皮、水苔、稻草等都被用来制造纸张。西晋时期出现以藤皮为原料的藤纸，这种纸由于具有光滑、细密、耐用等特点被广泛作为公文、图籍、书画用纸等。该纸因产于剡溪（今浙江嵊州），故被称为"剡纸"，唐代皮日

---

① 范晔撰，李贤等注：《后汉书》卷七十八《宦者列传》，中华书局，2000年，第1697页。

休在《二游诗并序·徐诗》中曾称赞道:"剡纸光与月。"① 宋代书法家米芾也曾赞叹道:"台藤背书滑无毛,天下第一,余莫及。"②

除纸张原料的种类增加以外,造纸技术的发展也为魏晋南北朝时期纸张的普及创造了条件。这一时期,沤制、脱胶、碱液蒸煮、舂捣、漂洗、打浆、捞纸等具体的造纸工艺都比前代更加精细,舂捣、漂洗都需要多次进行方可完成,打浆时使用碓状物代替杵臼。此外,为了改善纸张的书写效果,工匠还发明了施胶术,采用表面施胶或者内部施胶的方法对纸张纤维间的空隙进行填充。

总而言之,造纸技术到魏晋南北朝时期有了较大改进,纸张相对汉代而言更加平滑、洁白、细薄均匀;活动帘床抄纸器的使用提高了纸张的生产效率;染潢术、施胶术、表面涂布术的发明在纸张的保存方面发挥了重要作用。造纸业在这一时期得到进一步发展。

(二)隋唐五代时期造纸技术的发展概况

隋唐五代时期是我国造纸业的兴盛时期。这一时期,尤其是唐代,文化的繁荣使得用纸需求剧增,安定的社会环境为造纸技术的进一步发展创造了条件。据《新唐书·百官志二》《新唐书·百官志四》记载,唐代门下省所设弘文馆置熟纸装潢匠八人,中书省所设史馆置熟纸匠六人,秘书省设熟纸匠十人、装潢匠十人,东宫所设崇文馆置熟纸匠一人、装潢匠二人,政府对造纸业的重视程度由此可见一斑。在这个时期,造纸使用的原料更为丰富,人们还根据用途的不同开始对纸张的材质进行划分,造纸技术传遍大江南北,

---

① 皮日休:《二游诗并序·徐诗》,载陈贻焮主编《增订注释〈全唐诗〉》(第四册),文化艺术出版社,2001年,第436页。
② 米芾:《书史》,商务印书馆,1937年,第20页。

造纸工艺日趋完善，印刷术的发明与推广更是促进了造纸业的进一步发展。

在造纸原料方面，新的造纸原料不断出现。在以麻料、楮皮、桑皮、藤皮、檀皮为主的传统原料外，竹料作为造纸的新原料开始在这一时期崭露头角。唐代李肇的《唐国史补》中有"韶之竹笺"[①]的记载，这说明在当时的韶州（今广东韶关一带）已有人生产竹纸。与以麻料、树皮为原料制成的纸张相比，竹纸的制作工艺更为复杂。竹纸以竹的茎干为原料，与麻料、树皮相比，竹茎的质地更为坚硬，竹纤维的硬度高、化学成分复杂，只有掌握了较高的生产技术之后，才能制作出优质的竹纸。因此，竹纸的出现也是这一时期我国造纸技术进步的表现。我国古代著名的高级手工纸——宣纸，也产生于这一时期。唐代皖南宣州（治今安徽宣城）盛产青檀树，当地人以青檀树皮作为原料，制作出一种高品质的书画用纸，即当代驰名中外的宣纸。将青檀树皮反复浸泡、漂白而制成的宣纸，具有质地均匀、质感柔软、色泽纯白、耐老化、耐光晒、防虫蠹、色泽经久不变的特点，故享有"纸寿千年"的美誉。唐代画论家张彦远在《历代名画记》卷二中曾言："好事家宜置宣纸百幅，用法蜡之，以备摹写。"[②]

在造纸业的区域分布方面，随着造纸原料的不断丰富和造纸技术的广泛传播，这一时期造纸作坊已经遍布全国。据《新唐书·地理志》《元和郡县图志》《通典》等史料记载，唐朝时全国有十几个

[①] 李肇撰，王福元校注：《唐国史补校注》卷下《叙诸州精纸》，山东人民出版社，2020年，第232页。

[②] 张彦远著，秦仲文、黄苗子点校：《历代名画记》卷二《论画体工用拓写》，人民美术出版社，2016年，第28页。

州邑开设官办和私人造纸作坊，纸张制作已经成为颇具规模的手工制作行业。从唐朝整体的纸张产区来看，蜀地是当时重要的造纸中心，据《唐会要》卷三十五记载，大中三年（849），仅内府集贤院一年内抄写三百六十五卷书籍，就用掉蜀地麻纸一万一千七百多张。[1] 蜀地还以生产加工纸闻名四方，种类有麻面、屑末、滑石、金花、长麻、鱼子、十色笺等，其中成都出产的薛涛笺誉满天下。从唐朝的整体情况来看，南方造纸业比北方发达，不过北方的少数民族地区出现了不少颇具规模的造纸作坊，如甘肃沙州（今敦煌）、新疆、西藏等地区。

在纸张类型方面，为了弥补纸张在生产过程中存在的不足，增加其美观性，造纸工匠采用染色、涂粉、洒金、印花等措施对已经制作成型的纸张进行再加工，从而产生了各种类型的纸张。比如，在染色方面，工匠用朱砂、赤铁矿、雄黄、蓝草、茜草、黄檗等天然颜料对纸张进行加工，使纸张呈现出各种色彩，从而产生了彩笺纸。中唐以后，彩笺纸在文人界盛行。明代屠隆《文具雅编》记载，唐代著名诗人元稹、白居易都曾自制葵笺，用于写诗作赋。葵笺的制作方法是摘取带有晨露的蜀葵叶，捣成汁，用细布蘸汁涂在纸上，待风干后将纸压平即可。[2] 上文中提到的薛涛笺也是这一时期彩笺纸的代表。而在涂粉、洒金方面，工匠利用金箔、银箔、云母等材料对纸张的表面进行装饰，具有代表性的纸张有金花笺、云母笺、泥金彩笺等。

在纸张制作工艺方面，为了避免运笔时纸张因走墨而发生晕染的情况，需要在纸张的表面增涂黏合剂来阻塞纸面纤维间的毛细

---

[1] 王溥：《唐会要》卷三十五《经籍》，中华书局，1955年，第645页。
[2] 戴家璋主编：《中国造纸技术简史》，中国轻工业出版社，1994年，第111页。

孔，因此唐代造纸工匠在造纸过程中增加了砑光、拖浆、填粉、加蜡、施胶等工艺流程。根据工艺流程的不同，可将纸张划分为生纸和熟纸两种类型。宋代邵博在《邵氏闻见后录》卷二十八中说："唐人有熟纸，有生纸。熟纸所谓妍妙辉光者，其法不一。生纸非有丧故不用。"① 生纸指未经加工，直接用纸帘将纸浆抄出，烘干后便投入使用的纸张；熟纸则是在生纸的基础上，经过上明矾、施胶、染色、砑光、加蜡等工艺加工处理后形成的纸张。生纸吸水性强，适用于山水、人物的泼墨写意；熟纸不易走墨晕染，适用于工笔、楷书等书画创作。

总体来看，隋唐五代时期继承了魏晋南北朝以来的造纸技术，造纸业繁荣发展。造纸业的兴盛，促进了著书和抄书事业的发展，从而加快了图书在市场上的流通，为图书馆学的发展提供了丰富的馆藏资源。《新唐书·艺文志》总序记载："而藏书之盛，莫盛于开元，其著录者，五万三千九百一十五卷，而唐之学者自为之书者，又二万八千四百六十九卷。……玄宗命左散骑常侍、昭文馆学士马怀素为修图书使……创集贤书院……太守月给蜀郡麻纸五千番。"② 由此可见，造纸业的繁荣既是藏书事业发展的必然要求，又为官府、私人藏书事业的发展创造了条件，更为促进人类文明进步作出了无与伦比的贡献。

二、雕版印刷术

印刷术作为我国古代四大发明之一，被誉为"文明之母"。作

---

① 邵博：《邵氏闻见后录》卷二十八，上海书店，1990年，第298页。
② 欧阳修、宋祁：《新唐书》卷五十七《艺文志一》，中华书局，2000年，第935—936页。

为划时代的历史事件，印刷术的发明对社会中流通书籍的数量、藏书事业的发展、书目编纂事业的盛行、图书的聚散流转等都产生了深远的影响，加快了社会文化传播的速度，最终推动了人类文明的发展与进步。

（一）雕版印刷术的起源

关于雕版印刷术的起源，众说纷纭，大体包括"东汉说""隋代说""唐代说""五代说"四种类型，其中"唐代说"又可进一步划分为"初唐说"和"晚唐说"两种类型。

1."东汉说"

持"东汉说"的学者代表为元代王幼学，他在《资治通鉴纲目集览》卷十二中引用《后汉书·党锢列传》中"乡人朱并，素性佞邪，为俭所弃，并怀怨恚，遂上书告俭与同郡二十四人为党，于是刊章讨捕"[①] 的记载，认为"刊章，印行之文，如今板榜"，用"刊章"来论证雕版印刷术产生于东汉时期。认同此观点的还有清代郑机，他在《师竹斋读书随笔汇编》中提出，"《集览》：'刊章，印行之文，如今板榜。'是印板不始于五代"。刘盼遂在《论衡集解·须颂》中对雕版印刷术产生于东汉的观点进行了阐述，他认为："今方技之书在竹帛，无主名所从主出，见者忽然，不卸服也。如题曰某甲某子之方，若言已验尝试，则人争刻写，以为珍秘（刘盼遂注云：药方刻板，始见于此。然则谓版刻始于隋唐，犹未为探本之论也）。"[②] 综上所述，对雕版印刷术的起源持"东汉说"的学者，他

---

① 范晔撰，李贤等注：《后汉书》卷六十七《党锢列传》，中华书局，2000年，第1493页。
② 曹之：《中国印刷术的起源》（第二版），武汉大学出版社，2015年，第23页。

们的主要依据是《后汉书》中关于"刊章捕俭"的记载。

2. "隋代说"

明代陆深引用隋代费长房《历代三宝记》中的记载，在《河汾燕闲录》中云："隋文帝开皇十三年十二月八日，敕废像遗经，悉令雕撰。此印书之始，又在冯瀛王先矣。"① 陆深认为"悉令雕撰"是雕版印刷术产生于隋代的重要证据。

陆深的这一观点得到明代著名学者胡应麟的支持，胡应麟在《少室山房笔丛正集》卷四中说："雕本肇自隋时，行于唐世，扩于五代，精于宋人。"② 胡应麟有关雕版印刷术产生于隋代的说法影响极大，国内学界有部分学者赞同这一学说。如孙毓修在《中国雕板源流考》中论述"雕板之始"时引用了《敦煌石室书录》中的记载："大隋《永陀罗尼本经》上面，左有施主李和顺一行，右有王文沼雕板一行。"③ 孙毓修用"右有王文沼雕板一行"来证明隋代已经产生了雕版印刷术。之后，张志哲在《印刷术发明于隋朝的新证》一文中提出，唐初道宣在《续高僧传》卷三《慧净传》中所说的"美恶更代，非缮刻而难功"，以及"无缮无刻，美恶之功就著？"，"是说明了写文章和刻书的重要性，如果不写文章，不刻印书，'美恶之功'怎么能显示著录下来呢？可见隋末佛教僧徒中刻书已经很盛行"。此外，张志哲在文中还说道：

在敦煌所出的印刷品中，就发现有这样的新证，有一张佛像的残

---

① 施廷镛著，张秀民校：《中国古籍版本概要》，天津古籍出版社，1987年，第17页。
② 胡应麟：《少室山房笔丛正集》卷四《经籍会通四》，载《景印文渊阁四库全书》子部（886），台湾商务印书馆，1983—1986年，第211页。
③ 孙毓修：《中国雕板源流考》，商务印书馆，1934年，第1页。

叶,从内容看,和六朝石刻佛龛相同,印在薄黄麻纸上,是唐初或隋代寺院僧徒刻的,作供佛时烧化用的。此刻本粘贴册上,有隆平的题跋,曰:"此刻本刷印佛像,乍见疑是吴越国金涂灶龛拓本,谛审之仍是木刻本,精妙入神,得未曾有。木刻印有先于此者乎?未之见也。"这应该是现存最早的一件印刷品。从这张佛像残叶线条朴实、构图粗略推论,它比玄奘刻印普贤像还要早。玄奘刻印普贤像时间,是在他从印度回国之后,即公元六五〇年左右,而该佛像的刻印时间当在六五〇年之前的唐初或隋朝了。①

综上所述,持"隋代说"的学者的主要依据为《历代三宝记》中关于"悉令雕撰"的记载、《续高僧传》卷三《慧净传》中关于"缮刻"的记载和敦煌发现的隋木刻加彩佛像刻本。

3. "唐代说"

关于雕版印刷术起源的诸多学说中,"唐代说"流传最广、认可的人数最多、论据数量最多,目前来看,我国当代的多数学者都认可此种学说。其主要论据有以下六个方面。

第一,唐代张参"立板传本"之说。这种说法最早可见于宋代学者程大昌的《演繁露》卷七:"吾独怪夫刻石为碑,蜡墨为字,远自秦汉,而至于唐,张参辈于《九经字样》皆已立板传本,乃无人推广其事以概经史,其故何也?"②程大昌认为张参"于《九经字样》皆已立板传本"的记载足以佐证唐代已经出现雕版印刷术。

第二,元稹《白氏长庆集序》中有关"模勒"的记载。长庆四

---

① 张志哲:《印刷术发明于隋朝的新证》,《社会科学》1979 年第 4 期。
② 程大昌撰,周翠英点校:《演繁露》卷七《印书》,山东人民出版社,2018 年,第 117 页。

年（824），元稹为白居易编纂《白氏长庆集》并作序，他在序中云："《白氏长庆集》者，太原人白居易之所作。……二十年间，禁省、观寺、邮候墙壁之上无不书，王公妾妇、牛童马走之口无不道。至于缮写模勒，衒卖于市井，或持之以交酒茗者，处处皆是。"① 对于这一记载，明代胡震亨在《读书杂录》卷一中云：

> 书籍之有印本，云起于五代者，非也。元微之序白乐天集，已有市井"模勒""衒卖"之说，而司空图《一鸣集》载东都敬爱寺化募雕刻律疏云：洛郊遇焚，印本散失，欲共雕镂，计一书所印，共八百纸。则剞劂之利，在唐世已盛兴矣。②

胡震亨是最早以元稹《白氏长庆集序》来推论"唐代说"的学者。之后，清代学者赵翼在《陔馀丛考》卷三十三中云："'摹勒'，即刊刻也，则唐时已开其端欤？"③

第三，司空图《为东都敬爱寺讲律僧惠确化募雕刻律疏》中关于"雕镂"的记载。唐代司空图在《为东都敬爱寺讲律僧惠确化募雕刻律疏》中曾云："今者以日光旧疏，龙象宏持，京寺盛筵，天人信受，迷后学，竞扇异端，自洛城罔遇时交，乃楚印本，渐虞散失，欲更雕镂。"④ 该文的题下注为"印本共八百纸"。向达考证该

---

① 元稹著，孙安邦、蓓蕾解评：《元稹集·白氏长庆集序》，山西古籍出版社，2005年，第251页。
② 曹之：《中国印刷术的起源》（第二版），武汉大学出版社，2015年，第36页。
③ 赵翼著，栾保群、吕宗力校点：《陔馀丛考》卷三十三《刻书书册》，河北人民出版社，2007年，第652页。
④ 司空图：《为东都敬爱寺讲律僧惠确化募雕刻律疏》，载周绍良主编《全唐文新编》（第4部第3册），吉林文史出版社，2000年，第9938页。

文写于唐懿宗咸通末年至唐僖宗乾符六年（879）之间。文中所指乃唐武宗会昌五年（845）禁佛之时"乃楚印本"，现今又募化筹资，"欲更雕锼"。由此可见，到中唐时期，雕版印刷术已经发展到能大量印行佛经了。①

第四，柳玭《柳氏家训》中关于蜀中印本的记载。唐末柳玭因战乱随唐僖宗逃入成都，他在《家训序》中说："中和三年癸卯夏，銮舆在蜀之三年也，余为中书舍人，旬休，阅书于重城之东南。其书多阴阳杂记、占梦、相宅、九宫五纬之流，又有字书、小学，率雕版印纸，浸染不可尽晓。"又说："尝在蜀时，书肆中阅印板小学书。"② 对此，宋代叶梦得在《石林燕语》卷八中说："世言雕板印书始冯道，此不然，但监本《五经》板，道为之尔。《柳玭训序》言其在蜀时尝阅书肆，云'字书、小学率雕板印纸'，则唐固有之矣，但恐不如今之工。"③ 宋代朱翌，明末清初毛晋，清代朱彝尊、纪昀等人均赞同此观点。今人郑如斯、肖东发在《中国书史》一书中说："这段记载不仅说明了唐末印本书种类日益增多，还说明了当时成都地区已有相当数量的经营刻印和销售书籍的坊肆。"④

第五，韩国南部庆州佛国寺释迦塔内的汉字印刷品《无垢净光大陀罗尼经》。1966年10月18日，在韩国南部庆州佛国寺释迦塔内发现汉字印刷品《无垢净光大陀罗尼经》。虽然经文中没有记录刊刻时间，但根据印刷品中使用了武则天时期创制的四个"制字"，以及藏经的石塔和寺庙的完工时间为公元751年，韩国学者将该印

---

① 郑如斯、肖东发编著：《中国书史》，书目文献出版社，1987年，第122页。
② 郑如斯、肖东发编著：《中国书史》，书目文献出版社，1987年，第122页。
③ 叶梦得：《石林燕语》卷八，商务印书馆，1941年，第74页。
④ 郑如斯、肖东发编著：《中国书史》，书目文献出版社，1987年，第122页。

刷品的刊刻时间定为唐武后长安四年（704）至唐玄宗天宝十年（751）之间。此外，日本著名目录学家长泽规矩曾指出，日本现存我国吐鲁番出土的武则天时期的《妙法莲华经》一卷中也出现了武则天时期所创"制字"，故长泽规矩断定其为武则天时期的印刷品。

第六，唐太宗下令梓行《女则》。"初唐说"认为雕版印刷术产生于唐初贞观年间，依据是清代郑机《师竹斋读书随笔汇编》卷十二中的记载。明代邵经邦在《弘简录》卷四十六中说："太宗后长孙氏，洛阳人。……遂崩，年三十六。上为之恸。及宫司上其所撰《女则》十篇，采古妇人善事……帝览而嘉叹，以后此书足垂后代，令梓行之。"① 郑机在《师竹斋读书随笔汇编》卷十二中云："《弘简录》：'唐皇后长孙皇后撰《女则》十篇，帝太宗览而嘉叹，以后此书足传后代，令梓行之。'可见梓行书籍，不始于冯道。"② 张秀民在《中国印刷史》中不仅对上述唐太宗下令梓行《女则》的史料进行分析，而且引用唐代冯贽《云仙散录》中有关玄奘印施佛像的记载，以此佐证雕版印刷术产生于唐初贞观年间。③

4. "五代说"

有部分学者认为是五代时期后唐宰相冯道第一次使用雕版印刷术的，其依据是《旧五代史·冯道传》中"时以诸经舛缪，（冯道）与同列李愚委学官田敏等，取西京郑覃所刊石经，雕为印板，流布天下，后进赖之"④ 的记载。但是该记载仅说明在五代时期，后唐

---

① 张秀民：《中国印刷史》，上海人民出版社，1989 年，第 13 页。
② 李致忠：《古代版印通论》，青岛出版社，2000 年，第 24 页。
③ 张秀民：《中国印刷史》，上海人民出版社，1989 年，第 13—15 页。
④ 薛居正等：《旧五代史》卷一百二十六《周书十七·冯道传》，中华书局，2000 年，第 1155 页。

宰相冯道建议唐明宗下令刻印儒家九经，并未证明雕版印刷术产生于此时期。

宋代孔平仲在《珩璜新论》中也提及后唐宰相冯道请求唐明宗下令刊刻九经：

> 昔时文字未有印板，多是写本。《齐宗室传》：衡阳王钧尝手自细写五经置于巾箱中，巾箱五经自此始也。至后唐明宗长兴三年，宰相冯道、李愚请令判国子监田敏校正九经刊板印卖，朝廷从之，是虽在乱世，九经传播甚广。[①]

元代学者脱脱在《宋史·艺文志》总序中说："周显德中，始有经籍刻板，学者无笔札之劳，获睹古人全书。"[②]脱脱认为雕版印刷术产生于后周显德年间。南宋学者王明清在《挥麈后录余话》卷二中云："毌丘俭贫贱时，尝借《文选》于交游间，其人有难色，发愤异日若贵，当板以镂之遗学者。后仕王蜀为宰，遂践其言刊之。印行书籍，创见于此。"[③]王明清以毌丘俭（笔者按：应为毋昭裔）刊印书籍的案例作为"五代说"的旁证，但是相关原始史料记载已无从考证。

综上所述，笔者认为雕版印刷术应产生于唐代，除上述"唐代说"下列举的六个论据外，还可以从唐代社会需求、唐代文献资料、唐代已有雕版印刷品实物三个方面来进行补充说明。

---

① 曹之：《中国印刷术的起源》（第二版），武汉大学出版社，2015年，第40页。
② 脱脱等：《宋史》卷二百二《艺文志一》，中华书局，2000年，第3365页。
③ 王明清：《挥麈后录余话》卷二，载《挥麈录》，上海书店出版社，2009年，第240—241页。

首先，从唐代社会需求来看，唐代政局稳定、经济高速发展、学术文化繁荣，教育体系的建立和科举制度的发展需要雕版印刷术。隋唐以前文化的传播主要依靠口耳相传和书籍流传这两种形式，加上受战乱因素的影响，国家没有建立自上而下的教育体系，多是私人授学，在这种情况下，手工抄写书籍既是一种复制书籍的手段，又是一种学习知识的手段。魏晋南北朝时期的一些佣书人就是凭借抄书这一工作来增进学识而终成一代名臣的，如三国时期吴国大臣阚泽"家世农夫……好学，居贫无资，常为人佣书，以供纸笔，所写既毕，诵读亦遍。追师论讲，究览群籍，兼通历数，由是显名"①。在这种学术专门化、家族化的社会环境下，学子抄写各类经典著作是源于学习活动本身的需要，图书批量复制出版的社会需求并不旺盛。唐代建立了自上而下的教育体系，中央官学和地方官学的规模都得到极大的扩张，再加上科举制度的实行产生了特定文献批量生产的需求，这些因素都推动了雕版印刷品的出现。

其次，从唐代文献资料来看，除上述元稹的《白氏长庆集序》、司空图的《为东都敬爱寺讲律僧惠确化募雕刻律疏》、柳玭的《柳氏家训》以外，《旧唐书·文宗本纪下》中有唐文宗大和九年（835）十二月"丁丑，敕诸道府不得私置历日板"②的记载。根据《册府元龟》卷一百六十的记载可知，这是指当时东川节度使冯宿奏请下令禁止民间私自刊行日历一事。③从"不得私置历日板"一句可知，这一时期雕版印刷术已经出现。

---

① 陈寿撰，裴松之注：《三国志》卷五十三《吴书八·阚泽传》，中华书局，2000年，第923页。
② 刘昫等：《旧唐书》卷十七下《文宗本纪下》，中华书局，2000年，第383页。
③ 王钦若等：《册府元龟》卷一百六十《帝王部·革弊第二》，载《景印文渊阁四库全书》子部（904），台湾商务印书馆，1983—1986年，第786页。

最后，从雕版印刷品实物来看，除在韩国庆州佛国寺发现的唐代印刷品《无垢净光大陀罗尼经》以外，在敦煌发现的雕版印刷品《金刚经》的卷末刻有"咸通九年四月十五日王玠为二亲敬造普施"的字样，这是世界上现存最早的刻印有确切时间的雕版印刷品。除了佛经印刷品，还出土了部分雕版印刷的唐代历书，如现存最早的印本历书为唐僖宗乾符四年（877）印刷的历书，该历书不仅记载了月份的大小、日期和各个节气，还记载了阴阳五行和吉凶禁忌等。此外，唐代的雕版印刷术还被用来印刷医书，如被伯希和窃去现藏于巴黎国家图书馆的唐懿宗咸通二年（861）敦煌写本《新集备急灸经》，其末书有"京中李家于东市印"[1]，这说明此写本是根据李家的印本转录的，所以可推测京中东市李家的印本应出现于咸通二年以前。中国国家图书馆收藏的敦煌遗书中"有"字九号《金刚经》残本，其末有"西川过家真印本"的标识，还有"丁卯年三月十二日八十四岁老人手写流传"的题记。"丁卯"为唐哀帝天祐四年（907），因此该残本也可作为唐代已有雕版印刷品的佐证。

由此可知，最迟至唐末雕版印刷术已经被应用于图书的出版，并且无论是地方官府还是民间，都已经开始使用雕版印刷术。如唐文宗开成二年（837），敕令将十二种儒家经典雕刻成石经置于长安国子监门前，史称"开成石经"。后唐长兴三年（932），宰相冯道、李愚奏请刊行该石经，得到皇帝批准后同年开始制版，历经后唐、后晋、后汉、后周四朝，直到后周广顺三年（953）才全部雕刻完成，耗时二十一年。这一由官府主导雕刻儒家经典的活动，说明雕版印刷术已成为官方刻书手段，并开始在全国范围内普及。

---

[1] 宿白：《唐宋时期的雕版印刷》，文物出版社，1999年，第2页。

（二）雕版印刷术的应用

如前文所述，雕版印刷术最迟在 8 世纪左右已经出现，但其推广应用却是极为缓慢的，直到后周广顺三年（953）"开成石经"的大规模出版，才表明雕版印刷术作为图书印刷出版的主要方式被官府采用，并大规模应用于图书出版。

雕版印刷术产生之初被应用于佛经、历书、阴阳、占卜类书籍的出版，其中历书是使用雕版印刷术最多的书籍，这是由我国古代农耕社会的社会形态所决定的。从柳玭《柳氏家训》中关于蜀中印本的记载可知，在当时的蜀地即今天的四川成都一带已经出现以刊印历书为生的图书作坊。除成都以外，东西京和长江流域是当时刻印书籍的核心地区。受"安史之乱"的影响，唐中期以后黄河流域战事不断，民生凋敝。而长江流域战事较少，森林资源丰富，人民生活相对安逸富足，这些有利于刻书事业的发展。

大约至 9 世纪，雕版印刷术在民间得到推广，印刷的对象从早期的佛经、历书向医书、字书、小学等书籍转变。隋唐五代时期雕版印刷品的印刷数量也在不断增加，如据史料记载，江西印刷了数千本《刘弘传》，西川可以印刷三十卷之多的《玉篇》。关于隋唐五代时期雕版印刷品的质量，宿白认为"可以现存咸通九年（868）《金刚经》为例，字体清晰、整齐，卷前还附有布局复杂、刻印精美的《释迦给孤独园说法》版画，反映了当时雕版印刷的高水平"[①]。

雕版印刷术与造纸术一样，是古代中国对世界文明作出的重大

---

① 宿白：《唐宋时期的雕版印刷》，文物出版社，1999 年，第 3 页。

贡献之一。英国学者李约瑟曾说："要是没有这种贡献，就不可能有我们西方文明的整个发展历程。因为如果没有火药、纸、印刷术和磁针，欧洲封建主义的消失就是一件难以想象的事。"[①] 雕版印刷术在出现后不久就传播到了日本、朝鲜半岛，后又由中亚逐步传播至西欧国家，最终改变了书籍的出版形式。雕版印刷术的发明与推广降低了图书生产的成本，缩短了图书生产的周期，促进了当时和以后藏书事业的繁荣和发展。

---

① 李约瑟：《中国对科学和技术的贡献》，载潘吉星主编《李约瑟文集》，辽宁科学技术出版社，1986年，第123页。

第二章

隋唐五代时期的藏书事业

随着文字的产生与成熟，承载文字的典籍数量不断增加，从而促进了典籍收藏事业的产生与发展，最终在唐代形成了以官府、私人、寺观、书院为主体的中国古代四大藏书体系。在寺观藏书体系和书院藏书体系正式确立之前的相当长一段时间里，官府藏书体系和私人藏书体系构成了我国古代藏书体系的主体。因此，在考察隋唐五代时期藏书管理实践活动之前，需要对这一时期藏书体系的整体情况进行分析，从而帮助我们更深入地了解在这一体系下隋唐五代时期藏书实践活动的开展情况。

第一节　隋朝以前的藏书体系

在我国古代四大藏书体系中,官府藏书体系形成时间最早,规模最大。这是由于自上古时期开始,文字和文化的持有者一般是国家统治者及其辅佐人员,如巫祝、史官等,他们将君主在治理国家的过程中产生的各类文书保存下来并藏于官府,从而形成了最早的官府藏书。对此,清代章学诚在《文史通义》卷一中说道:"古未尝有著述之事也,官师守其典章,史臣录其职载。文字之道,百官以之治,而万民以之察,而其用已备矣。"[①] 可见,文字作为统治阶级掌控社会的工具,是国家进行思想统治的基础,因而历朝历代皆重视官府藏书建设。

一、官府藏书机构沿革

夏朝作为我国历史上第一个奴隶制王朝,已经建立起了完整的国家机构和政治制度;汉字经过多年的发展逐步成熟,到夏商之际已形成完整的文字体系;先秦时期建立了史官制度,这些都为我国古代藏书事业的萌芽奠定了基础。《墨子·非命下》说:"子胡不尚

---

① 章学诚著,叶瑛校注:《文史通义校注》卷一《诗教上》,中华书局,1985年,第62页。

考之乎商、周、虞、夏之记，从十简之篇以尚。"① 由此可知，夏朝已经开始采取"从十简之篇"即以十篇为一卷的方式有序收集整理典籍。殷商时期，文字体系进一步完善，典籍数量不断增加。目前我们能够见到的殷商甲骨卜辞就是该时期国家收藏的文献，现存数量庞大的甲骨文献也为该时期官府藏书的盛况提供了佐证。受官府藏书数量增加的影响，殷商时期的王宫已经出现了早期的藏书处所，即宗庙。《史记·龟策列传》说"高庙中有龟室"②，此处的"龟室"就是先秦至西汉时期宗庙内开辟的专门用于收藏占卜所用的甲骨的处所，今天我们从在河南安阳小屯村发掘出的殷商时期的宗庙式宫殿遗址中还可以看到当时龟室的形制。因而可以说，龟室作为奴隶社会保存官府藏书的处所，是官府藏书机构的雏形。

自周文王建立西周政权以后，周王室的藏书数量不断增加，藏书机构和处所也相应发生了变化。这种变化主要表现为以下三个方面：第一，为原有宗庙藏书配备专职管理人员——"天府"；第二，开辟太史府作为新的藏书处所；第三，出现了专门保管盟约的档案馆——"盟府"。由此可知，自周朝起我国官府藏书机构开始有了职能分工：宗庙主要负责收藏国家重要文献和前朝甲骨；太史府负责收藏国家重要文献，"典""法""则"以及契约、券书等；盟府负责贮藏会盟的法典和各种盟约的副本，因为春秋战国时期周天子与诸侯之间结盟频繁，所以盟府之中典藏的文献堆积如山。

历经春秋战国时期各诸侯国的发展，秦统一六国以后建立了更为完善的官府藏书体系。秦朝在图籍数量骤增的情况下，相应增设

---

① 唐敬杲选注：《墨子·非命下》，商务印书馆，1947年，第118页。
② 司马迁撰，裴骃集解，司马贞索隐，张守节正义：《史记》卷一百二十八《龟策列传》，中华书局，2000年，第2444页。

了多处藏书处所。《史记·太史公自序》说:"秦拨去古文,焚灭《诗》《书》,故明堂石室金匮玉版图籍散乱。"[①] 由此可知,明堂、石室、金匮在当时都是重要的官府藏书处所,这些藏书处所的建立,为后代各王朝建立各种类型的官府藏书机构奠定了基础。

西汉时期,官府开始有意识地重点收集民间藏书,进行官府藏书建设,官府藏书的数量不断增加、规模不断扩大,藏书机构设置更加完备。这一时期既有仅具有藏书保管功能的藏书处所,又有兼具典籍收藏、整理与研究等功能的藏书机构。例如,兰台、延阁、广内三处是位于内府或殿中的仅具有藏书保管功能的藏书处所;石渠、天禄、麒麟、曲台四处则是具有学术研究性质的藏书机构,其中石渠以研究经学为主,天禄、麒麟以研究校理图书为主,曲台则以校书著记为主。东汉时期以石室、兰台作为主要藏书机构,又增加东观、仁寿阁作为储藏新书的处所,还专门设立了保管皇室档案的处所——金匮。图书与档案的功能在这一时期开始分化,藏书机构更加注重收藏已经形成知识体系的典籍。因为光武帝推崇儒家思想,建立太学弘扬儒家文化,所以这一时期出现了最高学府的藏书机构——"辟雍",它主要向学子提供经学和图谶,兼具藏书和教化两种功能,是中国早期高等教育图书馆的雏形。总而言之,两汉时期是我国官府藏书体系形成和确立的时期,官府藏书的规模进一步扩大,出现了不同功能的专业性藏书机构。

魏晋南北朝时期,国家长期处于分裂割据的状态,战事频繁,烽火连天,民不聊生。这种动荡的社会环境严重影响了官府藏书事业的发展,官府藏书事业一度停滞不前。从藏书机构及典藏处所来

---

① 司马迁撰,裴骃集解,司马贞索隐,张守节正义:《史记》卷一百三十《太史公自序》,中华书局,2000年,第2507页。

看,三国时期,魏、蜀、吴各国均设有各类官府藏书机构及典藏处所,进行官府藏书建设。如魏国建立了秘书中外三阁,并设立了主管官府藏书的机构,其长官为秘书令,典尚书奏事,兼掌图书秘籍;蜀国和东吴均建立了东观,典藏国家图书。两晋南北朝时期,政权更迭频繁,官府藏书几经损毁,十不存一。与前朝相比,官府藏书机构不仅数量减少,分工也相对单一,整体以对前朝的承袭为主,秘书省是当时主管官府藏书的机构。

二、人员设置沿革

我国历史上最早的图书管理员是夏朝的太史令。《吕氏春秋》卷十六云:"夏太史令终古出其图法,执而泣之;夏桀迷惑,暴乱愈甚。太史令终古乃出奔如商。"① 由此可知,当时夏朝的太史令终古既是史实的记录者,又是官府藏书的管理人员。夏亡以后,商承夏制,官府藏书的管理人员仍旧由史官担任,但是在夏朝的基础上又有了进一步的发展,出现了"史""御史""大史""作册"等不同称谓和职责的史官。对此,王国维曾说:"史之职专以藏书、读书、作书为事。"②

周朝建立以后,王室藏书的管理人员的数量较前朝有了增加,并且构建了管理人员体系,其中"府"掌管契书,"史"记录王的言行,"徒"掌管政令的发布。这种以不同人员来掌管不同内容、形式的文献的管理制度,可以被看作早期的图书馆馆员分工制度。

---

① 高诱注:《吕氏春秋》卷十六《先识览》,上海书店,1986年,第179页。
② 王国维:《观堂集林(外二种)》卷六《艺林六·释史》,河北教育出版社,2001年,第162页。

这种分工制度建立在周朝奴隶制社会的阶级划分之上，具有典型的阶级差异。

秦始皇统一六国以后，秦代官府藏书的制度和方式基本上承袭战国时期。但是关于藏书保管人员的情况一直存在争议，主要有两种观点：一种观点认为秦代的博士是执掌官府藏书的人员，另一种观点则认为秦代并没有执掌官府藏书之人。持第一种观点的学者认为"秦之书籍，其储藏之地与执掌之人为史官、博士矣"，其依据为"伏生为秦博士，至汉而传《尚书》之教，《尚书》乃其所藏，亦以博士本储藏之地，伏生身为博士，又执掌书籍之人耳"。[①] 然而，这种观点受到现代学者的质疑，李更旺在《秦代藏书考略》一文中提出"博士是秦朝博通古今的著名学者"[②]，其依据为《史记·秦始皇本纪》中"始皇置酒咸阳宫，博士七十人前为寿"和"侯生、卢生相与谋曰：'始皇为人，天性刚戾自用……博士虽七十人，特备员弗用'"[③] 的记载。除此之外，持第二种观点的学者根据"先王坟籍，扫地皆尽"[④] 和"秦灭先王之典，遗制莫存"[⑤] 的史料记载，指出秦代没有执掌官府藏书之人。但是郑樵在《通志·校雠略》中提出，萧何攻入咸阳时曾保护部分典籍，因此，他认为秦代存在官府藏书，推翻了秦代因焚书坑儒致无官府藏书从而无执掌官府藏书之人的论断。

综上所述，我们认为在秦代虽然有部分藏书遭到焚禁，但仍有

---

① 孙德谦：《秦记图籍考》，《学衡》1924年第30期。
② 李更旺：《秦代藏书考略》，《图书馆学研究》1983年第1期。
③ 司马迁撰，裴骃集解，司马贞索隐，张守节正义：《史记》卷六《秦始皇本纪》，中华书局，2000年，第180、183页。
④ 李延寿：《北史》卷七十二《牛弘传》，中华书局，2000年，第1651页。
⑤ 魏徵：《隋书》卷三十三《经籍志二》，中华书局，2000年，第647页。

一些藏书被保存在官府藏书机构中，并且设置了专人对其进行管理。《史记·秦始皇本纪》说"天下之事无小大皆决于上，上至以衡石量书，日夜有呈，不中呈不得休息"，"吾前收天下书不中用者尽去之"，① 这从侧面说明秦代存有典籍。《史记·秦始皇本纪》又说："史官非《秦》记皆烧之。非博士官所职，天下敢有藏《诗》、《书》、百家语者，悉诣守、尉杂烧之。有敢偶语《诗》《书》者弃市。"② 其中的"博士官所职"可证实，秦代的博士官也承担了保管藏书的部分职责。由此可见，秦代有官府藏书，并设有藏书管理人员。

西汉初年，统治者吸取前朝秦始皇"燔经书，杀儒士，设挟书之法，行是古之罪"③ 而不得人心的经验教训，实行一系列开明的文化政策。汉武帝时期，"大收篇籍，广开献书之路"④，从而促进了官府藏书数量的增加和质量的提高。受藏书数量增加的影响，政府在藏书管理人员设置方面也进行了改革，藏书管理人员增多，职能分工不断明确。御史大夫是当时官府藏书的管理人员，主要掌管兰台、延阁、广内三个藏书处所。除了御史大夫执掌官府藏书之外，中书令也兼管官府藏书，《初学记》卷十一记载："中书令……初汉武……始用宦者，典尚书，通掌图书……以其总掌禁中书记，

---

① 司马迁撰，裴骃集解，司马贞索隐，张守节正义：《史记》卷六《秦始皇本纪》，中华书局，2000年，第183页。
② 司马迁撰，裴骃集解，司马贞索隐，张守节正义：《史记》卷六《秦始皇本纪》，中华书局，2000年，第181页。
③ 班固撰，颜师古注：《汉书》卷三十六《楚元王传》附《刘歆传》，中华书局，2000年，第1528页。
④ 班固撰，颜师古注：《汉书》卷三十《艺文志》，中华书局，2000年，第1351页。

谓之中书。"① 此外，石室、金匮作为官府藏书的重要处所，其官员太常、太史令也是藏书管理人员。刘歆在《七略》中说："外则有太常、太史、博士之藏，内则有延阁、广内、秘室之府。"② 由此可见，西汉时期已经建立起官府藏书管理人员制度。

东汉的官府藏书管理人员制度则在西汉的基础上有了更进一步的发展。在职官设立方面，东汉不再设御史大夫，而是以御史中丞为御史之长官，因御史居殿中兰台，后世又称御史中丞为"御史台""兰台"等。东汉桓帝延熹二年（159），"始置秘书监一人，掌典图书、古今文字考合同异"③。这里的"秘书监"就是官府藏书的主要管理人员，东汉以后的历代政府基本都将掌管图书的官员称为秘书监、秘书郎、秘书丞、秘书令等。

曹丕以魏代汉以后，将秘书令改为秘书监，下设秘书丞、秘书郎、校书郎等从事复校藏书、正定脱误等工作。蜀汉则设立东观郎、秘书令、秘书郎等管理官府藏书。两晋时期的官府藏书管理人员设置基本沿袭汉魏旧制。晋武帝时期将秘书省并入中书省，其长官为中书秘书丞，主管官府藏书；还按照经、史、子、集四部设置秘书郎四人，负责各部藏书。晋惠帝永平元年（291），重新设置秘书监，下设秘书丞、秘书郎、著作郎、佐著作郎等。

南北朝时期，南朝的官府藏书管理机构基本沿袭东晋，由秘书省主管官府藏书，秘书监是最高长官，下设秘书长、秘书郎等。为

---

① 徐坚：《初学记》卷十一《职官部上》，载《景印文渊阁四库全书》子部（890），台湾商务印书馆，1983—1986年，第189页。
② 刘向、刘歆撰，姚振宗辑录，邓骏捷校补：《七略别录佚文 七略佚文》，上海古籍出版社，2009年，第75页。
③ 马端临著，上海师范大学古籍研究所、华东师范大学古籍研究所点校：《文献通考》卷五十六《职官考十》，中华书局，2011年，第1661页。

·71·

了增加官府藏书数量，还设置了专门从事抄书等工作的弟子和正字，弟子负责抄写，正字负责校对。北朝的官府藏书机构与南朝相似，北魏由秘书省管理官府藏书，秘书省设有秘书监、秘书丞、秘书郎及校书郎等；北齐时，将秘书郎改为秘书郎中，并增设了秘书校书郎、秘书正字等；北周由秘书监兼领著作郎，并设有秘书校书郎等。

由官府藏书机构人员设置的发展脉络可知，自西汉以来，伴随着官府藏书机构的不断完善，官府藏书管理人员不断增加，官制不断完善，出现了专门负责官府藏书的管理人员——秘书监，在秘书监之下又设置各类官职负责具体事务，分工不断明确，为隋唐五代时期官府藏书体系的进一步完善奠定了基础。

第二节　隋唐五代时期的官府藏书体系

一、官府藏书体系全貌

隋唐五代时期的官府藏书事业是对前朝官府藏书事业的继承与发展，虽然其间发生过多次战争，官府藏书事业受到一定的冲击，但整体来看，隋唐五代时期的官府藏书事业处于发展状态，尤其是在唐玄宗开元年间，官府藏书的规模一度达到我国封建社会官府藏书规模的顶峰。无论是隋朝的统治者还是唐朝的统治者，都非常重视官府藏书建设。隋朝、唐朝的统治者在开国之初均颁布诏令向民间征集珍贵藏书，搜访前朝遗书，组织人力誊抄前朝旧藏、编撰新书，因而使官府藏书的数量大大增加。随着官府藏书数量的增加，统治者将官府藏书划分为皇室内藏和官府外藏两种类型，形成内外分别的局面。唐朝建立了秘书省、弘文馆、崇文馆、司经局、史馆、学士院、集贤殿书院等功能各不相同的官府藏书机构，形成了一种各自独立又相辅相成的官府藏书体系。

官府藏书事业在唐朝开元年间达到鼎盛，开元十九年（731），仅东都洛阳皇宫内集贤殿书院收藏的御本就有八万九千卷，并按照经、史、子、集进行分类保管。后来因唐中期"安史之乱"爆发和唐末农民起义频发，东西两京的官府藏书遭到严重损毁，近三百年间形成的以长安、洛阳为中心的官府藏书体系日益瓦解，大量官府藏书散佚。对此，唐代诗人韦庄曾在诗中写道："内库烧为锦绣灰，天街踏尽公卿骨。"[①] 孙光宪在《北梦琐言》中说："唐自广明乱离，秘籍亡散，武宗已后，寂寞无闻，朝野遗芳，莫得传播。"[②]

二、官府藏书体系构成

隋唐五代时期稳定富足的社会环境为官府藏书事业的发展奠定了基础，受统治者制定的相关政策的影响，这一时期逐步建立起以秘书省为核心的自上而下的官府藏书体系，这一体系主要由以下藏

---

① 韦庄撰，李谊校注：《韦庄集校注·秦妇吟》，四川省社会科学院出版社，1986年，第472页。
② 孙光宪撰，贾二强点校：《北梦琐言》，中华书局，2002年，"序"第15页。

书机构或藏书处所构成。

（一）秘书省

1. 机构沿革

"秘书省"这一名称最早出现于南朝梁，而在秘书省出现以前，官府藏书主要由秘书监负责管理。东汉延熹二年（159），汉桓帝下令设立秘书监，作为专门负责管理经籍的职官，隶属太常卿。对此，马端临在《文献通考》卷五十六中说道："后汉图书在东观，桓帝延熹二年，始置秘书监一人，掌典图书、古今文字考合同异，属太常。以其掌图书秘记，故曰秘书。"[①] 但这一制度并未被继任者沿袭。东汉建安二十一年（216），曹操在魏王府中设立秘书令，掌管图籍。曹丕称帝建魏以后，设立秘书监掌管图籍之事，并改秘书令为秘书监。这标志着秘书监作为官府藏书的专门机构正式成立，其最高长官亦称秘书监。

秘书监作为收藏和管理官府图籍的机构正式成立以后，其名称经过多次变革。西晋惠帝永平元年（291），诏令秘书监从中书监剥离，另设秘书寺执掌三阁藏书，其长官称秘书监。东晋时期又重设秘书监。南朝宋、齐时期沿袭旧制，官府藏书管理机构仍旧称秘书监，其长官亦称秘书监。南朝梁改秘书监为秘书省，将秘书省与尚书、中书、门下、集书四省并立，其长官仍旧为秘书监。这种设置为隋唐五代时期所继承。

隋文帝即位以后，废除了北周托古改制所设立的官制，并依据

---

① 马端临著，上海师范大学古籍研究所、华东师范大学古籍研究所点校：《文献通考》卷五十六《职官考十》，中华书局，2001年，第1660—1661页。

汉魏之制，设置尚书、门下、内史、秘书、内侍五省，分司统职。秘书省仍旧是当时主管官府藏书的文化事业机构，其最高长官称秘书监，掌管图书秘籍；下设秘书丞，作为副职辅佐秘书监；秘书丞之下还设有秘书郎、校书郎、秘书正字、录事等。秘书省作为中央机构之一，在管理官府藏书之余，还统领著作曹和太史曹，负责编修史志的工作。隋炀帝继位后，于大业三年（607）改革官制，将秘书省与殿内、尚书、门下、内史四省并列，并为秘书省增置秘书少监一人、秘书佐郎四人。为了恢复官府旧藏，顺利开展抄书活动，隋炀帝时期还设置儒林郎十人，"掌明经待问，唯诏所使"；设置文林郎二十人，"掌撰录文史，检讨旧事"；增设校书郎员四十人、楷书郎员二十人，"掌抄写御书"。① 另外，隋炀帝为晋王时，"好文雅，招引才学之士诸葛颖、虞世南、王胄、朱玚等百余人以充学士"②。这些人后来均在秘书省供职，从事官府藏书建设。

唐朝建立之初，唐高祖承袭隋朝旧制，仍旧将秘书省列为中央六省之一。唐高宗以后，秘书省及其职官的名称频繁变更，如龙朔二年（662），秘书省改称兰台，秘书监改称兰台太史，秘书少监改称兰台侍郎，秘书丞改称兰台大夫，秘书郎改称兰台郎；武后垂拱元年（685），秘书省改称麟台，秘书监改称麟台监，秘书少监改称麟台侍郎。

唐中宗神龙元年（705），恢复了秘书监的名称。此时的秘书监"掌邦国经籍图书之事"，负责官府藏书的全部事务；秘书少监协助秘书监主持工作；秘书丞管理日常事务，下设秘书郎四人"掌甲乙

---

① 魏徵：《隋书》卷二十八《百官志下》，中华书局，2000年，第540页。
② 魏徵：《隋书》卷五十八《柳䛒传》，中华书局，2000年，第954页。

丙丁四部之图籍,谓之四库",①设校书郎八人、正字四人"掌雠校典籍,刊正文章"②,校书郎八人为常规设置,如遇大规模校书活动,则随时增加校对、抄录人员。此外,还设置了各类管理人员,如主事一人、令史四人、书令史九人、典书八人、楷书手八十人、亭长六人、掌固八人、熟纸匠十人、装潢匠十人、笔匠六人。神龙年间,秘书监中的官吏人数远超之前诸朝代。唐朝著作局和太史局基本都由秘书省兼领,其中太史局的情况稍有变化:景龙二年(708),太史局更名为太史监,不再隶属秘书省;景云元年(710),太史监又更名为太史局,重新由秘书省辖领。

唐朝初年很重视秘书监的人选,担任这一职务的人必须学识渊博、德高望重,先后担任过此职的魏徵、虞世南、颜师古等人皆符合这两个条件。贞观十五年(641),唐太宗在任命颜师古为秘书监的诏令中说:"秘书望华,史官任重,选众而举,历代攸难。守秘书监颜师古,体业淹和,器用详敏,学资流略,词兼典丽,职司图书,亟经岁序。朱紫既辨,著述有成。"③武则天当政以后,秘书监的人选渐趋混杂。隋唐五代时期,秘书省不仅是官府藏书的主管机构,而且是藏书中心和校书中心。

2. 机构组成

隋唐五代时期秘书省的设置与北魏、南朝一脉相承,前文已略有提及,具体的承袭细节则主要表现在以下几个方面。

第一,在具体的职官设置上,北周自建立之初实行周官制度,

---

① 刘昫等:《旧唐书》卷四十三《职官志二》,中华书局,2000年,第1265页。
② 欧阳修、宋祁:《新唐书》卷四十七《百官志二》,中华书局,2000年,第799页。
③ 李世民:《授颜师古秘书监制》,载董诰等编、孙映逵等点校《全唐文》卷四,山西教育出版社,2002年,第28页。

设立天官、地官、春官、夏官、秋官、冬官六府，北周太祖宇文泰令苏绰、卢辩"依周礼建六官，置公、卿、大夫、士"①。六府是北周官制的顶层建制，在各自的执掌下，建立了数百个曹司，分管各种琐碎事务，因此原北魏秘书省、太史令等机构多为春官府所辖，虽职责没有太大变化，但官职名称变化巨大。北周春官府下设置外史下大夫，掌书籍，职同秘书监，"有校书郎下士十二人，属春官之外史"②；设立著作上士两人，掌修史，职同著作郎；设置太史中大夫一人，掌历家之法，职同太史令。而南朝梁、陈则设立秘书省。《隋书·百官志上》记载，南朝梁"秘书省置监、丞各一人，郎四人，掌国之典籍图书。著作郎一人，佐郎八人，掌国史，集注起居"③。陈承梁制，同样设立秘书监、秘书郎、著作郎三种官职。《唐六典》卷十曰："至后魏，秘书省始置校书郎，正第九品上。北齐置十三人。"④

第二，从秘书省所辖机构来看，隋唐五代时期秘书省领太史曹、著作曹。这种安排主要有两个原因：其一，著作曹自晋朝开始隶属秘书省，除北周之外，南北朝各政权均如此设置；其二，北周建立的六官制度，打破了原来北魏所沿袭的汉魏官制，太史、著作、秘书三个机构归春官府管辖，隋朝建立后加强了三者的联系，将掌天文历法的太史曹归入秘书省。

第三，从秘书省本身的地位来看，隋文帝将秘书省与尚书、门

---

① 令狐德棻等：《周书》卷二十四《卢辩传》，中华书局，2000年，第273页。
② 杜佑：《通典》卷二十六《职官八》，载《景印文渊阁四库全书》史部（603），台湾商务印书馆，1983—1986年，第319页。
③ 魏徵：《隋书》卷二十六《百官志上》，中华书局，2000年，第490页。
④ 张九龄等撰，李林甫等注：《唐六典》卷十《秘书省》，载《景印文渊阁四库全书》史部（595），台湾商务印书馆，1983—1986年，第103页。

下、内史、内侍四省并列，乃承南朝梁、陈，北朝北魏、北齐旧制。《唐六典》卷十记载："梁改为省，与尚书、中书、门下、集书为五省，秘书监增秩中二千石，品第三……陈依梁。后魏亦以秘书为五省之数。监，初从第二品中；太和末，正第三品。北齐依魏。"①

3. 职官沿革

（1）隋朝秘书省职官沿革

隋炀帝即位后，为加强中央集权，进行了大规模的官制改革，这种改革主要表现在对中央三省六部制的完善与勋爵制度的调整，具体来说，包括众多职官的增删、官品的升降、职责的细化等。隋炀帝改革官制的原因在于，隋文帝建制仓促，仅对魏晋以来数百年的职官制度进行初步整顿，其所建立的官制的渊源亦呈现多样化，在各个部分都不同程度地保留了魏晋以来历朝官制的痕迹，仍存在许多弊病，真正属于隋朝自创的官制并不多见。

隋炀帝即位后，为解决官制中存在的弊病，调整了中央机构，对中央三省的职责进行明晰分割，如设置专门负责天子事务的殿内省；一方面降低九卿（除太常卿）与秘书监的品级，突出三省的政治地位，另一方面提高尚书左右丞的品级，使左右丞主判省事，又在其下增设都司郎中对权力进行分散与监督，并且省略尚书令、仆射等职的任命，通过提高中层官职的品级，对高层官吏的权力进行限制。这种改革在大业年间持续不断，"帝自三年定令之后，骤有制置，制置未久，随复改易。其余不可备知者，盖史之阙文云"②。

---

① 张九龄等撰，李林甫等注：《唐六典》卷十《秘书省》，载《景印文渊阁四库全书》史部（595），台湾商务印书馆，1983—1986年，第102页。
② 魏徵：《隋书》卷二十八《百官志下》，中华书局，2000年，第544页。

此次改革也对秘书省作出了相应的调整,使其成为当时改革变动最大的机构。

大业年间,对秘书省的改革主要表现在职官人数和品秩的更改、官名改易、职官新设三个方面。《隋书·百官志下》记载了此次改革的具体内容:

> 秘书省降监为从二品,增置少监一人。从四品。增著作郎阶为正五品,减校书郎为十人。改太史局为监,进令阶为从五品,又减丞为一人。置司辰师八人,增置监候为十人。其后又改监、少监为令、少令。增秘书郎为从五品,加置佐郎四人,从六品。以贰郎之职。降著作郎阶为从五品。又置儒林郎十人,正七品。掌明经待问,唯诏所使。文林郎二十人,从八品。掌撰录文史,检讨旧事。此二郎皆上在藩已来直司学士。增校书郎员四十人,加置楷书郎员二十人,从九品。掌抄写御书。①

由上可知,相较于隋文帝时期,隋炀帝时期大大增加了秘书省职员的人数。

(2)唐朝秘书省职官沿革

唐朝建立之初,继承了隋朝的官制。"高祖发迹太原,官名称位,皆依隋旧。及登极之初,未遑改作,随时署置,务从省便"②,所以唐朝自武德至天宝年间,一直在调整完善官制,作为当时图籍管理机构的秘书省也一直处于调整变化之中。

秘书监,设一人,品秩为从三品。在唐朝从三品的官员班位中,秘书监位列第一,开元、天宝之后,秘书监的地位逐渐下降,

---

① 魏徵:《隋书》卷二十八《百官志下》,中华书局,2000年,第540页。
② 刘昫等:《旧唐书》卷四十二《职官志一》,中华书局,2000年,第1217页。

如御史大夫"旧班在秘书监九卿下,《开元令》移在上",太常卿、宗正卿,"天宝初升入正三品也";太子詹事、左右散骑常侍,"旧班从三品,广德年升"。① 秘书少监,设两人,品秩为从四品上,为秘书监的副职,居于从四品上官职序列内的第一位。秘书郎,从六品上,唐初定员四人,开元末减为三人,为六品清官。秘书郎由吏部铨选,唐朝众多选人只要具有相应的出身,比如进士、明经、制科、门荫等,任官满一定的年限,并且其所任官职属于清官序列,均可迁入秘书郎。权德舆《秘书郎厅壁记》记载:

今年春,荥阳郑君具瞻,自泾阳尉承诏授任。郑君质重而有敏行,坦夷而含明识,且今中书相君之令弟也,方以结绶满岁,调于选部。言吏资者,积三迁而后至。今超居之,有以见择贤审官,与怡怡绰绰之道,为尽美矣。②

由此记载可知,秘书郎是由普通文官转为重要文官的途径之一。除秘书郎之外,秘书省还设有校书郎、正字,负责刊正文字,整理书籍。《唐六典》卷十记载:"校书郎、正字掌雠校典籍,刊正文字,皆辨其纰缪,以正四库之图史焉。"③ 校书郎为正九品上,正字为正九品下,虽然官阶有差异,但是正字"官资轻重与校书郎同"④,在

---

① 刘昫等:《旧唐书》卷四十二《职官志一》,中华书局,2000年,第1223页。
② 权德舆:《秘书郎厅壁记》,载董诰等编、孙映逵等点校《全唐文》卷四百九十四,山西教育出版社,2002年,第2986页。
③ 张九龄等撰,李林甫等注:《唐六典》卷十《秘书省》,载《景印文渊阁四库全书》史部(595),台湾商务印书馆,1983—1986年,第105页。
④ 杜佑:《通典》卷二十六《职官八》,载《景印文渊阁四库全书》史部(603),台湾商务印书馆,1983—1986年,第319页。

唐人的论述中,亦常常将校书郎、正字并称为校正。

除上述官吏之外,秘书省还设有辅助管理人员,具体包括以下几类:其一,设典书八人,他们属于库房管理人员,负责各库的典藏、出纳。典书一职是从唐代开始设置的,这样可规范藏书进出库的手续。另外,政府规定典书每年正月要据旧书奏闻,每三年比部勾复一次,等等,这些规定减少了官府藏书的流失。其二,设楷书手八十人,负责缮写藏书。其三,设熟纸匠、装潢匠各十人,笔匠六人,从事纸张制造加工、书籍装订与笔墨制造等工作。其四,设主事、令史、书令史、亭长、掌固等办事人员各若干名。

唐朝秘书监为从三品,与御史大夫同级,属朝中重臣。虽然唐朝秘书省工作人员的职位是在隋朝的基础上确立的,但其中的典书、主事、亭长、掌固、熟纸匠、装潢匠、笔匠等职位是唐朝才开始设置的,并且楷书手的人数是隋朝的四倍,这些说明唐朝秘书省的人员编制更加完备。更值得一提的是,唐朝秘书省增设了熟纸匠、装潢匠、笔匠等职,推进了图籍抄写与修残补缺的工作。

(二)秘书内省

秘书内省是隋文帝于开皇初年建立的,为秘书内外三阁之一,兼具庋藏、校理和著述图籍的职能。《隋书·经籍志一》记载,开皇六年(586),正始石经"自邺京载入长安,置于秘书内省,议欲补缉,立于国学"[1]。《隋书·李文博传》记载,李文博"后直秘书内省,典校坟籍,守道居贫,晏如也"[2]。《新唐书·王珪传》记载:

---

[1] 魏徵:《隋书》卷三十二《经籍志一》,中华书局,2000年,第641页。
[2] 魏徵:《隋书》卷五十八《李文博传》,中华书局,2000年,第960页。

"隋开皇十三年，召入秘书内省，雠定群书。"① 由上述记载可知，在隋朝秘书内省就已成为藏校典籍之所。唐太宗贞观三年（629），在中书省之下重新设立秘书内省，用以修撰五代史，史书修成后即将其撤掉了。《旧唐书·敬播传》记载："贞观初，举进士。俄有诏诣秘书内省佐颜师古、孔颖达修《隋史》，寻授太子校书。"②

隋朝的秘书省继承了南北朝的制度设计，设有秘书内省，掌图书勘校、典藏。英国学者杜希德认为：

> 秘书省自隋代以来就已有一"内省"……就像中书省与门下省及其他内阁部门，秘书省在宫城内及皇城中都有其衙署。后者被称为其"外省"，其衙址被标识于吕大防所制的残缺的长安地图上……秘书省当然在宫内有它自己的官署，尽管其处所始终未能确认。这些楼阁……要适应以卷轴形式贮存大量书籍的要求，正如我们所知，这是其职司所在。③

但是关于秘书省的地址，目前尚无定论，也缺少对秘书内省职官的具体记载。

（三）嘉则殿

嘉则殿是隋朝西京长安宫廷的藏书处所。《隋书·高祖纪下》记载，开皇十三年（593）二月"戊子，宴考使于嘉则殿"④。又，

---

① 欧阳修、宋祁：《新唐书》卷九十八《王珪传》，中华书局，2000年，第3127页。
② 刘昫等：《旧唐书》卷一百八十九上《儒学传上·敬播传》，中华书局，2000年，第3369页。
③ 杜希德著，黄宝华译：《唐代官修史籍考》，上海古籍出版社，2010年，第18页。
④ 魏徵：《隋书》卷二《高祖纪下》，中华书局，2000年，第27页。

《新唐书·艺文志》总序记载:"初,隋嘉则殿书三十七万卷,至武德初,有书八万卷。"① 由此可见隋朝宫廷内藏书规模之宏大。

(四)修文殿

修文殿是隋朝东都洛阳宫廷的藏书处所。《隋书·礼仪志七》记载:"议既定,帝幸修文殿览之。"② 又,《资治通鉴》卷一百八十二记载:"初,西京嘉则殿有书三十七万卷,(隋炀)帝命秘书监柳顾言等诠次,除其复重猥杂,得正御本三万七千余卷,纳于东都修文殿。"③ 修文殿所藏的是经过整理后的善本,是供皇帝阅览的正御本。

(五)观文殿

观文殿是隋朝东都洛阳宫廷的藏书处所,其所藏典籍以"精"闻名。《隋书·经籍志》总序记载:"炀帝即位,秘阁之书,限写五十副本,分为三品:上品红琉璃轴,中品绀琉璃轴,下品漆轴。于东都观文殿东西厢构屋以贮之,东屋藏甲乙,西屋藏丙丁。又聚魏已来古迹名画,于殿后起二台,东曰妙楷台,藏古迹;西曰宝迹台,藏古画。"④ 观文殿根据价值高低对藏书采用不同的装帧形式,并分场所进行保管,方便宫廷查找使用。这不仅表明观文殿中的藏书等级之高,也体现了藏书价值鉴定及藏书分类保管思想。

---

① 欧阳修、宋祁:《新唐书》卷五十七《艺文志一》,中华书局,2000年,第936页。
② 魏徵:《隋书》卷十二《礼仪志七》,中华书局,2000年,第190页。
③ 司马光撰,胡三省音注:《资治通鉴》卷一百八十二《隋纪六》,载《景印文渊阁四库全书》史部(308),台湾商务印书馆,1983—1986年,第95页。
④ 魏徵:《隋书》卷三十二《经籍志一》,中华书局,2000年,第616页。

（六）宝厨和香厨

宝厨和香厨均为隋朝东都洛阳宫廷的藏书处所。隋炀帝时期，在东都洛阳设置了宝厨来收藏图籍，如杜宝《大业杂记》说："制成新书凡三十一部，总一万七千余卷，入观文殿宝厨。"① 宝厨和香厨的藏书多到甚至需要编制藏书目录，如《隋书·经籍志二》"簿录类"载有隋《香厨四部目录》四卷。② 宝厨和香厨与前文所述观文殿不同，观文殿为内府精品图书的保藏处所，强调藏品的价值；宝厨和香厨则为内府的书库，主要功用在于集中保管内府藏书及编修书目。

（七）弘文馆

从魏晋南北朝开始，封建统治者为了召集天下有才能的文士充任顾问、侍从，采用设置各种文馆的办法。唐朝因袭旧制并加以发展，设立文馆来征召人才。"文馆招才"制度的完善对官府藏书建设提出了要求，为满足士人的阅读需求，唐朝初步建立了我国官府藏书发展史上的馆阁制度。弘文馆是其中设立最早的馆阁，是兼具藏书、校书、著述、教育等功能的机构。唐高祖武德四年（621），于门下省置修文馆；武德九年（626），唐太宗即位，将修文馆改名为弘文馆，后来又因避讳等将其改名为昭文馆、修文馆等；唐玄宗开元七年（719）九月，仍定名为弘文馆。西京长安、东都洛阳城内都设有弘文馆。西京长安的弘文馆有两处：一处位于皇宫内弘文殿侧，唐太宗贞观三年（629）移到宫城的纳义门西，最后定于门

---

① 杜宝撰，辛德勇辑校：《大业杂记辑校》，三秦出版社，2006年，第46页。
② 魏徵：《隋书》卷三十三《经籍志二》，中华书局，2000年，第668页。

下省南；另一处位于大明宫日华门外门下省的东边。东都洛阳的弘文馆位于宫城内的章善门内。

弘文馆聚书二十余万卷，设置学士，掌校正图籍、撰写著作、教授生徒，并参议政事。《新唐书·百官志二》云："弘文馆学士，掌详正图籍，教授生徒；朝廷制度沿革、礼仪轻重，皆参议焉。"[①] 又置校书郎，掌校理典籍、刊正错谬。武后垂拱以后，宰相兼领馆务，号馆主，常令给事中一人判馆事。馆内有学生数十名，皆为皇族贵戚及高级京官子弟，从学士受经史、书法。因学生出身贵族，不专经业，开元以后，令依国子监生例考试。另设令史、楷书手、典书、拓书手、笔匠、熟纸装潢匠、亭长、掌固等官员。《旧唐书·职官志二》记载，门下省给事中对"弘文馆图书之缮写、雠校，亦课而察之"[②]。

弘文馆是一个集文献管理、教学、政事咨询为一体的机构。"太宗初即位，大阐文教，于宏文殿聚四部群书二十余万卷。"[③]"仪凤中，以馆中多图籍，未详正，委学士校理。自垂拱以来，多大臣兼领。馆中有四部书。"[④] 以上记载说明弘文馆既具有管理文献的职能，又具有教学职能。弘文馆是唐朝的教育机构之一，馆内生徒除了接受常规教育外，还要学习书法。此外，弘文馆还是朝廷的咨询机构。《唐会要》卷六十四记载："太宗初即位……精选天下贤良文学之士虞世南、褚亮、姚思廉、欧阳询、蔡允恭、萧德言等，以本官兼学士，令更宿直，听朝之隙，引入内殿，讲论文义，商量政

---

① 欧阳修、宋祁：《新唐书》卷四十七《百官志二》，中华书局，2000年，第796页。
② 刘昫等：《旧唐书》卷四十三《职官志二》，中华书局，2000年，第1258页。
③ 王溥：《唐会要》卷六十四《史馆下·宏文馆》，中华书局，1955年，第1114页。
④ 马端临著，上海师范大学古籍研究所、华东师范大学古籍研究所点校：《文献通考》卷五十《职官考四》，中华书局，2011年，第1444页。

事，或至夜分方罢。"① 弘文馆的学士可以利用馆内丰富的藏书研习经义、思考政事，加之他们本来就有官职，有了学士之称后，便可出入禁中，必要时为朝廷出谋划策。

弘文馆的人员编制比较完备。馆内有学士、直学士若干人，学士人数经常发生变化。馆主由宰相兼任，具体事务由给事中管理。由于弘文馆除了收藏文献，还负责校书、著书，所以门下省给事中的职责还包括检查图书的缮写校雠工作。与秘书省的人员设置相类似，弘文馆设有负责校写图籍、刊正谬误的各种官员，如详正学士、校书郎，同时还设有楷书手、拓书手、笔匠、熟纸装潢匠等专业技术人员。弘文馆与秘书省之间最根本的区别在于，秘书省既是主持图书事业的学术行政部门，又是官府藏书机构；而弘文馆作为当时的中央教育机构之一，其主要职能以教化为主，馆内藏书专门为本馆学士、直学士、各类职员以及生徒服务，不对其他人员开放，其性质类似于现在的院校或单位图书馆，藏书种类也较为集中。

（八）崇文馆

崇文馆是唐朝贞观年间为太子设立的学馆，位于东宫宜春门外的左春坊之南。唐太宗贞观十三年（639），在东宫置崇贤馆；唐高宗上元二年（675），因避太子讳，崇贤馆改名为崇文馆。馆内有学士、直学士，掌管东宫经籍并教授诸生，课试举送如弘文馆；有校书郎二人，负责校理四库书籍，正其讹谬；有书直、令史、书令史、典书、拓书手、楷书手、熟纸匠、装潢匠、笔匠等若干人。唐

---

① 王溥：《唐会要》卷六十四《史馆下·宏文馆》，中华书局，1955 年，第 1114 页。

肃宗乾元初年，以宰相为学士，总领馆事。唐德宗贞元八年（792），崇文馆隶属左春坊。馆内有学生约二十人，都是皇室宗族子弟。由上可知，崇文馆设立了负责管理、校雠、抄录图书的工作人员。从人员编制的完备可知，馆内的藏书已具有一定规模。

（九）司经局

司经局是唐代东宫官署、太子的藏书处所，所藏图书专为太子服务。《新唐书·百官志四上》记载，司经局"洗马二人，从五品下。掌经籍，出入侍从。图书上东宫者，皆受而藏之。文学三人，正六品下。分知经籍，侍奉文章。校书四人，正九品下；正字二人，从九品上。掌校刊经史"①。由此可知，司经局的官职设置齐备，太子洗马为最高长官，文学次之。《旧唐书·常衮传》说："太子洗马，实司经局长官，文学为之贰。"②隐士王友贞曾任司经局正字。③又，《旧唐书·许叔牙传》记载，许叔牙"迁太子洗马，兼崇贤馆学士，仍兼侍读。尝撰《毛诗纂义》十卷，以进皇太子，太子赐帛百段，兼令写本付司经局"④。

（十）史馆

唐太宗贞观三年（629），正式设立史馆。在此之前，西汉设有太史令；三国时期魏明帝设置著作郎，专掌修撰国史；隋朝在秘书省设置著作曹。汉至唐初的各朝虽然都设立史官修史，但都未建立

---

① 欧阳修、宋祁：《新唐书》卷四十九上《百官志四上》，中华书局，2000年，第848页。
② 刘昫等：《旧唐书》卷一百一十九《常衮传》，中华书局，2000年，第2340页。
③ 欧阳修、宋祁：《新唐书》卷一百九十六《王友贞传》，中华书局，2000年，第4303页。
④ 刘昫等：《旧唐书》卷一百八十九上《儒学传上·许叔牙传》，中华书局，2000年，第3368页。

有正式人员编制的定型机构。唐高祖李渊非常重视史学，他提出编撰史书要注重对历朝的执政得失进行评判，并且内容要主张惩恶劝善，以警后世。唐太宗李世民进一步强调了编撰史书的重要性，要求大臣们"公事之闲，宜寻典籍"。唐朝统治者对史学的重视，推动了唐朝史学的繁荣发展。

"大唐武德初，因隋旧制，史官属秘书省著作局，至贞观三年闰十二月，移史馆于门下省北，宰相监修，自是著作局始罢史职。"① 唐玄宗开元二十五年（737），徙史馆于中书省。史馆藏有群籍，《新唐书·尹愔传》说："有诏以道士服视事，乃就职，颛领集贤、史馆图书。"② 西京、东都均设有史馆。西京宫城内的史馆最初位于门下省之北，大明宫落成后其被迁移至门下省之南。另外，在兴庆宫翰林院内也设有史馆。东都洛阳的史馆位于明初门之东。

《旧唐书·职官志二》记载，史官的任务是"掌修国史，不虚美，不隐恶，直书其事。凡天地日月之祥，山川封域之分，昭穆继代之序，礼乐师旅之事，诛赏废兴之政，皆本于起居注、时政记，以为实录，然后立编年之体，为褒贬焉。既终藏之于府"③。为了完成这些任务，史馆保存了大量的图书档案，其收藏重点是史籍。"安史之乱"前，史馆藏有"国史一百六卷，开元实录四十七卷，起居注并余书三千六百八十二卷"④，另有一些随时记录君臣日常政务的档案资料。《旧唐书·穆宗本纪》记载，长庆元年（821）四月

---

① 杜佑：《通典》卷二十一《职官三》，载《景印文渊阁四库全书》史部（603），台湾商务印书馆，1983—1986年，第259页。
② 欧阳修、宋祁：《新唐书》卷二百《儒学传下·赵冬曦传》附《尹愔传》，中华书局，2000年，第4372页。
③ 刘昫等：《旧唐书》卷四十三《职官志二》，中华书局，2000年，第1264页。
④ 王溥：《唐会要》卷六十三《史馆上·修国史》，中华书局，1955年，第1095页。

戊寅，"宰臣崔植、杜元颖奏请，坐日所有君臣献替，事关礼体，便随日撰录，号为《圣政纪》，岁终付史馆。从之"①。《旧唐书·姚璹传》记载："璹以为帝王谟训，不可暂无纪述，若不宣自宰相，史官无从得书。乃表请仗下所言军国政要，宰相一人专知撰录，号为时政记，每月封送史馆。宰相之撰时政记，自璹始也。"②出于搜集资料以便于编撰当代史的目的，唐朝政府规定了详细的"诸司送馆事例"。根据规定，各有关部门应在限定时间内将相关资料送交史馆，以供修撰史书。除了由宰相监修国史，史馆中还设有修撰、直馆、令史等官吏，以及楷书手、典书、亭长、掌固、熟纸匠等从事具体业务的工作人员。由此可以看出，唐朝史馆组织严密，分工细致，具有管理官府藏书和进行学术研究的双重功能。史馆作为官方修史机构，利用丰富的图书档案，先后撰成《周书》《五代史志》《晋书》等，在史书编撰上成绩卓著。

唐代专设史馆来承担原属于秘书省著作局的史书编撰任务，以分工的细化体现图书管理工作的进步。此举对后世产生了深远的影响，从此，官修纪传体正史和宰相监修成为历代修史的定制。

（十一）学士院

学士院是专掌内命的机构，也是唐朝重要的官府藏书机构。唐玄宗开元二十六年（738），改翰林供奉为学士而设置了学士院，地址在宫廷银台门内、麟德殿西。唐代李肇在《翰林志》中说："中架为藏书南库……出北门，横屋六间当北厅，通廊东西二间为藏书北库，其二库书各有录，约八千卷，小使主之。西三间，书官居

---

① 刘昫等：《旧唐书》卷十六《穆宗本纪》，中华书局，2000年，第332页。
② 刘昫等：《旧唐书》卷八十九《姚璹传》，中华书局，2000年，第1964页。

之，号曰待制。"① 由此可知，学士院除西三间为待制值班居所外，南北都是书库。这些库藏图书有专人典守，每库均有书目，管理较为严格。从南北库藏书总数八千卷来看，学士院的藏书规模较小，表现了附设的特征，类似今天的机关图书馆。在唐代属于这种性质的藏书机构并非仅此一家，见于记载的尚有太常寺、礼部、国子监及太清宫等。

（十二）集贤院

集贤院是集贤殿书院的简称，是禁中藏书之处，是唐中期设立的最大的官府藏书机构。

唐高宗麟德二年（665），在东都洛阳建立乾元殿；武则天垂拱四年（688），"毁乾元殿，就其地造明堂"②。唐玄宗即位以后，高度重视官府藏书建设，他认为"国之载籍，政之本源"。开元五年（717），唐玄宗令褚无量等人在东都宫城内的乾元殿校理缮写内库藏书，并设立了乾元院，任命褚无量为乾元院使，下设"刊正官四人，以一人判事；押院中使一人，掌出入宣奏，领中官监守院门；知书官八人，分掌四库书"③。乾元院机构简单，人员不多。开元六年（718），乾元院改名为丽正修书院，规模逐渐扩大，人员开始增加，有学士、直学士、检校官等，之后又陆续增设了一些官员，如文学直、修撰、校理、刊正、校勘官等。开元十二年（724），在东都洛阳明福门外设立了丽正书院。开元十三年（725），唐玄宗"与

---

① 李肇：《翰林志》，载《景印文渊阁四库全书》史部（595），台湾商务印书馆，1983—1986年，第301页。
② 刘昫等：《旧唐书》卷六《则天皇后纪》，中华书局，2000年，第79页。
③ 欧阳修、宋祁：《新唐书》卷四十七《百官志二》，中华书局，2000年，第798页。

中书、门下及礼官、学士宴于集仙殿。上曰：'仙者凭虚之论，朕所不取。贤者济理之具，朕今与卿曹合宴，宜更名曰集贤殿'"①，乃诏改丽正书院为集贤殿书院（简称"集贤院"）。集贤院作为唐代最大的官府藏书机构，隶属中书省，设学士知院事一人，副知院事一人，判院、押院中使各一人，辅吏若干人。《新唐书·李元紘传》记载："初，左庶子吴兢为史官，撰《唐书》及《春秋》，未成，以丧解，后上书请毕其功，诏许就集贤院成书。"②《新唐书·百官志二》记载，集贤殿"学士、直学士、侍读学士、修撰官，掌刊缉经籍。凡图书遗逸、贤才隐滞，则承旨以求之。谋虑可施于时，著述可行于世者，考其学术以闻。凡承旨撰集文章、校理经籍，月终则进课于内，岁终则考最于外"③。由此可知，集贤院具有藏书、校书、著述、咨询、荐举等多重功能。

唐玄宗曾率领百官到乾元殿观看校书活动，虽然没有史料准确记载乾元殿校补抄写书籍的数量，但从唐玄宗亲自带人参观，观者无不惊骇这一点来看，应该为数不少。自开元六年（718）八月起，集贤院陆续从各藏书机构借书来抄写，此举充实了院内藏书。经过多年的努力经营，集贤院藏书的数量大大超过唐代其他藏书机构，就连秘书省也不能与之相比，而且这些藏书都是御书正本，校勘精良，抄写工整，没有复本。西京、东都的宫城内都设有集贤院："主院在东都洛阳宫城内明福门外大街之西的太平公主宅。西京长安有两处集贤院：一处在大明宫光顺门外的命妇院，院内有天文学

---

① 司马光撰，胡三省音注：《资治通鉴》卷二百一十二《唐纪二十八》，载《景印文渊阁四库全书》史部（308），台湾商务印书馆，1983—1986年，第712页。
② 欧阳修、宋祁：《新唐书》卷一百二十六《李元紘传》，中华书局，2000年，第3489页。
③ 欧阳修、宋祁：《新唐书》卷四十七《百官志二》，中华书局，2000年，第798页。

家一行和尚观察星象的仰观台；另一处在兴庆宫和风门南，规模较小。另外，在陕西临潼华清宫也置有一处集贤院。"①

集贤院的主管官吏为学士，五品以上为学士，六品以下为直学士，通常以宰相兼学士，任知院事，全面总管院内事务。集贤院的人员编制包括学士知院事一人，副知院事一人，判院一人，押院中使一人，侍讲学士、修撰官、校理官、待制官、留院官、检讨官、孔目官各一人，专知御书典四人，知书官八人，书直、写御书一百人，拓书六人，装书直十四人，造笔直四人。《旧唐书·职官志二》曰："集贤学士之职，掌刊缉古今之经籍，以辨明邦国之大典。凡天下图书之遗逸，贤才之隐滞，则承旨而征求焉。"② 集贤院的日常工作主要是收集经籍，校勘抄写，为皇帝提供高质量的御本，所以专设写御书一百人，这是其他藏书机构都没有的现象。

集贤院藏书质量很高，制书所用的材料都是从各地精选而来的。四库之书所用纸张为益州麻纸，当时"太府月给蜀郡麻纸五千番，季给上谷墨三百三十六丸，岁给河间、景城、清河、博平四郡兔千五百皮为笔材"③。据《旧唐书·经籍志下》记载，"集贤院御书：经库皆钿白牙轴，黄缥带，红牙签；史书库钿青牙轴，缥带，绿牙签；子库皆雕紫檀轴，紫带，碧牙签；集库皆绿牙轴，朱带，白牙签"④。与隋代以不同颜色、质地的轴将图书分为三品的方法相比，唐代以不同颜色的轴、带、签来区分经、史、子、集四部的方法先进了很多。

---

① 徐凌志主编：《中国历代藏书史》，江西人民出版社，2004年，第99—100页。
② 刘昫等：《旧唐书》卷四十三《职官志二》，中华书局，2000年，第1263页。
③ 欧阳修、宋祁：《新唐书》卷五十七《艺文志一》，中华书局，2000年，第936页。
④ 刘昫等：《旧唐书》卷四十七《经籍志下》，中华书局，2000年，第1403页。

上述官府藏书处所或属于政府机构，或置于宫禁之中，或建在太子之处，基本上都具有一定的规模，且设施先进。《文献通考》卷一百七十四曾述及隋代观文殿藏书处的设施："于观文殿前为书室十四间，窗户、床褥、厨幔，咸极珍丽。每三间开方户，垂锦幔，上有二飞仙，户外地中施机发。帝幸书室，有宫人执香炉前行，践机则飞仙下，收幔而上，户扉及厨扉皆自启。帝出，则复闭如故。"① 一千四百多年前，我国的官府藏书处所就使用了"机械人"——飞仙，由此可见当时设施之先进。

上述主要藏书机构及处所相互独立，又相互联系，形成了一个完整的官府藏书体系，反映了隋唐时期官府藏书事业的繁荣昌盛。

三、隋唐五代时期官府藏书体系的特征

（一）内外藏书格局形成

汉代以前，官府藏书主要由史官掌管，加之受当时社会发展的限制，藏书种类单一、数量较少，所以藏书地点多集中于一处，且未设置专职来管理官府藏书，如周朝多以柱下史、御史掌管典籍。到了汉代，国家统一，社会安定，经济得到快速恢复与发展，这些都在一定程度上促进了文化和教育的繁荣，从而使人们对图书的需求大大增加，图书数量随之不断增加，最终推动了藏书格局的转变。在这种情况下，官府藏书被划分为内藏和外藏两种类型，并且藏书机构和处所不断增加，藏书的内容和形式也逐渐多样化。《唐

---

① 马端临著，上海师范大学古籍研究所、华东师范大学古籍研究所点校：《文献通考》卷一百七十四《经籍考一》，中华书局，2011年，第5200页。

六典》卷十记载:"在外则有太常、太史、博士掌之,内则有延阁、广内、石渠之藏。又御史中丞在殿中,掌兰台秘书图籍。又未央宫中有麒麟阁、天禄阁,亦尚书。刘向、扬雄典校,皆在禁中,谓之中书,犹今言内库书也。"① 由此可知,当时已经根据藏书地点的不同将官府藏书划分为内府藏书和外府藏书两种类型,内府藏书机构有石渠、天禄等,它们属于专业藏书机构;而外府藏书则散布在政府各个职能部门,用来辅助太常、太史、博士等人开展研究工作,并未形成专业藏书机构。直至延熹二年(159),东汉桓帝才设立秘书监作为专门的管理机构掌管官府藏书,但此时的秘书监主要掌管禁中藏书,并没有独立的藏书处所。

　　古代官府藏书制度与体系至隋唐时才进入成熟、完善期,这种成熟和完善首先表现为官府藏书内外有别的格局在此时定型。隋唐两朝建立之初,统治者均努力搜集前朝遗书,广征民间藏本,组织人力抄写典籍,在短短数年内就使官府藏书数量激增。为了区分藏书的内容和功能,当时逐步形成了皇室藏书与官府藏书内外分别的格局。皇室藏书置于禁中宫苑,如隋观文殿、唐弘文馆中的藏书都属于皇室藏书,故这些藏书机构又称"内府"或"内库";官府藏书置于秘书省(又称"秘阁"),秘书省位于皇宫之外,如隋唐两朝的秘书省皆在宫外里坊之中。《唐六典》卷九记载:"隋平陈之后,写书正副二本,藏于宫中,其余以实秘书外阁。"② 唐代不仅继承了隋代官府藏书内外有别的格局,而且在原有基础上增加了内府

---

① 张九龄等撰,李林甫等注:《唐六典》卷十《秘书省》,载《景印文渊阁四库全书》史部(595),台湾商务印书馆,1983—1986年,第102页。
② 张九龄等撰,李林甫等注:《唐六典》卷九《中书省》,载《景印文渊阁四库全书》史部(595),台湾商务印书馆,1983—1986年,第98页。

藏书机构的数量，并对内府藏书机构的功能划分进行细化。如《唐会要》卷三十五说"内库书，皆是太宗、高宗前代旧书，整比日常，令宫人主掌"①，这可证明当时官府藏书已经有内外之别。

内府藏书的主要服务对象是皇帝，其数量和质量都远远超过秘阁，而且宫中所设藏书机构不止一个，悉遵皇帝旨意而定。为保障内府藏书的质量，提高使用效率，皇帝经常诏令博学之士从事图书的校理、编目、录副等工作，并建立了颇为完善的图书管理制度。唐代弘文馆、集贤殿书院和史馆都是内府藏书机构，但它们的功能各不相同，这对五代及北宋时期"三馆"制度的定型产生了重要影响。

隋唐五代时期的外府藏书机构以秘书省为核心。唐代的秘书省作为六省之一，掌管全国的图书事业，并且是主要的官府藏书机构。唐代秘书省在西京长安和东都洛阳均设有办公地点，承担的主要工作是编修书目、撰写前朝国史，因而在人员规模、官职划分方面较内府更为复杂全面，但是藏书质量比不上内府。

综上所述，内府作为为统治者服务的藏书机构，其职能相当于今天的私人图书馆；秘书省作为外府藏书机构，其职能相当于今天的国家图书馆。这种内外有别的藏书管理模式具有两个优点：其一，藏书管理人员可以根据内容和质量对规模庞大、数量众多的藏书进行分类保管；其二，方便了对功能不同的典籍的利用，如内府藏书多是御本，外府藏书数量多但质量不及内府藏书，外府藏书机构主要贮存古今图书，其职责包括抄书、修补残书、征集民间藏书。

---

① 王溥：《唐会要》卷三十五《经籍》，中华书局，1955年，第644页。

（二）出现辅助教学的官学藏书机构

自隋唐时期实行科举考试制度以来，自中央到地方均开始设置各类官办教育机构，藏书、校书作为教育机构传承文化、传播思想的重要手段而受到重视。唐朝的中央教育机构主要由"二馆六学"构成。"二馆"包括弘文馆与崇文馆。唐太宗时期设立的弘文馆（唐高祖时期称为"修文馆"）主要负责教化皇亲国戚及部分功臣子孙。弘文馆聚书二十余万卷，置学士，掌详正图籍、撰写著作、教授生徒，并参议政事；又置校书郎，掌校理典籍、刊正错谬。弘文馆中所聚集的书籍多为历代经典，这为馆中学士教授生徒、学子学习知识提供了丰富的资源。此外，弘文馆中的学士可以利用馆内丰富的藏书研习经义，将对经义的诠释运用到政事评论之中，必要时为朝廷出谋划策。由此可见，弘文馆已经具备现代高等教育中高校图书馆的部分功能——辅助教学，传承文化。

崇文馆是唐朝贞观年间为太子设立的学馆。唐太宗贞观十三年（639），在东宫置崇贤馆；唐高宗上元二年（675），因避太子讳，将崇贤馆改名为崇文馆。崇文馆的主要功能是为太子读书提供教育场所，馆内有皇室宗族子弟约二十人，作为太子的伴读。崇文馆中的藏书以儒家经典、治国理政、诸子百家学说为主，其功用是教化太子及皇室宗族子弟，为治国理政提供参考与借鉴。崇文馆构建了完备的藏书编校人员体系，这些人员负责对经典著作进行校释。崇文馆作为唐朝中央教育机构的"二馆"之一，其藏书数量为内府藏书机构之最，既是一座大型皇家图书馆，也是辅助中央王朝教学的官学藏书机构。

除"二馆"之外，唐朝中央教育机构还包括"六学"，分别为国子学、太学、四门学、律学、书学和算学，"六学"统归国子监监管，其区别主要在于学生的父祖的官爵等级。国子学、太学和四门学所授课业以儒家经典为主，这是为进士科、明经科考试做准备；而律学、书学和算学则主要教授相应技艺，以培养从事刑名、文书等工作的人才为主要目的。国子监中所藏典籍主要是与科举考试有关的儒家经典，如《礼记》《左传》《周礼》《尚书》等。

综上所述，隋唐五代时期已经出现了辅助教学的藏书机构，它们的主要服务对象是在中央教育机构中求学的皇室宗亲、官宦子弟，其服务对象、藏书种类、藏书目的和藏书功用均是围绕机构本身具有的教学功能展开的，因此它们已具有现代意义上的高校图书馆的辅助教学功能。

(三)完善人员结构

隋唐五代时期官府藏书体系的完善还表现在人员结构细化方面。下面以《隋书·百官志下》所记载的经隋炀帝改革后的秘书省人员设置为例进行人员结构分析。

隋炀帝即位后，对秘书省进行了改革，这次改革主要包括职官人数和品秩的更改、官名改易、职官新设三个方面，具体内容如下：

> 秘书省降监为从二品，增置少监一人。从四品。增著作郎阶为正五品，减校书郎为十人。改太史局为监，进令阶为从五品，又减丞为一人。置司辰师八人，增置监候为十人。其后又改监、少监为令、少令。增秘书郎为从五品，加置佐郎四人，从六品。以贰郎之职。降著作郎阶为从五品。又置儒林郎十人，正七品。掌明经待问，唯诏所使。文林郎

二十人，从八品。掌撰录文史，检讨旧事。此二郎皆上在藩已来直司学士。增校书郎员四十人，加置楷书郎员二十人，从九品。掌抄写御书。①

由上面这段话可知，当时秘书省的人员设置为树状层级结构，核心领导人为秘书监，相当于今天的国家图书馆馆长一职，品秩为从二品，主管秘书省各项事务；秘书监下设立秘书少监，辅佐秘书监管理秘书省事务；又设立著作郎、校书郎等负责具体的编写、校对工作。此外，还根据职能的不同，分别设立儒林郎、文林郎、楷书郎等负责具体的事务。这种层层递进的层级制管理结构明确了不同部门的职能，类似现代图书馆管理体系，为官府藏书机构的运行提供了人员保障。

第三节　隋唐五代时期的私人藏书体系

文字在产生之初，作为国家的统治工具，往往被统治阶级垄断。而受当时书写工具的限制，图籍制作艰难，因而其也一直被统治阶级垄断。这种文化垄断的现象一直持续到西周末期。春秋战国时期，各诸侯国之间战事频繁，"学在王宫"的局面被打破，出现了"天子失官，学在四夷"的情况，无数学者致力于著书立说，宣

---

① 魏徵：《隋书》卷二十八《百官志下》，中华书局，2000年，第540页。

扬自身为政处世的思想,并开办私学,使部分平民获得受教育的机会,打破了统治阶级对文化的垄断。在这种时代背景下,私人藏书开始出现并不断发展,最终成为我国古代四大藏书体系之一。

隋唐五代是我国古代四大藏书体系的确立时期,从整体上看,这一时期国家的藏书体系包括官府藏书体系和民间藏书体系两大部分。官府藏书因产生时间早、发展历程长,在机构设置和制度建设方面都日臻完善。私人藏书、寺观藏书、书院藏书共同组成了民间藏书体系,其中,私人藏书、寺观藏书处于持续发展的状态,尤其是私人藏书,其受社会环境的影响在这一时期迎来了发展的高潮,寺观藏书在政府的支持和政策的引导下呈现井喷式发展态势,书院藏书在这一时期正式产生。后文将对这一时期私人藏书、寺观藏书和书院藏书这三个民间藏书体系分别展开论述。

一、隋朝以前的私人藏书体系

据史料推断,我国的私人藏书产生于春秋战国时期。这一时期,社会生产力不断发展,书写工具得到极大改进,图书的主要载体由木石龟甲变成竹木简册,加之"学在王宫"的局面被打破,"士"这一阶层开始兴起,思想家、学术先贤不断涌现,我国古代思想文化发展的黄金时期出现了。这些士人在搜集前代藏书的基础上,编著了大量图书并使其流传于社会,从而促进了私人藏书的产生。

目前,有部分学者认为,孔子是我国第一代私人藏书家,[①] 其依据是《春秋公羊传·隐公元年》中的记载:"昔孔子受端门之命,

---

① 范凤书:《中国私家藏书史》(修订版),武汉大学出版社,2013年,第2页。

制《春秋》之义,使子夏等十四人求周史记,得百二十国宝书。"①此外,孔颖达在《尚书正义》卷一中也说:"郑作《书论》,依《尚书纬》云:'孔子求书,得皇帝玄孙帝魁之书,迄于秦穆公,凡三千二百四十篇。断远取近,定可以为世法者百二十篇,以百二篇为《尚书》,十八篇为《中候》。'"② 由此可知,孔子在生前曾广泛搜罗先贤遗书,对其进行整理、编纂,从中选取善本作为教材施教于弟子,并传于后世。因此,可以说孔子是中国历史上第一代私人藏书家,而且孔氏家族藏书的传统一直延续至今,元代孔克齐的静斋、明代孔彦缙的存化书堂、清代孔继涵的红榈书屋等都是私人藏书楼的代表,可以说曲阜孔氏是中国藏书史上第一个藏书世家。

春秋战国时期,士族阶层的产生与发展促进了诸子百家学说的产生与发展,从而形成了百家争鸣的局面,催生了许多藏书家,如墨子、苏秦、吕不韦等。但在秦统一六国、问鼎中原之后,秦始皇实行的焚书坑儒政策使私人藏书事业停滞不前。西汉时期,汉高祖一改秦朝焚书坑儒的政策,实行开放包容的文化政策。汉惠帝四年(前191),废除"挟书之律",使得民间藏书合法化。汉武帝推行的"罢黜百家,独尊儒术"的政策则进一步增加了士族阶层的人数,为私人藏书的发展奠定了社会基础。私人藏书事业在西汉时期有了长足的进步,藏书数量和藏书家人数都大大增加,当时著名的藏书家有刘安、刘德、刘向、刘歆、班固、张敞、杜邺等,这些私人藏书家富有藏书,并对被前朝战火损坏的书籍加以整理,不仅恢复了

---

① 公羊寿传,何休解诂,徐彦疏:《春秋公羊传注疏》卷一《隐公元年》,载李学勤主编《十三经注疏》(标点本),北京大学出版社,1999年,第1页。
② 孙安国传,孙颖达疏:《尚书正义》卷一《尚书序》,载李学勤主编《十三经注疏》(标点本),北京大学出版社,1999年,第12页。

大量前朝藏书,而且推动了本朝学者著书立说事业的发展。如西汉时期著名的藏书家、目录学家刘向、刘歆父子,家中富有藏书,刘歆曾说道:"歆虽不遘过庭,亦克识先君雅训。三代之书,蕴藏于家,直不计耳。"①

由于西汉时期书籍的载体仍旧以竹简木牍为主、缣帛为辅,书籍制作成本高昂,保存和流通不易,所以以手抄书为主的私人藏书虽数量有所增加,但规模难以扩大。东汉时期,纸张的发明和制造使书籍传播发生重大变革,纸张逐步代替竹简和缣帛成为书籍的主要载体。便携易传播的纸本书使私人藏书数量增加,并催生了一批藏书家,如桓谭、曹曾、任末、董谒、郭泰、郑玄等,甚至出现了家藏过万的藏书大家。《三国志·王粲传》记载:

> 献帝西迁,粲徙长安,左中郎将蔡邕见而奇之。时邕才学显著,贵重朝廷,常车骑填巷,宾客盈坐。闻粲在门,倒屣迎之。粲至,年既幼弱,容状短小,一坐尽惊。邕曰:"此王公孙也,有异才,吾不如也。吾家书籍文章,尽当与之。"②

张华在《博物志》卷六中说"蔡邕有书万卷,汉末年载数车与王粲"③,正是这一记载说明了当时蔡邕的藏书已达万卷之巨。因此,可以说蔡邕是我国正史上有明确记载的第一位藏书万卷的藏书大家。

---

① 刘歆:《与扬雄书从取〈方言〉》,见《全汉文》卷四十《刘歆》,载严可均校辑《全上古三代秦汉三国六朝文》(第1册),中华书局,1958年,第349页。
② 陈寿撰,裴松之注:《三国志》卷二十一《魏书二十一·王粲传》,中华书局,2000年,第445页。
③ 张华撰,范宁校证:《博物志校证》卷六《人名考》,中华书局,1980年,第71页。

东汉末年，魏、蜀、吴三分天下，战事频繁使得官府藏书事业受到毁灭性打击，原本藏于官府的大量书籍受战乱的影响而流落民间。与此相反，私人藏书事业却在这一时期快速发展，藏书家人数不断增加，藏书规模不断扩大，关于藏书的思想文化较前朝有了极大进步，学术成果不断涌现。据学者统计，从魏到隋统一全国的三百多年间，藏书家的人数已超过一百，[1] 著名的学者如向朗、沈约、王僧孺、萧统等皆是当时著名的藏书家。

私人藏书事业在南北朝时期发生了重大变革，主要表现在以下三个方面：其一，南北朝以前的藏书家或是王公贵族，或是达官鸿儒，南北朝时期开始出现平民藏书家，如北魏的宋繇，少时父母早丧，"衔胆自厉，博通经史，积书至数千卷"[2]；其二，出现藏书对外开放的思想，如《南齐书·崔慰祖传》记载，"邻里年少好事者来从假借，日数十帙，慰祖亲自取与，未常为辞"[3]，由此可以看出私人藏书在当时已经具有现代公共图书馆对外开放借阅的功能；其三，私人开始编修类书，类书是方便阅读和查询资料的重要工具书，它的出现极大地推动了我国古代藏书事业的发展，我国第一部类书是魏文帝曹丕令王象等人编成的《皇览》，而第一部私人编修的类书则是南朝齐藏书家萧子良"集学士抄《五经》百家，依《皇览》例"[4] 编成的《四部要略》千卷。

私人藏书的产生时间虽然晚于官府藏书，但是自孔子藏书千卷开始至隋唐时期也有一千多年的历史，私人藏书所发挥的汇聚经

---

[1] 范凤书：《中国私家藏书史》（修订版），武汉大学出版社，2013年，第20页。
[2] 范凤书：《中国私家藏书史》（修订版），武汉大学出版社，2013年，第21页。
[3] 萧子显：《南齐书》卷五十二《文学传·崔慰祖传》，中华书局，2000年，第612—613页。
[4] 李延寿：《南史》卷四十四《竟陵文宣王子良传》，中华书局，2000年，第735页。

典、传承文化的作用不亚于官府藏书，因而其成为中国古代四大藏书体系之一。

总体来看，隋唐以前的私人藏书事业主要具有以下特点：第一，发展速度快。虽然私人藏书的产生时间晚于官府藏书，但是其发展速度远超官府藏书，春秋战国时期的百家争鸣、两汉时期的经学取士和魏晋南北朝时期豪绅士族的发展，都促进了私学的兴起与盛行，从而推动了私人藏书事业的发展。第二，具有补充官府藏书的作用。汉惠帝废除"挟书之律"，保证了民间藏书的合法性，为之后历代政府征收民间藏书提供了丰富的资源。第三，加快了图书的流通。在私人藏书出现之前，官府藏书是当时唯一的藏书体系，其作为统治者的私人藏品，几乎不对外开放，图书及其所承载的知识的流通性极差，严重阻碍了学术发展；而自孔子开始，私人藏书虽然也属于私产，但流通性更强，私人收藏图书不仅加快了图书的流通，而且推动了学术文化的交流与进步，因此私人藏书在古代教育事业的发展过程中扮演着重要角色。私人藏书事业在隋唐之前已经具有相当的规模，隋唐五代时期科举制度的发展、学术文化的繁荣和雕版印刷术的推广为私人藏书体系的最终确立创造了良好的外部环境。

二、隋唐五代时期私人藏书体系概况

隋唐五代时期的私人藏书事业与魏晋南北朝时期相比有了较大的发展，藏书家的人数增加了不少，可考者有百余人，其中有皇亲国戚、朝廷官吏、文学家、艺术家等，藏书的数量大幅增加，质量也有所提高。虽然隋朝仅延续了三十余年，但在这期间官府藏书事业和私人藏书事业均得到了一定的发展，而且在中国藏书史上隋朝是由汉魏六朝到唐朝的过渡时期，隋朝的藏书事业为唐朝藏书事业的繁荣奠定了基础。

开皇九年（589），隋文帝结束了南北朝时期国家分裂的混乱局面，取得了短暂的统一，但很快隋朝又被唐朝取代，所以这一时期私人藏书事业没有获得很大的发展，屈指可数的几个藏书家，或前跨南朝梁、陈，或后跨唐朝，充分表现了过渡时期的特点。例如，许善心的父亲在南朝陈任卫尉卿，家有藏书万余卷。许善心继承其父的藏书，"皆遍通涉"，入隋任秘书丞，整理秘阁图籍，编撰《七林》书目。又如，明克让出生在两代讲学的家庭，"博涉书史，所览将万卷。《三礼》礼论，尤所研精"。他在南朝陈任中书侍郎，入隋拜太子内舍人。"于时东宫盛征天下才学之士，至于博物洽闻，皆出其下。"①

唐朝社会安定、经济发达、文化繁荣，这些都为私人藏书事业的快速发展提供了条件。唐朝延续近三百年，其间可考证的藏书大家有六十人，其中多为达官贵族，如唐宗室诸王有五人，身居宰相之位者有十人，各部尚书、诸州刺史亦有十数人，其余则为名儒学者，如颜师古、李延寿、吴兢、元行冲、韦述、白居易、柳宗元、杜牧等。

除藏书过万卷的藏书大家以外，唐朝还出现了多个延续不断的藏书世家：李元嘉、李谟父子，韦景骏、韦述父子，段文昌、段成式父子俱是藏书家；李承休、李泌、李繁，祖孙三代投身于藏书事业；李郧、李拭、李磎、李沇，相继四代投身于藏书事业；张嘉贞、张延赏、张弘靖、张文规、张彦远，"三世宰相，五世藏书"；

---

① 魏徵：《隋书》卷五十八《明克让传》，中华书局，2000年，第949页。

孙长孺的藏书流传时间更久,传到六世孙孙抃时已经入宋了。唐朝藏书家的藏书数量与前朝相比明显增多,不少都在万卷以上。如吴兢藏书一万三千多卷,蒋乂藏书一万五千卷,韦述、苏弁、李承休藏书二万卷,而李泌的藏书数量最多,有三万余卷。①

三、隋唐五代时期的私人藏书政策

隋唐五代时期,随着科举制度的发展、学术文化的繁荣和雕版印刷术的推广,私人藏书事业的发展速度远胜前朝,私人藏书在藏书理念、措理、传承上都有长足进步,藏书家的分布地域更加广泛,藏书数量激增,由此而演绎出的私人藏书文化的内容更加丰富多彩。

(一)隋朝

开皇九年(589),隋朝攻灭南朝陈,一统寰宇,隋文帝下诏号召群臣解甲归田,休养生息,发展文化事业。诏书中说:"代路既夷,群方无事,武力之子,俱可学文,人间甲仗,悉皆除毁。有功之臣,降情文艺,家门子侄,各守一经,令海内翕然,高山仰止。"②这是隋文帝倡导教育、强化文治的开始。此举符合民意,旋使文教事业蓬勃发展。《隋书·儒林传》记载:

> 高祖膺期纂历,平一寰宇,顿天网以掩之,贲旌帛以礼之,设好爵以縻之,于是四海九州强学待问之士靡不毕集焉。天子乃整万乘,

---

① 范凤书:《中国私家藏书史》(修订版),武汉大学出版社,2013年,第41页。
② 魏徵:《隋书》卷二《高祖纪下》,中华书局,2000年,第23页。

率百僚,遵问道之仪,观释奠之礼。博士謦欬河之辩,侍中竭重席之奥,考正亡逸,研核异同,积滞群疑,涣然冰释。于是超擢奇隽,厚赏诸儒,京邑达乎四方,皆启黉校。齐、鲁、赵、魏,学者尤多,负笈追师,不远千里,讲诵之声,道路不绝。中州儒雅之盛,自汉、魏以来,一时而已。①

由此可见当时文教事业兴旺发达之景况,这也促进了官私藏书文化的发展。

虽然隋文帝晚年一度"废天下之学,唯存国子一所,弟子七十二人",但是"炀帝即位,复开庠序,国子郡县之学,盛于开皇之初。征辟儒生,远近毕至,使相与讲论得失于东都之下,纳言定其差次,一以闻奏焉"。② 国子学、地方之学又恢复了往日的生机。在此背景下,隋朝的官府藏书事业十分发达,藏书数量一度达三十七万卷,但是因隋朝国祚不过几十年,有相关史料记载的私人藏书家寥寥无几。

(二)唐朝

唐朝是我国封建社会政治、经济、文化大发展大繁荣的时期,一度出现万邦来朝的局面。唐朝除去四位登基不足一年的皇帝,共有二十帝(包括武则天),其中高祖、太宗、高宗、中宗、玄宗、肃宗、代宗、德宗、文宗皆好文学,都很重视文教事业发展和官府藏书建设,而且在这两个方面取得了不同程度的成就,这对私人藏书的发展具有极大的推动作用。唐朝历任统治者通过实行科举制

---

① 魏徵:《隋书》卷七十五《儒林传》,中华书局,2000年,第1148页。
② 魏徵:《隋书》卷七十五《儒林传》,中华书局,2000年,第1148页。

度，为民间学子提供了施展政治才能的平台，无数平民学子借助科举考试完成身份的转变，并将自己的治国理念、思想文化转变成政令，影响着国家的发展。正是科举选人、招贤纳士的各种举措，促进了学术文化的繁荣，使世人广聚书籍，刻苦力学，以求功名。

唐高祖李渊登基后采取了一系列措施发展文教事业：武德元年（618），置国子学、太学、四门学，招收生徒三百余人；武德四年（621），敕诸州贡士；武德五年（622），开进士科；武德七年（624），诏诸州明一经以上未仕者上奏，并令州县乡皆置学；又开童子科，以鼓励孩童读书。

唐太宗李世民嗣位后，以文德化天下，大兴文教，重用士人。他屡幸国学，广建学舍，招收太学生八千余人，高丽、高昌、吐蕃诸国亦派遣弟子入学。唐太宗能文会诗，多才多艺，不仅喜爱文史图籍，而且酷好书法绘画，在他的周围聚集了许多高才俊彦，他还不时地奖掖一些在修书编撰中作出特殊贡献的人，因而民间大兴修书之风，历史上许多著名的书目和专著均产生于贞观年间。唐高宗李治继承唐太宗遗志，亦颇耽坟籍。唐玄宗为太子时就关注经籍，为帝后更加重视对官府藏书的建设，推动了秘阁藏书的全面发展。统治者重视官府藏书建设，对民间私人藏书事业的发展产生了较大的影响。

唐高祖、唐太宗为大唐近三百年的文化政策定下了基调，后继者沿袭并进一步推行大力发展文化的政策。在此背景下，世人竭力购书、藏书、读书、著书，正如杜甫所云，"富贵必从勤苦得，男儿须读五车书"[①]，力读求宦成为学子们共同的奋斗目标。唐代著名

[①] 杜甫：《柏学士茅屋》，载陈贻焮主编《增订注释〈全唐诗〉》（第二册），文化艺术出版社，2001年，第305页。

诗人白居易在《与元九书》中提及他为求取功名刻苦读书的事情："十五六，始知有进士，苦节读书。二十已来，昼课赋，夜课书，间又课诗，不遑寝息矣。以至于口舌成疮，手肘成胝，既壮而肤革不丰盈，未老而齿发早衰白。"① 这是当时士人"三更灯火五更鸡，正是男儿读书时"的真实写照。

唐朝各个方面的发展都为文化事业的进步奠定了基础。在经济方面，唐朝经济发达，与其他国家的贸易往来频繁，国力强大；在文化方面，开明的文化政策和完善的教育体系促进了庶族文人群体的发展壮大；在思想方面，相对宽松的思想环境、畅所欲言的社会氛围促使时人著书立说；在技术方面，文房四宝制作工艺的改进，大大降低了书籍制作和传播的成本，为大规模著书立说创造了极佳的条件。《新唐书·艺文志》总序云："藏书之盛，莫盛于开元，其著录者，五万三千九百一十五卷，而唐之学者自为之书者，又二万八千四百六十九卷。"② 仅唐朝学者自著之书就有二万八千余卷，可见当时学术之繁荣。在此背景下，私人藏书事业如火如荼地发展起来。

四、隋唐五代时期私人藏书家的主要分布区域

隋唐五代时期，特别是唐朝，藏书家众多，他们身份各异，遍布大江南北。傅璇琮、谢灼华在《中国藏书通史》中说：

> 隋唐五代藏书家与私人藏书，是其四百年社会学术文化之重要载

---

① 刘昫等：《旧唐书》卷一百六十六《白居易传》，中华书局，2000年，第2960—2961页。
② 欧阳修、宋祁：《新唐书》卷五十七《艺文志一》，中华书局，2000年，第935页。

体。考察其地理分布,依次说明藏书家所处时代、藏书地点(非籍贯)、藏书事迹,以及文献记载出处,有助于宏观了解这一历史时期私家藏书概貌以及私人藏书与学术、文化之关系。①

傅璇琮、谢灼华介绍了当时藏书家的地域分布概况,并绘制了地理分布表,认为"这些藏书家一方面使大量社会文献得以妥善保存,同时又利用藏书进行咨政、著述、授业等文化活动,为社会学术、文化的延续发展做出了很大贡献"②。

(一)隋朝私人藏书家的分布区域

因地域差异,私人藏书在藏书家人数、藏书种类和数量、藏书楼样式等方面呈现出多元化的特征。例如,自隋朝实行科举考试制度以来,中原地区就成为当时全国的科举文化中心,相应地,分布于此处的私人藏书也呈现出以举业典籍为主的特征。而南方诸地仍旧处于文化落后的状态,与中原地区繁荣发展的私人藏书事业相比,南方私人藏书事业整体呈现出藏书家人数少、藏书数量少等特征。因而在对私人藏书事业的研究中,需重点关注不同地域藏书家分布不平衡的问题。造成这种不平衡的主要原因是藏书家的藏书情况随着地域条件的变化而不断变化。隋唐五代时期藏书家的整体分布区域,与当时的政治环境和经济发展状况有很大的关系,私人藏书事业的发展与区域政治、经济、文化的发展密切相关。

唐中期以前,北方黄河流域的地理环境相对优越,得到较早的开发,全国的政治、经济、文化重心都在黄河流域,因而北方私人

---

① 傅璇琮、谢灼华主编:《中国藏书通史》,宁波出版社,2001年,第215页。
② 傅璇琮、谢灼华主编:《中国藏书通史》,宁波出版社,2001年,第228页。

藏书事业相对于南方来说比较发达。但是"安史之乱"爆发以后,北方饱受战乱之苦,一度出现十室九空的局面,在这一时期,随着全国经济重心向江南地区迁移,私人藏书事业的中心也转移至江南地区。因此,对私人藏书家分布区域的研究有助于宏观把握当时的社会发展状况。

总体而言,与魏晋南北朝相比,隋唐五代时期的私人藏书事业在藏书家人数、藏书规模、藏书质量等方面都有了长足的进步。这一时期藏书家人数激增,现存史料可考证者达百余人,并且皇亲贵胄在私人藏书家中所占的比重有所下降,朝廷官吏和学者逐步成为私人藏书家的主要构成群体。隋朝国祚仅有三十余年,部分私人藏书家历经北周、隋、唐三朝,所以隋朝的私人藏书事业处于汉魏六朝至唐朝的过渡阶段。目前可考证的隋朝的藏书家人数与藏书数量都不多。从地区分布来看,隋朝的私人藏书家主要集中在都城长安。

隋朝长安城里著名的藏书家有陆爽、许善心、柳䛒等。陆爽(539—591)于周武帝灭北齐后被征入关,载藏书数千卷至长安,后仕隋,官至太子内直监、太子洗马等。许善心(558—618)在南朝陈任通直散骑常侍,家有藏书万余卷,皆能通读,精通目录学。隋朝攻灭南朝陈时,其藏书皆被损毁,其后到长安居住,补葺史传书籍。历任隋秘书丞、礼部侍郎等,主持编订国家图籍,著有《梁史》《灵异记》《七林》等。柳䛒(生卒年不详),仕梁,释褐著作佐郎;后入隋,拜秘书监。生平好读书,家有藏书近万卷,皆能通读。奉旨领导长安嘉则殿的图书整理工作,主持编修了《大业正御书目录》,是隋朝官府藏书建设的重要领导者。

除都城长安以外,还有少数藏书家分布在其他地区。如刘智海

(生卒年不详),家居武强(今属河北)。《隋书·刘焯传》记载刘智海家素多坟籍,儒士刘焯、刘炫曾就之读书,向经十载,遂以儒学知名。① 又如张文诩(生卒年不详),其父张琚在隋开皇年间为洹水(今河北魏县西南)令,其少时家中有书数千卷,博览文籍,精通群经。②

(二)唐朝私人藏书家的分布区域

1. 都城长安

进入唐朝,相较于洛阳,长安的私人藏书事业发展更加迅速,长安成为当时的国际文化中心,南北学术派别、中西文化在这里交汇、融合。在这样的氛围中培育出了大批藏书家,拥有万卷以上藏书的藏书家人数超过以往历代之和,不少藏书家的藏书规模与官府藏书机构不相上下,私人藏书事业发展到了一个新阶段。

名臣魏徵(580—643)是唐初著名的藏书家之一。魏徵于贞观三年(629)任秘书监,参与朝政,校订秘府图籍,家富多书。其外孙薛稷(649—713)曾在其家学习书法,见所藏中"多有虞、褚旧迹"③,受其影响,薛稷后来也喜爱藏书。薛稷曾任昭文馆学士、礼部尚书,张易之被诛后,其所窃秘阁之书都被薛稷取去,收为私藏。当时长安城中著名的藏书家还有秘书监颜师古(581—645)。颜师古,京兆万年(今陕西西安)人。家境贫苦,以教书为生,少传家学,精于训诂,博览群书。历官朝散大夫、中书舍人、中书侍郎、秘书监等,奉命考订《五经》文字,后唐太宗"因颁所定书于

---

① 魏徵:《隋书》卷七十五《儒林传·刘焯传》,中华书局,2000年,第1156页。
② 魏徵:《隋书》卷七十七《隐逸传·张文诩传》,中华书局,2000年,第1183页。
③ 刘昫等:《旧唐书》卷七十三《薛收传》附《薛稷传》,中华书局,2000年,第1750页。

天下，学者赖之"①。家中多藏图书、古图画、器物、书帖等。

唐朝中期开元、天宝年间，国力强盛，社会安定，私人藏书的规模越来越大，当时的长安藏书名家云集，甚至出现了多位家藏超过万卷的藏书家。韦述（？—757），京兆万年（今陕西西安）人。年少举进士，官至工部侍郎，典掌图书四十年，任史官二十年，嗜学著书，手不释卷，且致力于收集图书，家有藏书两万卷。他亲自校订所藏图书，"黄墨精谨，内秘书不逮也"②。他还藏有古今名人图画、古草隶帖、古碑、药方、钱谱、玺谱、尺牍之类，所涉极广。杜暹（678—740）也是当时的藏书大家，家有藏书万卷，他在每本书上都题写这样三句话："清俸买来手自校，子孙读之知圣道，鬻及借人为不孝。"③

当时长安城中藏书数量最多的藏书家是李泌（722—789）。李泌，京兆（治今陕西西安）人，历任玄宗、肃宗、代宗、德宗四朝，官至宰相。生平好读书，建有藏书楼，内有藏书三万余卷，并分别以红、绿、青、白四种颜色的牙签作为经、史、子、集四部图书的标识，以示区别。这种保管方式一时成为图书分类管理的典范。韩愈《送诸葛觉往随州读书》一诗曾提及李泌的藏书数量之多与装饰之精美："邺侯家多书，插架三万轴。一一悬牙签，新若手未触。"④ 蒋乂（747—821），曾在集贤院供职，后任秘书监，精于史学，学识渊博，家藏图书一万五千卷。苏弁（？—805），曾任太

---

① 欧阳修、宋祁：《新唐书》卷一百九十八《儒学传上·颜师古传》，中华书局，2000年，第4331页。
② 欧阳修、宋祁：《新唐书》卷一百三十二《韦述传》，中华书局，2000年，第3566页。
③ 周煇：《清波杂志》卷四，上海书店，1985年，第79页。
④ 韩愈：《送诸葛觉往随州读书》，载陈贻焮主编《增订注释〈全唐诗〉》（第二册），文化艺术出版社，2001年，第1414页。

子詹事等，家藏图书二万卷，皆亲自刊校，藏书规模仅次于当时的集贤院、秘阁。韦处厚（773—828），起家校书郎，官至宰相，性嗜书，好学能文，聚书万余卷。柳仲郢（？—864），元和进士，授校书郎，后任刑部尚书。喜好藏书，所藏有万余卷，且勤于抄录，六经、史、集、仙、佛等书皆进行抄录，每本书必购置或抄录三本，纸墨精好华丽者藏于书库，次者随身携带阅读，下者为后生子弟之课本。

唐文宗时期，长安城中藏书家的人数不断增多，比较著名的藏书家有王涯、杜牧、李磎等。王涯（约764—835），博学好古，能为文，喜聚书，如他人拥有他中意的书籍字画，便以厚资和官爵与之交换。有藏书数万卷，多以金玉牙锦装饰。杜牧（803—853），曾任弘文馆校书郎，其在《冬至日寄小侄阿宜诗》中说："第中无一物，万卷书满堂。"[1] 李磎（？—895），好学嗜书，"家有书至万卷，世号'李书楼'。所著文章及注解诸书传甚多"[2]。

2. 洛阳

大业元年（605）三月十七日，隋炀帝下令大规模营建东京洛阳，仿照西京长安在洛阳设置秘书省、修文殿、集贤殿等藏书机构，并开设史馆负责国家图书的编修工作。这极大地推动了官府藏书建设，同时也促进了私人藏书事业的发展。唐朝洛阳的私人藏书事业继续发展，并出现了一些私人藏书家，比较著名的有吴兢、萧颖士、张弘靖等。

---

[1] 杜牧：《冬至日寄小侄阿宜诗》，载陈贻焮主编《增订注释〈全唐诗〉》（第三册），文化艺术出版社，2001年，第1243页。
[2] 欧阳修、宋祁：《新唐书》卷一百四十六《李鄘传》附《李磎传》，中华书局，2000年，第3721页。

吴兢（669或670—749），汴州浚仪（今河南开封）人。博通经史，尤长于史学，曾入史馆编修国史。唐中宗时改右补阙，与刘知几等合撰《则天实录》。唐玄宗时历官谏议大夫、修文馆学士等。家中藏书颇多，计一万三千余卷，曾据其藏书编成《吴氏西斋书目》行世。

萧颖士（717—759），受家学熏陶，自幼喜好图籍，以博学见称，历任秘书正字、集贤校理、史馆待制等。"安史之乱"爆发时，两京官员大多惊慌失措，仓皇出逃，唯有萧颖士镇定自若，及时赶到洛阳，将家中数千卷藏书转移到箕颍间，然后才前往山南。正是他的英勇果敢，才使其藏书得以保存下来，免遭损毁。

张弘靖（760—824），与其祖父张嘉贞、父亲张延赏俱为宰相，时号"三相张家"。幼承家训，继承家藏图籍后继续努力收集图书，使张氏家族的藏书数量激增。张氏藏书中有不少艺术类图籍，《新唐书·张弘靖传》称其"家聚书画，侔秘府"[①]。

3. 其他地区

在长安、洛阳二都以外的其他地区，也有一些私人藏书家，下面简单介绍几位。

李袭誉（生卒年不详），曾任扬州大都督府长史、江南巡察大使。他在扬州做官时兴修水利，使八百余顷田地得到灌溉，百姓皆称颂他的政绩。他生活俭朴，所得俸禄多用来写书，藏书达万卷，藏于扬州。

李元嘉（618—688），唐高祖第十一子。贞观六年（632），授

---

① 欧阳修、宋祁：《新唐书》卷一百二十七《张嘉贞传》附《张弘靖传》，中华书局，2000年，第3510页。

潞州刺史，时年十五；贞观九年（635），授右领军大将军；贞观十年（636），改封韩王，授潞州都督。他好学嗜书，聚书达万卷，又采碑文古迹，多得异本，藏于潞州。

李元裕（？—665），唐高祖第十七子。贞观十一年（637），封邓王，历任邓、梁、黄、寿、襄等五州刺史。他好学爱读书，与诗人卢照邻为布衣之交，当时卢照邻在邓王府任典签，常能披览不倦。李元裕藏书有十二车之多，藏于邓州。

唐太宗第八子李贞的长子李冲（？—688），封琅琊王，累官博州刺史，因与其父举兵反武后而被诛。家多藏书，皆文句详正，秘府所不及。其死后，藏书被没收。

通过以上考述可以看出，唐朝的私人藏书事业蓬勃发展，这与国家的繁荣昌盛、统治者的政策导向和文教事业的兴盛密不可分。

五、隋唐五代时期私人藏书家的主要类型及藏书体系的特点

（一）隋唐五代时期私人藏书家的主要类型

根据身份或社会地位可将隋唐五代时期的私人藏书家大体划分为两种类型：一种是学者，另一种是皇室宗亲及达官显贵。

1. 学者类型的藏书家

隋唐五代时期的藏书家大多是学者，其中有部分是官员学者。这一时期，许多学者虽通过科举考试转变身份成为政府官员，但依然保持着学者的本色，如马怀素、元行冲、韩愈、和凝等。他们嗜学苦研，充分利用官府藏书和私人藏书，在各自研究领域著书立说，留下了丰硕的学术成果，扬名后世。下面列举几个典型事例加

以说明。

《陈书·姚察传》记载了隋朝藏书家姚察的相关事迹：

（察）六岁，诵书万余言。弱不好弄，博弈杂戏，初不经心。勤苦厉精，以夜继日。年十二，便能属文。父上开府僧垣，知名梁武代，二宫礼遇优厚，每得供赐，皆回给察兄弟，为游学之资，察并用聚蓄图书，由是闻见日博。……终日恬静，唯以书记为乐，于坟籍无所不睹。每有制述，多用新奇，人所未见，咸重富博。且专志著书，白首不倦，手自抄撰，无时蹔辍。尤好研核古今，谥正文字，精采流赡，虽老不衰。兼谙识内典，所撰寺塔及众僧文章，特为绮密。……所著《汉书训纂》三十卷，《说林》十卷，《西聘》《玉玺》《建康三钟》等记各一卷，悉穷该博，并《文集》二十卷，并行于世。①

唐朝的部分进士在官府藏书机构中担任校书郎、秘书正字等职，从事藏书管理及校勘工作。日常工作潜移默化的影响、个人志趣与专业的紧密结合，促使他们热爱收藏图书，其中不少人成为著名的藏书家。这些藏书家对自己的藏书进行有效管理和利用，他们的藏书数量丰富、质量优良。如颜师古既是经学大师、校雠家，又是图书管理人才，他博览群书，尤精训诂学，终身从事官府藏书的校勘管理工作。《新唐书·颜师古传》称其"多藏古图画、器物、书帖，亦性所笃爱"②。《旧唐书·颜师古传》谓其"搜求古迹及古器，耽好不已。……有集六十卷。其所注《汉书》及《急就章》，

---

① 姚思廉：《陈书》卷二十七《姚察传》，中华书局，2000年，第242、245—246页。
② 欧阳修、宋祁：《新唐书》卷一百九十八《儒学传上·颜师古传》，中华书局，2000年，第4332页。

大行于世。永徽三年，师古子扬庭为符玺郎，又表上师古所撰《匡谬正俗》八卷。高宗下诏付秘书阁"①。

虞世南在隋朝大业初年曾任秘书郎，进入唐朝以后历任弘文馆学士、秘书监等。他博闻强识，唐太宗出巡时必须携带官藏的图书副本，以备不时之需，但唐太宗说，有虞世南随行，则不需要携带图书副本，由此可知虞世南知识渊博、记忆力超群。

唐中期著名的史学家、《贞观政要》的作者吴兢，是当时著名的藏书家。《旧唐书·吴兢传》记载：

> 兢尝以梁、陈、齐、周、隋五代史繁杂，乃别撰《梁》《齐》《周史》各十卷，《陈史》五卷，《隋史》二十卷，又伤疏略。兢虽衰耗，犹希史职，而行步伛偻，李林甫以其年老不用。天宝八年，卒于家，时年八十余。兢卒后，其子进兢所撰《唐史》八十余卷，事多纰缪，不逮于壮年。兢家聚书颇多，尝目录其卷第，号《吴氏西斋书目》。②

吴兢在唐朝史馆、修文馆掌修国史三十年，著述颇丰，撰有《则天实录》，《梁史》《齐史》《周史》各十卷，《陈史》五卷，《隋史》二十卷，并著有《乐府古题要解》等。此外，吴兢还为自己的藏书编制了目录——《吴氏西斋书目》。

唐朝开元年间的史学家、目录学家、藏书家韦述的收藏观念很有特色。《旧唐书·韦述传》记载：

> 述在书府四十年，居史职二十年，嗜学著书，手不释卷。……勒

---

① 刘昫等：《旧唐书》卷七十三《颜师古传》，中华书局，2000年，第1752年。
② 刘昫等：《旧唐书》卷一百二《吴兢传》，中华书局，2000年，第2156页。

成《国史》一百一十三卷,并《史例》一卷,事简而记详,雅有良史之才……家聚书二万卷,皆自校定铅椠,虽御府不逮也。……所撰《唐职仪》三十卷、《高宗实录》三十卷、《御史台记》十卷、《两京新记》五卷,凡著书二百余卷;皆行于代。①

韦述的眼界非常开阔,他突破了以往仅收藏图书的学术观念,"兼古今朝臣图,历代知名人画,魏、晋已来草隶真迹数百卷,古碑、古器、药方、格式、钱谱、玺谱之类,当代名公尺题,无不毕备"②。

藏书家蒋乂,其祖父曾任弘文馆学士,其父亲曾任集贤殿学士,其历任史馆修撰、秘书少监、秘书监等。蒋乂曾在集贤院整理典籍,通读善本两万余卷,家学渊源再加上个人努力,使得蒋乂学识渊博,尤为熟悉前代沿革。他曾与独孤郁、韦处厚同修《德宗实录》,著有《大唐宰辅录》《凌烟阁功臣》《秦府十八学士》《史臣等传》。

白居易(772—846),号"香山居士",唐朝著名诗人。白居易从小受到家庭环境的影响,养成了酷爱读书的习惯。他曾任秘书省校书郎、集贤院校理。通过参加官府藏书的整理、校雠工作,他阅读了大量的图籍。这一段经历促使他培养了收集图籍的兴趣,最终成为著名的藏书家。白居易曾以家藏图书为资料撰成《白氏六帖》,这是一部内容丰富的类书。

柳宗元(773—819),河东解县(今山西运城西南)人,世称"柳河东"。贞元进士,授校书郎。与刘禹锡等参加主张革新的王叔文集团,任礼部员外郎。失败后被贬为永州司马,后又任柳州刺

---

① 刘昫等:《旧唐书》卷一百二《韦述传》,中华书局,2000年,第2157页。
② 刘昫等:《旧唐书》卷一百二《韦述传》,中华书局,2000年,第2157页。

史,故又称"柳柳州"。柳宗元诗文皆工,尤其擅长散文,与韩愈共同倡导古文运动,并称"韩柳",同列"唐宋八大家"。家中藏书较为丰富,仅朝廷赐书就有三千卷,但这些藏书在柳宗元被贬出京城后就逐渐散佚了。

著名诗人陆龟蒙(?—约881),受家庭的熏陶,从小就爱好阅读、写作,具备极高的文学素养。陆龟蒙诗文俱佳,这与他平生热衷于收藏图书是分不开的。陆龟蒙虽然生活贫困,但仍然坚持不懈地收集图书,买不起书就向别人借书来抄写,所以他的藏书中有相当一部分是通过辗转相借,不辞劳苦地抄写得来的。

与陆龟蒙私交甚好的皮日休(约838—约883),也酷爱读书与藏书。他隐居鹿门山(今湖北襄阳东南),常与陆龟蒙诗义赠和,世称"皮陆"。皮日休家中藏书甚多,他曾作《读书》一诗描述家中藏书之多以及自己沉迷于读书的情景:"家资是何物,积帙列梁梠。高斋晓开卷,独共圣人语。英贤虽异世,自古心相许。案头见蠹鱼,犹胜凡俦侣。"①

晚唐诗人杜荀鹤(846—904),早年居住于九华峰(今安徽九华山),号"九华山人"。其《书斋即事》一诗云:"时清只合力为儒,不可家贫与善疏。卖却屋边三亩地,添成窗下一床书。"② 这表明他虽家境贫寒,但仍坚持刻苦读书、努力聚书。

2.宗室显贵类型的藏书家

隋唐五代时期,皇室宗亲里有不少人爱好藏书,这对整个社会

---

① 皮日休:《读书》,载陈贻焮主编《增订注释〈全唐诗〉》(第四册),文化艺术出版社,2001年,第429页。
② 杜荀鹤:《书斋即事》,载陈贻焮主编《增订注释〈全唐诗〉》(第四册),文化艺术出版社,2001年,第1239页。

私人藏书事业的发展产生了推动作用。特殊的社会地位，使他们能够获得许多珍贵的图书，所以他们的藏书质量优良。唐高祖第十一子李元嘉、第十七子李元裕，唐太宗第八子李贞的长子李冲，以及唐睿宗第四子李范，皆为藏书家。特别值得一提的是五代十国吴越钱氏一族。钱氏家族统治两浙约有百年之久，社会环境相对安定，文化事业较为发达。钱氏家族有聚书的传统，家族中有不少藏书家。吴越王钱镠的第三子钱传瑛（约897—约933），善骑射，工草隶，颇好儒学，聚书数千卷。他曾因拒寇有功，被授两浙副大使、大同军节度使，封云国公。钱镠的孙子钱文奉（909—969），对经史、音律、图籍、医药皆有涉猎，并著有《贤语》二十篇。他收藏了丰富的图籍、古器。钱氏家族的后代子孙中较为著名的藏书家还有钱昱、钱惟治、钱惟演等。

此外，一部分朝廷和地方官吏文化修养较高，喜爱读书、聚书，最终成为藏书家，较著名的有韦处厚、段文昌、段成式、元行冲、王方庆、倪若水、杜兼等。

韦处厚（773—828），京兆万年（今陕西西安）人。元和进士，授秘书省校书郎，累官至中书侍郎、同中书门下平章事，历事宪宗、穆宗、敬宗、文宗四帝。他在相位时以国事为重，主张起用重臣裴度，又选拔有才能的人委以重任，故被称为贤相。他酷爱读书，聚书万余卷，与蒋乂、独孤郁同修《德宗实录》，著有《六经法言》。

同为宰相的段文昌（773—835），从小好读书，特别喜欢图书古画。他仕途颇为顺利，由校书郎、集贤校理起家，官至宰相，权倾朝野。他利用权势之便，聚集了不少图书。他去世后，他的藏书由儿子段成式（约803—863）收藏。段成式也是有名的藏书家，虽然其仕途不算通达，官至尚书郎后，又出为江州刺史，但其诗文俱佳，有不少作品传世。段成式与李商隐、温庭筠齐名，因三人皆排行十六，世称"三十六体"。段成式晚年寓居襄阳（今属湖北），以藏书、著书自娱。他藏书丰富，其中多奇篇秘籍，著有《酉阳杂俎》《庐陵官下记》等。清人辑有《段成式诗》。

元行冲（653—729），唐中期历任陕州刺史、岐州刺史。其出行时常携带几车书，以方便随时查阅。王方庆（？—702），历任广州都督、洛州长史、凤阁侍郎等。其家学渊源颇深，祖上就有藏书传统。王方庆酷爱藏书，又勤于写作，故以博学见称。《旧唐书·王方庆传》记载："聚书甚多，不减秘阁，至于图画，亦多异本。诸子莫能守其业，卒后寻亦散亡。"[①]

倪若水（？—719），唐开元年间历任中书舍人、尚书右丞等，还曾出任汴州刺史。倪若水对其藏书实行有偿借阅制度，明代彭大翼在《山堂肆考》卷一百二十四中说，倪若水"藏书甚多，子弟直日看书，有借书者，先束脩投贽，然后与之"[②]。这种做法有一定的进步性，在一定程度上促进了图书的流通，有利于思想文化与科技成果的交流、推广。与之完全相反的保守的藏书观则主张将藏书"秘而不宣"。当时坚持这种观念的藏书家非常多，比较典型的有杜暹、杜兼等。杜兼（？—809），建中进士，历任濠州刺史、刑部郎中、给事中、河南尹等。据史料记载，杜兼性浮险，尚豪侈，家有藏书万卷，甚为珍秘，每书必有"倩俸写来手自校，汝曹读之知圣

---

① 刘昫等：《旧唐书》卷八十九《王方庆传》，中华书局，2000年，第1964页。
② 彭大翼：《山堂肆考》卷一百二十四《文学·藏书·子弟看书》，载《景印文渊阁四库全书》子部（976），台湾商务印书馆，1983—1986年，第430页。

道，坠之鬻之为不孝"① 的题署，意欲以此题署告诫子孙要好好保管藏书。

（二）隋唐五代时期私人藏书体系的特点

隋唐五代时期，私人藏书文化内涵更加丰富，更具影响力，也更有历史意义，这些无论是在藏书理念上，还是在藏书措理上，均有所彰显。这一时期私人藏书体系的特点主要表现为以下几个方面。

1. 私藏载体形式的多样性

随着书籍文化的发展和私人藏书活动的深化，藏书家不再局限于收藏各种典籍，对于典籍以外的文字载体，尤其是一些具有收藏价值的文物，譬如书法、绘画、碑帖、器物、药方、尺牍、格式、印谱等，也多加留意，把它们都列入收藏范围。

据《旧唐书·薛稷传》记载，初唐名臣魏徵"家富图籍，多有虞、褚旧迹"②。也就是说，魏徵家中不仅有众多藏书，还有许多虞世南、褚遂良的书法真迹。《旧唐书·韩王元嘉传》谓李元嘉"聚书至万卷，又采碑文古迹，多得异本"③。据史料记载，兼藏其他文物的藏书家还有颜师古、李范、薛稷、王方庆、王涯、张弘靖、杨凭、柳宗元、李约、钟绍京、韦述等。颜师古"多藏古图画、器物、书帖"。李范"又聚书画，皆世所珍者。初，隋亡，禁内图书湮放，唐兴募访，稍稍复出，藏秘府。长安初，张易之奏天下善工

---

① 杜兼：《题书卷后语》，载陈贻焮主编《增订注释〈全唐诗〉》（第五册），文化艺术出版社，2001年，第916页。
② 刘昫等：《旧唐书》卷七十三《薛收传》附《薛稷传》，中华书局，2000年，第1750页。
③ 刘昫等：《旧唐书》卷六十四《韩王元嘉传》，中华书局，2000年，第1638页。

潢治，乃密使摹肖，殆不可辨，窃其真藏于家。既诛，悉为薛稷取去，稷又败，范得之"①。王方庆"聚书甚多"，"至于图画，亦多异本"。张弘靖"家聚书画，侔秘府"。柳宗元在《与吕恭论墓中石书》中说道："仆蚤好观古书，家所蓄晋魏时尺牍甚具。"② 由上可知，当时私藏的载体形式不再局限于古籍善本，书画、金石铭文等均受到藏书家的青睐。

2.藏书目的的多样性

魏晋南北朝之前，私人藏书只是为了学术研究（著书立说）和传业授徒；魏晋南北朝之后，私人藏书的目的有所增加。隋唐五代时期，私人藏书的目的就更加多元化了，除了学术研究和传业授徒，又增加了广布文教、应对科举、创作诗文、陶冶情操、经营谋生等。下面以藏书促进文学发展、陶冶人的情操为例来说明情况。

唐朝文学繁荣发展，文人墨客备受敬重。在当时的政策导向和文化氛围中，这些文人墨客必然要购书、藏书、读书，从而赋诗属文，立言传世。因此，藏书为诗文创作提供了条件，反过来，诗文创作又催生了一批藏书家。

一部分藏书家收藏图书是为了修身养性。书籍可以提高人的品位、陶冶人的情操，得志时它会告诫你戒骄戒躁，失意时它会劝慰你宁静致远。有些士人厌恶官场斗争，寄情山水，闲云野鹤，通过藏书、读书来净化心灵、修身养性。譬如，隋朝李巨仁在《登名山

---

① 欧阳修、宋祁：《新唐书》卷八十一《惠文太子范传》，中华书局，2000年，第2935页。
② 柳宗元：《与吕恭论墓中石书》，载董诰等编、孙映逵等点校《全唐文》卷五百七十四，山西教育出版社，2002年，第3426页。

篇》中云:"藏书凡几代,看博已经年。逝将追羽客,千载一来旋。"① 又如,唐朝王绩在《答冯子华处士书》中云"独坐河渚,结构茅屋……床头素书数帙,《庄》《老》及《易》而已"②;司空图隐居中条山,以与高僧名士吟咏为乐,"前后所蓄图书七千四百卷"③。

3.藏书主体的多样性

从藏书主体的阶层来看,既有士大夫、官僚豪门、乡绅富贾,也有布衣学子。隋唐五代时期的藏书家大多是学者,其中有部分是官员学者,如马怀素、元行冲、韩愈等,他们通过科举考试转变身份成为政府官员,但依然保持着学者的本色。此外,皇室宗亲里也有不少藏书家,如唐高祖第十一子李元嘉、第十七子李元裕,唐太宗第八子李贞的长子李冲,以及唐睿宗第四子李范。他们对藏书活动的热爱推动了整个社会私人藏书事业的发展。

从藏书主体的类型来看,有著述型、校勘型、收藏型、贩贾型等。不同类型的藏书家从不同方面推动了私人藏书事业发展,丰富了藏书文化:有的将藏书内容转化为新的知识体系;有的校订了图书中的讹误;有的搜采异本,精于措理;有的储存吐纳,促进了图书的流通。上述诸人并不重视功名,而将藏书、读书视为人生最大的乐趣。

4.藏书内容的多样性

隋唐五代时期,许多藏书家已经开始注意将综合收藏与专藏相

---

① 李巨仁:《登名山篇》,载逯钦立辑校《先秦汉魏晋南北朝诗》隋诗卷七,中华书局,1988年,第2726页。
② 王绩:《答冯子华处士书》,载董诰等编、孙映逵等点校《全唐文》卷一百三十一,山西教育出版社,2002年,第795页。
③ 司空图:《荥阳族系图记》,载陈尚君辑校《全唐文补编》(下册)又再补卷六,中华书局,2005年,第2336页。

结合，并在专藏方面有所发展。唐朝许多藏书家的藏书数量都在万卷以上，他们在保证综合收藏完备的前提下进行专藏建设，以显示其藏品的特色。如唐高祖第十一子李元嘉，"少好学，聚书至万卷，又采碑文古迹，多得异本。闺门修整，有类寒素士大夫"①。李元嘉对所藏图书"皆以古文字参定同异"②，为当世所称誉。李元嘉之子冲、谍继承父业，"家书为多，皆文句详正，秘府所不及"③。又如著名的训诂学家颜师古，留心于"多藏古图画、器物、书帖"。再如惠文太子李范，平生好学，工于书法，喜聚书籍，其所藏书画皆为珍品。据说这些珍品最早被藏于秘府，后被张易之偷梁换柱窃藏于家。张易之被诛后，其所藏珍品被薛稷全部取去。之后薛稷坐罪赐死，所藏珍品又归于李范，不过这些珍品最终皆为火灾所焚毁。

从上述事例可以看出，当时的私人藏书家不仅收藏科举考试需要的儒家经典著作，而且根据个人爱好进行专藏建设。但只有少数经济实力超群的达官显贵才有能力进行这种专藏建设。

5. 出现私人藏书世家

清末民初藏书家叶德辉曾说："诸人皆眷眷于其子孙，究之藏书家鲜有传及三世者。"④但是隋唐五代时期出现了藏书传及多代的藏书世家，其中比较著名的有李大师、李延寿父子，李承休、李泌、李繁祖孙三代和范阳张氏家族。

---

① 刘昫等：《旧唐书》卷六十四《韩王元嘉传》，中华书局，2000年，第1638页。
② 欧阳修、宋祁：《新唐书》卷七十九《韩王元嘉传》，中华书局，2000年，第2901页。
③ 欧阳修、宋祁：《新唐书》卷七十九《韩王元嘉传》，中华书局，2000年，第2901页。
④ 叶德辉著，吴国武、桂枭整理：《书林清话 附书林馀话》，华文出版社，2012年，第282页。

（1）李大师、李延寿父子

据《北史·序传》记载，李延寿"既家有旧本，思欲追终先志，其齐、梁、陈五代旧事所未见，因于编辑之暇，昼夜抄录之"①。李延寿在藏书建设方面深受父亲李大师的影响。李大师藏书颇丰，后将其藏书传给李延寿。李延寿继承了父亲的藏书后，又深感现有藏书不足，故"昼夜抄录"，废寝忘食，最终成为藏书大家。

（2）李承休、李泌、李繁祖孙三代

李承休（生卒年不详），京兆（治今陕西西安）人，祖籍辽东襄平（今辽宁辽阳）。曾任吴房县令。因为仰慕南朝梁沈约、任昉藏书之雅事，于是遇有书籍，或抄或购，渐成多书之家。宋代王应麟《困学纪闻》卷十四记载，李承休"聚书二万余卷，诫子孙不许出门，有求读者，别院供馔。邺侯家多书，有自来矣"②。书籍得来不易，所以不许外借，恐有损失。但是允许求读者前来读书，且供馔餐，这一行为颇具嘉惠士林之情怀。其子李泌继承其藏书风格。

李泌（722—789），字长源。年少聪颖，博涉经史，善属文，尤工于诗，以王佐自负。唐玄宗天宝年间，待诏翰林，东宫供奉，后为杨国忠所嫉，潜遁隐逸。唐肃宗时，入议事，甚见重用，中书令崔圆、幸臣李辅国害其能，欲对其行不利，李泌惧之，逃隐衡山。唐代宗即位，召为翰林学士，出为楚州、杭州刺史。唐德宗时，拜中书侍郎、平章事，封为邺侯。李泌承其父业，终为藏书大家。韩愈《送诸葛觉往随州读书》一诗云："邺侯家多书，插架三万轴。一一悬牙签，新若手未触。"明代彭大翼在《山堂肆考》卷

---

① 李延寿：《北史》卷一百《序传》，中华书局，2000年，第2219页。
② 王应麟撰，翁元圻注：《困学纪闻》卷十四《考史》，商务印书馆，1959年，第1135—1136页。

一百二十四中说道："唐李邺侯泌起书楼，积书三万余卷，经用红牙签，史用绿牙签，子用青牙签，集用白牙签。"① 李泌仿照唐朝集贤院的藏书管理方式，将书籍分为经、史、子、集四部，四部书的标签亦与集贤院相同，每部书钤有"邺侯图书刻章"印。

李氏藏书的第三代传人为李繁（生卒年不详）。李繁少聪警，有才名，师事翰林学士梁肃。任弘文馆学士，后出为随州、亳州刺史。李繁恐其先人功业不传，尝著《邺侯家传》一书。李氏藏书中的一部分后来流至朱庆馀手中。

（3）范阳张氏家族

隋唐五代时期最著名的藏书世家为"三相张家"——范阳张氏家族。张氏家族的藏书活动始于唐玄宗时期的中书令张嘉贞。

张嘉贞（665—729），祖籍蒲州猗氏（今山西临猗），本为范阳旧姓。弱冠应五经科举，官拜平乡尉。武后召见，奇其才，擢拜监察御史。唐玄宗开元中，擢为中书侍郎、同中书门下平章事。为官有政绩，喜好奖掖后进。能赋诗，善属文，好聚图书，常在其藏书中钤盖"河东张氏"的藏书印章。

张延赏（727—787），张氏藏书的第二代传人。唐玄宗开元末，为左司御率府兵曹参军。唐代宗时，任成都尹、剑南西川节度观察使，加吏部尚书。唐德宗贞元元年（785），拜中书侍郎、同中书门下平章事。博涉经史，达于政事。在继承其父藏书的基础上继续搜求，扩充家藏，其藏书印的印文为"乌石侯瑞"。其卒后，全部藏书由其子张弘靖继承。

张弘靖（760—824），字元理，以门荫入仕。唐德宗时，擢授

---

① 彭大翼：《山堂肆考》卷一百二十四《文学·藏书·邺架》，载《景印文渊阁四库全书》子部（976），台湾商务印书馆，1983—1986年，第428页。

监察御史。唐宪宗元和中,拜吏部尚书、同中书门下平章事。唐穆宗长庆初,充幽州、卢龙等军节度使。张弘靖"家聚书画,侔秘府。先第在东都思顺里,盛丽甲当时,历五世无所增葺,时号'三相张家'云"①。唐宪宗在答张弘靖所进书画表时说:"卿庆传台铉,业嗣弓裘,雄词冠于一时,奥学穷乎千古。图书兼蓄,精博两全。"②其藏书印的印文有"鹊""瑞""鹊瑞"。

张氏藏书的第五代传人是张彦远(生卒年不详)。唐宣宗大中初,张彦远由左补阙迁任尚书祠部员外郎。唐僖宗乾符初,任大理寺卿。博学工文辞,能书会画,长于收藏鉴识,家中世代收藏法书名画。在这样的家庭文化氛围中,张彦远创作出颇受后世重视的《历代名画记》。自张嘉贞始聚图书,后历五世绵延,张氏家族藏书传承时间之久,史上罕有可比者。

除上述藏书世家外,从零星的史料记载中也可以发现,在隋唐五代时期,家藏的传承是私人藏书建设的重要部分。如杨恭仁"家富于书籍"③,王方庆"家多书籍"④,韦述"家聚书二万卷",柳仲郢"家有书万卷,所藏必三本"⑤,徐修矩"守世书万卷,优游自适"⑥。在我国古代,家族世代相传的书籍是一笔非常厚重的财富,

---

① 欧阳修、宋祁:《新唐书》卷一百二十七《张嘉贞传》附《张弘靖传》,中华书局,2000年,第3510页。
② 张彦远著,秦仲文、黄苗子点校:《历代名画记》卷一《叙画之兴废》,人民美术出版社,2016年,第11页。
③ 李延寿:《北史》卷一百《序传》,中华书局,2000年,第2219页。
④ 刘昫等:《旧唐书》卷八十九《王方庆传》,中华书局,2000年,第1962页。
⑤ 欧阳修、宋祁:《新唐书》卷一百六十三《柳公绰传》附《柳仲郢传》,中华书局,2000年,第3906页。
⑥ 皮日休:《二游诗并序》,载陈贻焮主编《增订注释〈全唐诗〉》(第四册),文化艺术出版社,2001年,第435页。

它具有帮助子孙步入仕途、彰显门第高贵的特殊意义。正是这种特殊意义，催生了为数不少的藏书世家。

第四节　隋唐五代时期的寺观藏书体系

中国宗教文化源远流长，佛教和道教是中国最主要的两大宗教，因此宗教藏书以佛教藏书和道教藏书为主。

两汉之交，佛教自西域传入中国。随着译经事业的发展，佛教典籍不断丰富。东晋时期，佛教进入繁荣发展时期，并形成了建康与庐山两个佛教中心，佛教藏书事业应运而生。但佛教寺院藏书制度的确立与成熟是在唐朝，依据有以下两点：其一，各寺院设立经藏已经成为定制，或阁，或堂，或院，或楼；其二，寺院经藏管理已有章法，经本的抄写、分类、排架、借阅等，一般都有严格的制度规定。寺院藏书既可在写经风行的年代为写经提供底本，也可为僧侣人士接受教育、潜心学习提供文献资料，有的高僧大德还利用经藏从事研究、著述，为学术文化的传播和延续作出了重大贡献。

道教作为根植于我国传统文化的教派，以神仙信仰为主，与中华民族的血缘、地域、国情息息相关，具有鲜明的中国古代社会的原始宗教意识。与佛教相比，道教的发展较为缓慢且分散，目前学界较为认同的说法是道教正式产生于东汉顺帝在位时期（126—144），以张道陵在鹤鸣山创立五斗米道为标志，之后经过漫长的发展，道教作为本土宗教才形成规模。在传播过程中，道教与佛教、儒家思想等相融合并，形成了独特的教理、教义与修行体系，这些被转变成文字记录下来，形成了大量的道教典籍，这些道教典籍的汇聚最终构成了卷帙浩繁的道教藏书。道教藏书体系主要是以道经总集"道藏"为中心的宫观藏书体系，它与佛教寺院藏书体系共同构成了我国古代寺观藏书体系。

一、隋唐时期寺观藏书事业发展的背景

两汉时期，佛教自西域传入中国，道教骤然兴起，儒家思想被确立为国家正统思想。儒、释、道三家一方面产生碰撞、冲突，另一方面互相融合、互相渗透、互相补充，从而构成了儒释道三教融合的关系。随着三教的不断发展，特别是佛道二教的成熟，南北朝中后期三教的关系进一步发生变化，虽然三教之间有过争论，但三教之间的融合在不断加深，"三教虽殊，劝善义一，涂迹诚异，理会则同"[①]，成为当时比较流行的看法。隋唐时期，自汉魏以来三教之间的冲突与融合使各家都清楚地认识到消灭他方是不可能的，以及借鉴吸取他方的长处来发展自身是具有重要意义的，因而虽然三教依旧矛盾不断，优劣高下的争论有时还相当激烈，但是三教都获得了充分的发展，且基于各自的立场在理论上相互融合，最终促成了三教鼎立的新局面。

寺观藏书事业的发展与隋唐时期宗教发展的总体情况息息相关，佛教与道教齐头并进的态势，促进了以佛教藏书和道教藏书为

---

① 释道安：《二教论》，见释道宣《广弘明集》卷八，载《景印文渊阁四库全书》子部（1048），台湾商务印书馆，1983—1986年，第321页。

核心的寺观藏书事业的繁荣。而隋唐时期宗教的发展离不开统治者的政策支持，因此，在了解这一时期宗教发展的总体情况之前，需要先对影响宗教发展的政策进行总结。

（一）隋朝的宗教政策

北周武帝在道士张宾、卫元嵩的怂恿下，先后在建德三年（574）和建德六年（577）开展了灭佛运动，其中建德三年开展的灭佛运动是中国历史上第二次大规模灭佛运动，在这场运动中佛像被砸毁，沙门被迫还俗，不少佛教经典著作被损毁。

杨坚早在辅佐北周静帝时就已经多次下令终止禁佛运动，其称帝后应沙门昙延的请求普诏天下恢复佛教。《续高僧传》卷八记载：

> 隋文创业，未展度僧，延初闻改政，即事剃落。法服执锡，来至王庭。面伸弘理，未及敕慰……帝奉闻雅度，欣泰本怀。共论开法之模，孚化之本。延以寺宇未广，教法方隆……敕遂总度一千余人以副延请，此皇隋释化之开业也。[①]

开皇元年（581）闰三月，隋文帝颁布《五岳各置僧寺诏》，称佛道"法无内外，万善同归。教有浅深，殊途共致"[②]。其后，隋文帝又采取一系列措施发展佛教：下诏于每年太祖国忌日废务设斋，造像行道，八关忏悔，奉资神灵；下诏于太祖建功之处襄阳、隋

---

① 道宣撰，郭绍林点校：《续高僧传》卷八《义解篇四·隋京师延兴寺释昙延传十三》，中华书局，2014年，第276页。
② 费长房撰，张春雷等校注：《历代三宝记》卷十二，河南人民出版社，2013年，第213页。

郡、江陵、晋阳各立寺一所；于相州战地建立伽蓝一所，立碑纪事，为战死的亡灵祈福；征召道判、法纯、明璨等一百二十位高僧入住大兴善寺；任命僧猛为大统三藏法师，建立僧官制度；接纳沙门智周等自西竺所求梵经二百六十部。此后，佛教在全国范围内得到快速恢复与发展。《隋书·经籍志四》记载：

> 开皇元年，高祖普诏天下，任听出家，仍令计口出钱，营造经像。而京师及并州、相州、洛州等诸大都邑之处，并官写一切经，置于寺内；而又别写，藏于秘阁。天下之人，从风而靡，竞相景慕，民间佛经，多于六经数十百倍。①

除此之外，隋文帝还专门创立昙法智译场、毗尼多流支译场、那连提黎耶舍译场等，用于翻译佛教经典著作并抄写出版。

与此同时，道教也得到重视与恢复，这主要表现在以下几个方面：一是隋文帝极力优宠进献符命瑞应的道士张宾、焦子顺、董子华；二是隋文帝于开皇元年（581）颁布《五岳各置僧寺诏》，通过政令的形式支持佛道二教的发展；三是隋文帝积极扶持北方道教代表楼观道派，开皇元年（581），隋文帝于陕西周至楼观复修和建置老子庙，并驾临楼观，命于庙中之石上刻四体《道德经》。另据记载，开皇二年（582），隋文帝创建玄都观，用于传播道教思想、弘扬道教文化。总之，至开皇二年底，佛教和道教基本上都得到了恢复和发展。

隋文帝、隋炀帝实行儒、释、道三教并重的政策，坚持以儒立国，重视儒家经史典籍的积聚与整理，注重佛道典籍的收藏和佛经

---

① 魏徵：《隋书》卷三十五《经籍志四》，中华书局，2000年，第732页。

翻译，并在内道场聚集佛经、道经，别撰目录，还结交义学高僧。因此，北周时期因受战乱和统治者政策影响而大量散佚的佛教经典著作重新得到抄写，这为佛教藏书事业的发展奠定了基础。

（二）唐朝的宗教政策

唐初，唐高祖继续实行并巩固儒、释、道三教并重的政策，多次下诏支持佛道二教经典著作的翻译、整理和编撰工作，并设立有司对宗教事务进行管理。但随着政权的巩固，为了更好地维护统治，三教之中，唐高祖开始着重推崇道教，将道教师祖老子尊为李家始祖，宣扬李家与道教同宗同祖的关系，还下诏尊崇道教，确定"老先，次孔，末后释"的次序。三教之中，佛教排在末位，其发展受到了一定程度的遏制。

唐太宗即位后，虽未着力弘扬佛教，但佛教仍得到了极大的发展。贞观三年（629），唐太宗为太武皇帝兴建龙田寺，又下诏为战亡人设斋行道，在往日厮杀的战场兴建昭仁、普济、慈云、弘济、昭觉、等慈、昭福七座寺庙，以抚慰因战争而去世的亡灵。贞观五年（631），唐太宗下诏为穆太后兴建慈德寺，为太子承乾兴建普光寺。贞观十五年（641），唐太宗令文成公主与吐蕃赞普松赞干布联姻，这使汉传佛教传入西藏，与汉传佛教互相融合后的藏传佛教由此开始得到发展和推广。贞观二十二年（648），唐太宗下诏称京城及天下诸州寺宜各度五人，弘福寺宜度五十人，海内寺共三千七百一十六所，共度僧尼一万八千五百余人。同年，太子李治为文德皇后兴建慈恩寺，为度僧三百，请五十高僧入住，其中包括玄奘法师及其弟子，又建造翻经馆，用于翻译和著述佛教经典。

与唐高祖、唐太宗崇尚道教不同，唐高宗及以后的历任帝王均笃信佛教，其中尤以武后为甚。显庆元年（656），唐高宗为庆贺太子病愈兴建西明寺，有屋四千余间，以沙门道宣为上座，神泰为寺主，怀素为维那。显庆三年（658），玄奘师徒徙居西明寺。乾封元年（666），唐高宗敕兖州置寺各三所、天下诸州置寺各一所，各度七人。天授元年（690），因《大云经》可为武则天改变政权提供依据，于是武则天令两京诸州各置大云寺。唐中宗复位后，于神龙三年（707）令天下诸州立寺各一所，皆以中兴为名，当年又改为龙兴。根据唐制，天下寺院有定数，立寺受朝廷限制。唐玄宗时，善无畏、金刚智等人将密宗传入中原，并取得唐玄宗极大的信任，这不仅促使密宗形成，而且使得佛教的发展达到极盛的地步，寺院数量与初唐时相比几乎增加了一倍。天宝二年（743），唐玄宗以广东罗浮山为佛经所载华首菩萨的道场，敕令兴建延祥寺、华首台、明月戒坛。

唐玄宗统治后期，"安史之乱"爆发，北方佛教受到严重摧残。"安史之乱"以后，佛教得到了一定程度的恢复，但是其间统治者开展了中国历史上第三次也是后果最严重的一次大规模灭佛运动——"会昌毁佛"。唐武宗于会昌年间开展大规模灭佛运动，总计拆毁大寺四千六百余所、小寺四万余所，迫使二十六万余僧尼还俗，解放奴婢十五万人，收回田地数千万顷。这次的灭佛运动导致佛教势力大衰，佛教典籍散佚的情况非常严重，特别是《华严》《法华》等经书的散佚，使得佛教中的天台、华严等宗派日趋式微。

从"安史之乱"到"会昌毁佛"的近百年间，佛教藏书事业遭受两次沉重打击，再也没能恢复之前的鼎盛局面。唐武宗之后，佛教再未见有较大的振兴之举。仅唐懿宗在位时曾别宣僧尼大德二十人入咸泰殿，置坛度内福寿寺尼，此后再无大规模建寺度僧之举。①正是由于唐武宗时开展的大规模灭佛运动，多部佛教经典著作毁于一旦，使佛教藏书事业遭受毁灭性的打击。

与佛教不同，道教在唐朝建立之初就受到统治者的推崇，并且唐高祖李渊自称与道教师祖老子同宗同祖，所以道教在唐朝一直受到重视，其间虽受统治者个人偏好的影响有所式微，但并未受到毁灭性的打击。整体来看，唐朝是道教发展的鼎盛时期。

为了更好地维护统治，唐高祖李渊将道教师祖老子定为李姓的远祖，隆重建祠，加以祭祀，并下诏规定了道先、儒次、佛后的排列次序。唐太宗李世民即位后，又下诏规定"道士女冠，可在僧尼之前"，再次重申了尊奉道教的既定国策。唐玄宗时，置崇玄学（后改为崇玄馆），兴道举，以道家经籍考试生员，并将《道德经》作为科举内容，由崇玄馆校订道书，然后缮写，分赐国内各地著名宫观收藏，这些成为唐朝道教宫观藏书的重要内容。唐玄宗后期爆发"安史之乱"，两京秘藏焚烧殆尽。唐肃宗收复长安后，便修整残余道经，于上元中收集经录六千余卷。唐代宗大历年间，道士申甫在全国四处搜访道经，并至京师缮写，使经书数量增至七千卷。在之后的动乱中，道经不断被损毁。唐武宗时推行灭佛兴道的政策，在长安城大肆修建宫观三十余所，当时全国各地共建宫观一千九百余所，共有道士一万五千余人，道教典籍在此时有所增加。唐末僖宗统治时期，黄巢的农民军攻进京城，如《道藏尊经历代纲目》所云："黄巢之乱，灵文秘轴，焚荡之余，散无统纪。幸有神隐子，收合余烬，拾遗补阙，复为三洞经。再经五季乱离，篇章杂

---

① 任继愈主编：《中国藏书楼》，辽宁人民出版社，2001年，第647—649页。

糅。"由此可知之前耗费大量人力、物力、财力编修的《开元道藏》在"安史之乱"后被毁坏的情况。①

二、官方寺观藏书体系建设

中国古代最大的藏书主体是官府,在手写大藏经时期官府也是最大的藏书主体。因为大规模地开展佛教图书的翻译、整理、规范工作,是需要雄厚的资金和高效率的政策作为支撑和保障的,所以官府在其中所发挥的作用是不可替代的。这也是在历代官府藏书中时常可以看到佛经的影子的原因。

佛道两教的发展在很大程度上依赖统治者的态度,若某一时期的统治者重视佛道两教,那么它们在该时期的发展速度就会加快。对佛道两教的弘扬,必然带来经典著作的增加。如南朝梁武帝性好佛法,故于华林园宝云殿专门储藏五千四百卷佛经,并在华林园大设讲筵、译场。于禁中设佛道经本专藏,既表示尊崇,又与宫中秘府的设置类似,极大地方便了经本阅读。隋唐时期的很多统治者都重视对佛道两教经本的收藏工作,许多官府藏书机构针对佛道两教经本设立专藏,以此与普通图书区别开来。如隋朝宫中内道场聚集佛道经本二千三百余部、七千四百余卷,唐朝秘阁在四库之外又收藏佛道经本二千五百余部、九千五百余卷。在规模较大的寺院、宫观里,都专门设立了经本收藏处所,如佛教有大兴善寺、大慈恩寺、西明寺、东林寺等,道教有玄都观、昊天观、太清宫、桐柏宫等。敦煌地区的许多寺观也富有藏书。有的寺院还在所藏精本上加

---

① 肖东发主编,徐建华、陈林编著:《中国宗教藏书》,贵州人民出版社,2009年,第147—148、151—152页。

盖专门的藏书章,如"净土寺藏经""三界寺藏经"等。

禁中的佛道两教经本多藏于内道场。《隋书·经籍志》总序云隋炀帝"于内道场集道、佛经,别撰目录"①;《隋书·经籍志四》云"大业时,又令沙门智果,于东都内道场,撰诸经目,分别条贯"②,北魏太武帝"迁洛已后,置道场于南郊之傍,方二百步。正月、十月之十五日,并有道士哥人百六人,拜而祠焉"③。由此可知,在北魏太武帝时已出现内道场,它是佛道两教诵经弘法、举行宗教仪式的场所。隋朝内道场初步转变为佛道两教经本的主要保管处所。唐朝内道场又开始承担编修佛道两教经典书目、抄写校勘宗教藏书的责任。

隋朝官方的佛道两教经本主要贮存在宫中内道场,秘阁所藏经本为官写经书之副本。据《隋书·经籍志四》记载,开皇元年(581),隋文帝下诏由官府负责撰写一切经书,撰成后将目录放到各个寺院内供寺僧学习;"而又别写,藏于秘阁"④。敦煌写本 S.2295《老子变化经》卷后有题记云:"大业八年八月十四日经生王侍写,用纸四张,玄都玄坛道士覆校,装潢人,秘书省写。"⑤ 这是当时官本的珍贵留存。唐朝官方的佛道两教经本则主要收藏在秘阁之中。开元三年(715),唐玄宗命马怀素等学者整理秘书省藏书,后因马怀素病卒,改命元行冲为主编,以元行冲领衔的编写团队于开元九年(721)修成新的藏书目录——《群书四部录》二百卷。《群书四部

---

① 魏徵:《隋书》卷三十二《经籍志一》,中华书局,2000年,第616页。
② 魏徵:《隋书》卷三十五《经籍志四》,中华书局,2000年,第732页。
③ 魏徵:《隋书》卷三十五《经籍志四》,中华书局,2000年,第729页。
④ 魏徵:《隋书》卷三十五《经籍志四》,中华书局,2000年,第732页。
⑤ 李德范辑:《敦煌道藏》(四),中华全国图书馆文献缩微复制中心,1999年,第2146页。

录》中应附有佛道两教经本书目，因为毋煚据此新编了一部简本书目——《古今书录》四十卷，其以为佛道经本书目附在四部书目之后不妥，别撰《开元内外经录》。毋煚在《古今书录·序》中记录了其所编书目的收录范围：

> 凡四部之录四十五家，都管三千六十部，五万一千八百五十二卷，成《书录》四十卷。其外有释氏经律论疏，道家经戒符箓，凡二千五百余部，九千五百余卷。亦具翻译名氏，序述指归，又勒成目录十卷，名曰《开元内外经录》。若夫先王秘传，列代奥文，自古之粹籍灵符，绝域之神经怪牒，尽载于此二书矣。①

由上可知，开元年间，秘阁收藏佛道经本"凡二千五百余部，九千五百余卷"，比隋朝东都内道场多二百余部、二千余卷，在种类和数量上都有所增加。

唐朝僧道学者可以在官府藏书机构中任职，这是历代鲜有之事。《唐会要》卷六十三记载："开元二十五年正月八日，以道士尹愔为谏议大夫、集贤院学士，兼知史馆事，特赐朝散阶。愔上表恳让，优诏许衣道士服视事。愔乃受职。"②《新唐书·尹愔传》亦载录此事，并言尹愔"颛领集贤、史馆图书"③。道教在玄宗朝的地位由此可见一斑。

唐末爆发了黄巢起义，在黄巢带兵占领都城之时，唐僖宗仓皇

---

① 刘昫等：《旧唐书》卷四十六《经籍志上》，中华书局，2000年，第1338页。
② 王溥：《唐会要》卷六十三《史馆上·修史官》，中华书局，1955年，第1101页。
③ 欧阳修、宋祁：《新唐书》卷二百《儒学传下·赵冬曦传》附《尹愔传》，中华书局，2000年，第4372页。

逃窜入蜀。杜光庭《太上黄箓斋仪》卷五十二曰：

> 两都烟煤，六合榛棘。真宫道宇，所在凋零。玉笈琅函，十无三二。余属兹艰会，漂寓成都。扈跸还京，淹留未几。再为搜据，备涉艰难。新旧经诰，仅三千卷，未获编次。又属省方，所得之经，寻亦亡坠。重游三蜀，更欲搜扬。累阻兵锋，未就前志。时大顺二年，辛亥八月，三日庚辰，成都玉局化，阅省科教，聊记云耳。①

在唐僖宗的支持下，杜光庭在当时的临都成都大规模搜集道家经典著作，一共搜集到新旧经书三千卷，将其藏于成都的宫苑之中，但是黄巢起义的战火将唐僖宗之前唐朝历代王室所聚集的佛道经典著作付之一炬。

三、隋唐时期的民间寺院藏书机构

（一）隋朝

因为隋文帝、隋炀帝均崇尚佛教，所以隋朝佛教藏书处所遍布全国，其中最有名的三处藏书处所均在江北地区：一是京师大兴善寺，二是江都杨广旧邸，三是东都洛阳内道场。其中，江都杨广旧邸宝台经藏和东都洛阳内道场藏书都属于官府藏书，真正意义上的寺院藏书只有京师大兴善寺藏书。

大兴善寺是隋唐皇家寺院、中国佛教密宗的祖庭、隋唐帝都长

---

① 杜光庭编：《太上黄箓斋仪》卷五十二，载张继禹主编《中华道藏》（第四十三册），华夏出版社，2014年，第295页。

安三大译经场之一，位于长安城东靖善坊内（今陕西西安雁塔区兴善寺西街），"寺殿崇广，为京城之最"①。大兴善寺建立之初名曰遵善寺，后隋文帝取大兴城之"大兴"二字与靖善坊之"善"字，赐名大兴善寺。隋初，大兴善寺是全国的译经中心。外国僧人昙法智、毗尼多流支、那连提黎耶舍、阇那崛多等，都曾在此从事译经活动。《续高僧传》卷二记载，开皇五年（585），阇那崛多在大兴善寺译经，当时"新至梵本，众部弥多，或经或书，且内且外"②，寺内收藏了大量的西方写经。

开皇十四年（594），隋文帝敕令沙门法经等二十大德于大兴善寺撰写一切经目录，法经等人因大兴善寺内所藏经本疑伪较多，校订工作难度大，没有完全依书编录，而是参考前代十余家佛经目录编成《大隋众经目录》七卷。隋文帝阅后不甚满意，于仁寿二年（602）敕令彦琮等重新编写经目，彦琮等编成《隋仁寿年内典录》五卷。唐太宗贞观元年（627），中印度僧人波颇携梵本佛经来到长安，他被安置于此寺，在寺中的译场组织翻译了多部佛典。此后，大兴善寺的译场一度沉寂，直到唐玄宗开元年间才因善无畏、金刚智、不空的到来而再度声名鹊起，以他们三人为首的译经僧人在此共译出密宗经典五百余部。大历八年（773），为了让患病的公主琼华真人早日康复，唐代宗将其送至大兴善寺，并赐一切经一藏，计五千零五十卷，装帧精致豪华。

大兴善寺在隋初和唐朝实际起着国寺的作用，藏书数量应为当

---

① 宋敏求撰，辛德勇、郎洁点校：《长安志》卷七《唐京城一》，三秦出版社，2013年，第260页。
② 道宣撰，郭绍林点校：《续高僧传》卷二《译经篇二·隋西京大兴善寺北贤豆沙门阇那崛多传二》，中华书局，2014年，第37页。

时全国各寺院之最。但大兴善寺到底藏书多少，史无明书，不过，我们从隋文帝时根据大兴善寺的藏经编成的目录《大隋众经目录》和《隋仁寿年内典录》中的经书总数可以大致推算出来。《大隋众经目录》收录众经二千二百五十七部、五千三百一十卷，《隋仁寿年内典录》除去有目无本的阙本，实有经书一千六百八十七部、四千三百一十一卷，如果加上未译梵本及已译各经的复本数，大兴善寺藏经的规模可谓宏大。

（二）唐朝

唐朝天下寺院林立，殿堂栉比，库藏盈满，仅京师长安就有寺院一百五十九座，其中唐朝兴建的有八十三座，隋朝旧存未废的有七十六座。寺院占地面积大者，竟为一坊之地。如靖善坊之大兴善寺，"寺殿崇广，为京城之最"，尽一坊之地为之。唐朝著名寺院均富有藏书，在当时是除官府藏书机构之外的民间主要藏书机构。

1.京师大慈恩寺

大慈恩寺位于唐朝长安城晋昌坊（今陕西西安南），是中国佛教唯识宗（又称法相宗、慈恩宗）的祖庭，长安三大译场之一，迄今已有一千三百七十余年的历史。大慈恩寺是唐朝长安城内最著名、最宏丽的佛寺。唐太宗贞观二十二年（648），太子李治为了追念母亲文德皇后长孙氏兴建大慈恩寺，共造十余院，总一千八百九十七间房屋。

大慈恩寺建成之后，玄奘法师负责主持寺务，并在翻经院译经，创立了汉传佛教八大宗派之一的唯识宗，使大慈恩寺成为唯识宗的祖庭。加上大慈恩寺内的大雁塔是由玄奘法师亲自督造的，所以大慈恩寺在中国佛教史上地位突出，一直受到国内外佛教界的重视。玄奘法师于贞观十九年（645）从印度回到长安，时携经论梵本五百二十策、六百五十七部，先至弘福寺，后到大慈恩寺主持寺务，这些经本便被运至大慈恩寺。玄奘法师在大慈恩寺诵读经本，日夜翻译，又造夹纻宝装佛像二百余躯，写一切经十部。永徽三年（652），玄奘法师思虑世事无常，恐经本散失，或毁于火难，于是打算在大慈恩寺端门之阳造石塔一座，安置经像。后因石造难成，改用砖造，地址亦易为西院。塔高五级，塔基呈正方形，内藏一万余粒舍利及三藏经本，此即闻名遐迩的大雁塔。永徽六年（655），中印度沙门那提三藏携至长安的大小乘经律论五百余策、一千五百余部，被安置于大慈恩寺中，很可能就存放于大雁塔内。据此，大雁塔应被看作现存最古老的寺院藏书处所。

2. 京师西明寺

在唐朝所有的藏经寺院中，最著名的当推西明寺。显庆元年（656）秋，于延康坊西南隅濮王故宅（今陕西西安白庙村一带），仿照印度祇园的建筑风格兴建西明寺。西明寺于显庆三年（658）落成，是唐高宗为孝敬太子病愈而立，有十院、四千余间房屋。寺院建成后，玄奘法师曾于此处译经，唐高宗也曾下令在此御造大藏，这部大藏的特点是收录了中国僧人的大量著作。

西明寺经藏建于寺成不久，麟德元年（664），沙门静泰等人所撰《大唐东京大敬爱寺一切经论目序》称西明寺奉敕写经。《大唐大慈恩寺三藏法师传》卷十、《宋高僧传》卷五《唐京师西明寺慧琳传》都曾提及西明寺经藏，称之为"西明寺藏"。这部大藏非常有名，在许多文献中都有记载，著名高僧道宣还为它编过目录，史称《西明寺录》。后来道宣又根据这部经藏，编成了一部著名的佛教目录——《大唐内典录》。

因《西明寺录》亡佚，西明寺这部大藏中所收录经书的数量目前已不可详考，但我们还是可以从相关记载中推测出大致情况。根据西明寺大藏编成的《大唐内典录》卷八《历代众经见入藏录》，由于记录了每部经书在收藏中的排架位置，因此可以作为反映西明寺藏经情况的材料。这部入藏录共收录大小乘经律论及贤圣集传八百部、三千三百六十一卷、五万六千一百七十纸，合装三百二十六帙。然而这并不是西明寺大藏的全部，因为这部入藏录没有收录中国僧人的撰著，而据时人记载，当时中国僧人的撰著有三千余卷。西明寺是唐朝政府扶持的重要藏经处所，理应大量收藏这些撰著。由此可知，西明寺大藏所收录经书的数量总计在五六千卷，但这绝非西明寺藏经的总数，因为西明寺藏经中理应还有大量未被收入大藏的经书复本与中外求法和传法高僧带回来的原文佛经。西明寺丰富的藏经，为当时佛教学术的发展作出了积极贡献，许多僧人包括高僧大德都曾利用西明寺藏经进行翻译、著述等活动，取得了丰硕的成果。西明寺藏经在唐武宗"会昌毁佛"运动后仍然存在，这大概是因为西明寺属于长安特许留存的四座寺院之一，留寺必留经，这从"会昌毁佛"运动之后一些书籍的记载中也可看出。西明寺所藏经书的散亡应该发生在唐末黄巢义军攻入长安之后。

3. 五台山金阁寺

五台山金阁寺建于大历二年（767）。相传沙门道义在开元中至五台山，于楞伽山下遇一老僧，受引入一寺，见大阁三层，上下九间，金碧辉煌。待辞去百步而回顾，唯见山林，寺不复存。道义于大历元年（766）回到长安以后向唐代宗禀奏此事，唐代宗有感于此，敕令于五台山修建金阁寺。日本僧人圆仁在《入唐求法巡礼行记》卷三中云，唐文宗开成五年（840），其在五台山金阁寺内普贤道场中看到了唐代宗大历十四年（779）郑道觉发愿写就的金银字大藏经六千卷。① 此外，唐德宗贞元年间，汾州开元寺无业禅师云游至此，亦曾在金阁寺读大藏经。

4. 庐山东林寺

庐山东林寺在中唐以前是一个非常重要的藏经寺院。庐山东林寺藏书从东晋慧远法师建立经藏起就很有名，至唐中叶已有三四百年的历史。李肇《东林寺经藏碑铭并序》说经藏院为江南西道观察使武阳公韦丹于元和四年（809）建造：

> 初彤公受具于庐山浮槎寺，尝讨大藏，恶其部帙繁乱，将理之不可，遂发私誓，四十余夏，果得志焉。于是搜远近之逸函坠卷，目在辞亡者得之，互文合部者兼之，断品独行者类之，本同名异者存之，以伪乱真者标之。又病前贤编次，不以注疏入藏，非尊师之意，并开元庚午之后，洎德宗神武孝文皇帝之季年，相继新译，大凡七目四千九百余卷，立为别藏，著《杂录》七卷以条贯之，命《开元崇福旧录》，总一万卷，举藏以志函，随函以命轴，微尘句偈，如在常中，然后金口之说流于娑婆者，尽在于兹山也。②

这段文字交代了唐玄宗朝至唐德宗朝新译经本加之旧藏，数量已达一万卷。韦丹主持经藏院，做了许多艰苦的工作，包括搜集经本，校阅卷轴，分类编目，整理上架。他参照《开元崇福旧录》，编制出东林经藏目录，把注疏性质的经本及搜集到的新译经本立为

---

① 圆仁：《入唐求法巡礼行记》卷三，崇文书局，2022年，第104页。
② 李肇：《东林寺经藏碑铭并序》，载董诰等编、孙映逵等点校《全唐文》卷七百二十一，山西教育出版社，2002年，第4374页。

别藏。这一系列从采集到分类、编目、排架的工作,组成了完备的藏书工作程序,与现代图书馆的业务流程几乎无二,标志着东林寺藏书制度已经非常成熟。

元和年间,东林寺藏书发展最盛。据北宋陈舜俞《庐山记》卷一记载,东林寺经藏中经之帙尾有题记曰"贞元十三年写者",这可证明该寺经藏有散落及补写的情况。唐高宗时,有人推测东林寺藏经中已有译经五千余卷、中外僧人的中华撰著三千余卷。东林寺尤以别藏中华撰著称。从唐高宗朝至唐宪宗朝的一百多年间,东林寺的别藏虽然"知事守固,禁掌极牢",然也有损毁。在"会昌毁佛"事件发生时,由于东林寺不在保护、留存范围之内,东林寺的藏书未能摆脱厄运。

5. 敦煌藏书

敦煌是"丝绸之路"的必经之地,地处西北边疆,远离内地,战事较少,社会相对安定。当地的译经多传入关中,内地的经本也流入敦煌。前代的文化典籍在这里得到较好的保存,佛教寺院免遭战火的破坏。敦煌建立佛教寺院的历史可以上溯至西晋初年,东晋时,敦煌开凿石窟藏书,举世闻名的敦煌石窟就是那时开始形成的。虽然寺院在敦煌建立较早,但是寺院经藏受内地经藏制度的影响,直到唐朝才开始出现繁盛的面貌。

敦煌遗书可以说是 20 世纪考古史上最重要的发现之一,敦煌学的研究已经成为一个国际性的课题,经过各国敦煌学者的共同努力,现存敦煌遗书的基本情况已大致明了。现存的敦煌遗书有五六万件,除去一经多部和一部书分裂成多号等情况,文献有五六千种之多,其中佛教文献占 90% 以上,非佛教文献占 10% 以下,大致包括佛教、道教、景教、摩尼教等宗教文书,经、史、子、集等著作,通俗读物,普通经济文书,年谱,家谱,等等。佛教经典中包括大藏经、大藏经之外的单本译经,特别值得一提的是保存了一批中国僧人的著述。自唐朝高僧道宣以后,大藏或不收或略收中国僧人的著作,这是由偏见造成的现象。这种偏见一直影响着历代编藏,导致历代都不重视中国僧人撰写的佛教著作。这就使了解和研究佛教中国化的进程以及中国佛教的发展历史变得困难。此外,佛教经典中还包括天台教典、毗尼藏、禅藏等不同宗派的典籍,通俗宣教文书,疑伪经书以及其他文字的佛教文书等。

敦煌历代有记载的正规寺院有四十余座,通过敦煌遗书中的某些文书及经卷上的题记可知,在盛唐、五代时期有经藏的寺院共十余座,如龙兴寺、灵图寺、报恩寺、金光明寺、三界寺、开元寺、大云寺等,其中龙兴寺与三界寺影响最大。

除上述寺院之外,拥有经藏的寺院还包括北庭龙兴寺,南岳弥陀寺、般若寺,洞庭山福愿寺,青州宁乂寺,庐山浮槎寺,魏州开元寺,宣州新兴寺,吴兴天宁寺,福州报恩寺,海州大云寺,绵州开元寺,莆田灵岩寺,宛陵黄檗寺,以及不知地名的国宁寺、明方寺、方等寺、圣泉寺等。从上文的简单罗列中亦可以看出隋唐五代时期拥有经藏的寺院地域分布范围之广。

在隋唐五代时期还有一种很特殊的现象,即一些文人看到寺院本身具有较强的稳定性,不易受王朝更替及政治斗争的干扰,于是将自己的文集送入寺院,随大藏一起保存。比如,白居易曾将自己编订的文集抄录成册分别寄存到庐山东林寺、洛阳圣善寺等处,借此使自己的诗文藏而不朽。然而,这仅仅是诗人美好的愿望。匡白《江州德化东林寺白氏文集记》记载:"唐之季世,兵火四起,向来之美,殆为煨烬余,则固知东林者其已坠焉。"至于东林寺所藏

《白氏文集》,"询诸老僧,咸曰:'执者事不勤,翦无遗矣'"。① 连人藏都无法不朽,莫说个人文集了。

四、隋唐时期的民间宫观藏书机构

隋唐五代时期的统治者崇尚佛道两教,道教势力发展得很快,同时,道观藏书的质量有了明显的提升。南北朝后,道馆多改称"观",入唐后又改为"宫"。唐朝从开国至中和四年(884),所造宫观有一千九百余所,度道士计一万五千余人。此外,隋唐五代时期还修葺扩充了许多前代所建的道观。这一时期,道教藏书的主要场所依然以宫观为主,道教藏书的特点是关注道教相关著作的收集整理以及在政府支持下的道教经书撰写工作,但是道教藏书在数量上并没有显著增长。这一时期最重要的道教经书整理与撰写工作是由唐玄宗主持的《一切道经音义》的整理与撰写工作,唐玄宗亲自为其作序。这次大规模的道教经书整理与撰写工作,为今后道教藏书事业的发展提供了精本和范本,促进了道教思想的传播。这一时期著名的道教宫观有玄都观、昊天观、太清宫等。

(一)玄都观

玄都观始建于北周时期的汉长安故城内,原名通道观。开皇二年(582),隋文帝将通道观迁徙至大兴城崇业坊内,改名为玄都观,隔朱雀大街与大兴善寺相对。

通道观建于北周武帝建德三年(574),在北周之时就博富藏书。

---

① 匡白:《江州德化东林寺白氏文集记》,载董诰等编、孙映逵等点校《全唐文》卷九百一十九,山西教育出版社,2002年,第5650页。

宋代张君房《云笈七签》卷八十五记载：

> 周武以沙门邪滥，大革其讹。玄教之中，亦令澄汰。而素重于延，仰其道德。又召至京，探其道要。乃诏云台观，精选道士八人，与延共弘玄旨。又敕置通道观，令延校三洞经图，缄藏于观内。延作《珠囊》七卷。凡经传疏论八千三十卷，奏贮于通道观藏。①

北周武帝建德三年（574）距隋文帝开皇二年（582）仅有八年，周灭隋兴，北周静帝宇文阐禅位于隋文帝杨坚，都城并未发生战祸，故通道观藏书应被妥善保存而入隋无恙。及通道观迁至崇业坊并改名为玄都观，其藏书亦当随往。隋初，玄都观承北周通道观研究三教学术之制，集义学道士研讨三教之学，并整理道教教义。这些活动必定与玄都观丰富的藏书有着密切联系。

（二）京师昊天观

昊天观建造于唐贞观初年，《唐会要》卷五十云："昊天观，全一坊地。贞观初，为高宗宅，显庆元年三月二十四日，为太宗追福，遂立为观，以昊天为名，额高宗题。"②唐高宗以名道士尹文操为昊天观观主兼知宗圣观事。尹文操曾奉敕编修《玄元皇帝圣纪》一部，凡十卷，总百十篇，获得唐高宗的赏誉。此外，尹文操在主持昊天观期间，也曾组织人力编撰昊天观观藏的道教经本目录全集。昊天观所藏道教经典被收入《玉纬经目》，该书共著录了昊天

---

① 张君房：《云笈七签》卷八十五《尸解·王延》，载《景印文渊阁四库全书》子部（1061），台湾商务印书馆，1983—1986年，第39页。
② 王溥：《唐会要》卷五十《观》，中华书局，1955年，第869页。

观七千三百卷道教经典藏本。因而，昊天观成为当时重要的宫观藏书机构。

（三）京师太清宫

太清宫建于唐玄宗天宝元年（742）。宋代宋敏求《长安志》卷八云："殿十二间，四柱，前后各两阶，东西各侧阶一。其宫正门曰'琼华'，东门曰'九灵'，西门曰'三清'。御斋院在宫之东，公卿斋院在宫之西，道士杂居其间。"① 太清宫有道藏目录，当存有道藏经本。又，《道藏尊经历代纲目》言："唐文宗太和二年太清宫使奏陈，止见五千三百定数。"② "安史之乱"后，太清宫藏经本能恢复至五千余卷，实属不易。

（四）亳州太清宫

亳州真源县（今河南鹿邑）的太清宫创建甚早，不过具体日期已无法考证。《云笈七签》卷一百一十七记载："亳州真源县太清宫，圣祖老君降生之宅也。""自汉宣、汉桓增修营葺，魏太武、隋文帝别授规模，边韶、薛道衡为碑以纪其事。"③ 据史料记载，鹿邑县在曹魏时尚称谯郡苦县，唐乾封元年（666）改为真源县，隶属安徽亳州。苦县城东有赖乡祠，太清宫在县东十五里，始名老子庙。因此，赖乡祠即老子庙，是太清宫的前身，入唐后曾有修葺，

---

① 宋敏求撰，辛德勇、郎洁点校：《长安志》卷八《唐京城二》，三秦出版社，2013年，第288页。
② 《道藏尊经历代纲目》，载张继禹主编《中华道藏》（第四十九册），华夏出版社，2014年，第119页。
③ 张君房：《云笈七签》卷一百一十七《道教灵验记·宫观·亳州太清宫老君挫贼验》，载《景印文渊阁四库全书》子部（1061），台湾商务印书馆，1983—1986年，第365页。

并先后称为太上老君庙、玄元庙、紫极宫等。《旧唐书·玄宗本纪下》记载，天宝二年（743）九月辛酉，"谯郡紫极宫改为太清宫"①。《茅山志》卷十三记载北宋真宗时，道士朱自英"复思三茅《道藏》缺伪，乃载游濑乡，校雠太清古本"②。据此可知，太清宫在北宋时尚存古本道藏，这些古本道藏应为唐朝修葺太上老君庙时所藏的道教经本，但具体内容已散佚。

（五）江州冲阳观

冲阳观为南北朝梁普通三年（522）刺史邵陵王奉诏建造的道观。南宋谢守灏《混元圣纪》卷九记载唐玄宗天宝七年（748）闰六月丙辰诏曰：

玄宗妙本，实备微言，垂范传学，将弘至化。朕所以发求道之使，远令搜访，因闻政之余，亲加寻阅。既刊讹谬，爰正简编，必有阐扬，以崇劝道。令内出一切道经，宜令崇玄馆即缮写，分送诸道采访使，令管内诸道转写。其官本便留采访至郡，亲劝持诵。③

由上可知，政府推行写经活动，并要求各地宫观收藏经本以广流布，因此江州冲阳观等道内州县主要道观在天宝以后应该都已建立经藏。

---

① 刘昫等：《旧唐书》卷九《玄宗本纪下》，中华书局，2000年，第145页。
② 刘大彬：《茅山志》卷十三《茅山第二十三代上清大洞国师乾元观妙先生幽光显扬之碑并序》，载《续修四库全书》史部（723），上海古籍出版社，1996年，第104页。
③ 谢守灏编：《混元圣纪》卷九，载张继禹主编《中华道藏》（第四十九册），华夏出版社，2014年，第105页。

第五节　隋唐五代时期的书院藏书体系

一、书院藏书体系的兴起

我国书院最早产生于唐朝,是古代读书人进行藏书、读书、讲学、校书、著述等活动的地方。最早的官办书院是唐玄宗于开元六年(718)在京都设置的丽正殿书院,该书院主要用来收藏、整理典籍,后于开元十三年(725)改名为集贤殿书院。《新唐书·艺文志》总序记载:

玄宗命左散骑常侍、昭文馆学士马怀素为修图书使,与右散骑常侍、崇文馆学士褚无量整比。会幸东都,乃就乾元殿东序检校。无量建议:御书以宰相宋璟、苏颋同署,如贞观故事。又借民间异本传录。及还京师,迁书东宫丽正殿,置修书院于著作院。其后大明宫光顺门外、东都明福门外,皆创集贤书院,学士通籍出入。既而太府月给蜀郡麻纸五千番,季给上谷墨三百三十六丸,岁给河间、景城、清河、博平四郡兔千五百皮为笔材。两都各聚书四部,以甲、乙、丙、丁为次,列经、史、子、集四库。其本有正有副,轴带帙签皆异色以别之。①

由上述文字可略知当时书院藏书及校勘图书的情况。

丽正殿书院和集贤殿书院从事校勘、撰写等工作的人员都具备相当高的学术素养,他们的职责和书院的人员构成决定了官办书院主要是藏书、修书的机构。

在唐代,由于社会生产力的发展,以及雕版印刷术的发明和推广,除官办书院外,民间也创办了很多书院。如从《全唐诗》的多首诗题中就可罗列出十一所书院,诗中也多有描述唐代士人在书院读书的情景。这些民间书院大多是读书人读书治学的地方,但其中也有一些书院开展讲学、教授生徒等活动。地方志中也记载了不少作为读书人读书处所的书院,如四川南溪凤翔书院为进士杨发的读书处所,四川巴中丹梯书院为状元张曙的读书处所,广东阳山尊韩书院为韩愈的读书处所,等等。

唐代书院的藏书规模大小不一。集贤殿书院在开元十九年(731)时有藏书八万九千卷,规模宏大,这与它具有皇室图书馆的性质和功能有关。民间书院的藏书量比官办书院少很多,一般为千余卷或数千卷。如江州陈氏义门书院,聚书千卷,并建有藏书楼,族中子弟凡到弱冠之年皆令在此就学,外地游学之士也可以进入书院读书;义门书院还制定了图书管理制度。这些表明书院藏书已由自发阶段发展到了自觉阶段,标志着中国书院藏书制度的初步形成。

唐代比较著名的书院还有湖南衡阳的石鼓书院、江西奉新的华

---

① 欧阳修、宋祁:《新唐书》卷五十七《艺文志一》,中华书局,2000年,第936页。

林书院、江西高安的桂岩书院等。

二、官办书院的设立及其藏书建设

自隋文帝开设科举考试以来，科举及第成为无数文人学子的梦想，从而催生了民间教育机构——书院。但中国古代藏书史上有记载以来最早设立的官办书院则是唐玄宗在中书省所设立的丽正书院，后丽正书院逐步发展，兼具教学、校书、抄书、修书等功能，并改名为集贤书院，最终成为中央王朝学术文化机构。

（一）丽正书院、集贤书院的设立

自汉朝以来，历代统治者均十分重视藏书、校书事业，都设置了专员从事校书、修书工作。曹丕称帝建魏以后，设立秘书监掌管图籍之事，秘书监作为官府藏书的管理机构正式成立。虽然秘书省（监）的隶属机关及名称经历朝历代的更迭不尽相同，但是秘书省（监）及相关部门一直承担着执掌禁中图书秘籍、校对内外府藏书的职责。而随着秘书省（监）在校书、修书等事业中的地位不断上升，有关校书、修书、育人的工作也逐步转移至秘书省（监）之中开展，如北周的麟趾殿既是当时秘书监的所在地，也是文化交流场所。到了唐代，中国社会进入一个空前繁荣强大的时期，文化发达，书籍增多，朝廷仍设秘书省主领图书、著作二事。《唐六典》卷九记载："自汉延熹至今，皆秘书掌图籍。"[①] 虽然唐朝的官府藏书由秘书省主管，但禁中之书，时或有之，除秘书省之外，门下省

---

① 张九龄等撰，李林甫等注：《唐六典》卷九《中书省》，载《景印文渊阁四库全书》史部（595），台湾商务印书馆，1983—1986年，第98页。

的弘文馆、中书省的史馆、东宫的司经局和崇文馆等都有丰富的藏书。这些机构都从事与秘书省类似的整理、校订图书的工作。正是在这种大背景下，中书省在开元年间又新设集贤殿书院，开始投身于整理刊刻古今图书的事业。

集贤殿书院（又称集贤院、集贤书院）的前身是丽正书院（又称丽正修书院、丽正殿书院）。丽正书院的设立源自开元初唐玄宗任命昭文馆学士马怀素为修图书使，令其与崇文馆学士褚无量一起整比四部之书。开元五年（717），唐玄宗巡幸东都洛阳，并将修书处迁移至东都乾元殿，设立乾元殿修书处。开元六年（718），唐玄宗西迁长安，将乾元殿修书处迁移至长安的丽正殿，并将修书院与著作院合二为一。开元十三年（725）四月五日，唐玄宗召集中书门下及礼官学士等大臣商讨封禅之事，赐宴于集仙殿，谈得甚是高兴，称"今与卿等贤才，同宴于此，宜改集仙殿丽正书院为集贤院"，并下诏书，称"仙者捕影之流，朕所不取；贤者济治之具，当务其实"，① 丽正书院遂改名为集贤书院。由于朝廷重视典籍和饱学之士，因此集贤书院的历任院长均由宰相担任，书院内的各种官职也由朝廷任免。朝廷曾先后设置三十多种官职，其中学士是书院的核心，并且依官阶的高低和职责的不同分为学士、直学士、侍讲学士、侍读学士、修书学士等。朝廷对集贤书院中各种官职的权责都有明确规定，并定期对这些官员进行考核。

综上所述，从开元六年到二十八年（718—740），唐朝中央政权用二十二年的时间，完成了集贤书院的建设工作。其后，五代各政权及宋、金、元三代都在中枢机构中设置集贤书院，虽然其或隶

---

① 王溥：《唐会要》卷六十四《史馆下·集贤院》，中华书局，1955年，第1119页。

中书省，或属秘书省，或与诸院并列，地位高低不同，职责也有变化，但其因沿唐制则是显而易见的，可见其影响之深远。

（二）丽正书院、集贤书院的藏书建设

丽正书院、集贤书院作为当时中央王朝弘扬学术、修书治学的机构，其藏书建设活动可以概括为征集民间遗书和管理官府典籍两个方面。

第一，征求天下图书，刊辑古今经籍，是书院的首要任务。丽正书院的成立即源于整比藏书的工作。其后，搜访天下遗书，并对其进行校正刊辑成为集贤书院的重要工作。《旧唐书·文宗本纪下》记载："壬辰，集贤学士裴潾撰《通选》三十卷，以拟昭明太子《文选》。"① 由此可见，集贤书院的主要功能是藏书、修书。当时集贤书院的藏书数量在《唐六典》《唐会要》中都有记载。《唐六典》卷九说道："集贤所写皆御本也。书有四部，一曰甲为经，二曰乙为史，三曰丙为子，四曰丁为集，故分为四库。""四库之书，两京各二本，共二万五千九百六十一卷，皆以益州麻纸写。"②《唐会要》卷六十四则说："天宝三载六月……经库七千七百六卷，史库一万四千八百五十九卷，子库一万六千二百八十七卷，集库一万五千七百二十二卷。从天宝三载至十四载，四库续写书又一万六千八百三十二卷。"③ 由此可见当时集贤书院的藏书规模之巨。

第二，对官府藏书进行整理编录并加以保管，是集贤书院的一

---

① 刘昫等：《旧唐书》卷十七下《文宗本纪下》，中华书局，2000年，第377页。
② 张九龄等撰，李林甫等注：《唐六典》卷九《中书省》，载《景印文渊阁四库全书》史部（595），台湾商务印书馆，1983—1986年，第98页。
③ 王溥：《唐会要》卷六十四《史馆下·集贤院》，中华书局，1955年，第1119页。

项重要工作。因集贤书院藏书甚巨,为妥善保管这些藏书,集贤书院设有知书官等职,并以甲、乙、丙、丁区别经、史、子、集四库之书。各库之书,轴带帙签皆异色,"经库书钿白牙轴、黄带、红牙签,史库书钿青牙轴、缥带、绿牙签,子库书雕紫檀轴、紫带、碧牙签,集库书绿牙轴、朱带、白牙签"①。各库书又分为若干类。比如,甲部经录,其类十一;乙部史录,其类十三;丙部子录,其类十七;丁部集录,其类三。《旧唐书·经籍志下》记载,开元年间整理图书时,"甲乙丙丁四部书各为一库,置知书官八人分掌之"。经、史、子、集四部库书,两京各一本,共十二万五千九百六十卷,"皆以益州麻纸写"②。除此之外,每当储藏书籍时,两个都城各存一套,其本有正有副,且轴带帙签皆异色以别之。

集贤书院采用的异色以别四库之书的方法,是古代图书庋藏制度发展过程中的一个高峰,并为后世所沿用。除对官府藏书进行分类保存之外,集贤书院为进一步集中管理院中藏书,还刊刻藏书印章。集贤书院作为中央政府修书、藏书的机构,在保存历史文化、探索人类文明的历程中发挥着不可替代的作用。

三、民间书院的设立及其藏书建设

早在丽正书院、集贤书院创建之前,唐代民间就已经存在四所由私人创建的书院,即湖南攸县光石山书院、陕西蓝田瀛洲书院、山东临朐李公书院、河北满城张说书院。

---

① 张九龄等撰,李林甫等注:《唐六典》卷九《中书省》,载《景印文渊阁四库全书》史部(595),台湾商务印书馆,1983—1986年,第98页。
② 刘昫等:《旧唐书》卷四十七《经籍志下》,中华书局,2000年,第1403页。

（雍正）《陕西通志》卷二十七记载："瀛洲书院在（蓝田）县治南，唐学士李元通建。明弘治时，知县任文献重修。"据（嘉庆）《清一统志》卷二百三十三及（光绪）《蓝田县志》卷十四记载，李元通为蓝田县（今属陕西）人，在隋朝为鹰扬郎将，归唐后为定州总管。其与刘黑闼作战，兵败被俘，严拒招降，长叹："大丈夫抚方面不能保所守，尚何惕息耶！"刘黑闼是隋末农民军首领，于唐高祖武德四年（621）自称汉东王，兴兵反唐，两年后兵败被杀。据此可知，瀛洲书院的创建时间在唐高祖武德六年（623）之前，比丽正书院、集贤书院早了将近一百年，但具体日期已不可查考。清乾隆年间，时任泾阳知县的唐秉刚在旧址复建瀛洲书院，并修建书斋用于藏书。

（嘉靖）《青州府志》卷九记载："李公书院在（临朐）县西南，唐李靖读书处。一云靖从太宗征阎左，于此阅司马兵法。"在临朐县南一百里处，还有李靖读书台。李靖（571—649），京兆三原（今陕西三原东北）人。有文武才略，精通兵法，曾任隋马邑郡丞。归唐后，随唐高祖、唐太宗南征北战，为大唐的统一立下了汗马功劳，深得唐太宗赏识，官至兵部尚书、尚书右仆射，封卫国公，时称"出将入相"的文武全才。书院既为李靖读书或研制兵书战法之所，其创建时间无论如何也不会晚于贞观二十三年（649），不过与瀛洲书院类似，其具体日期已无法考证。李公书院作为李靖读书学习的处所，其所藏书籍反映了李靖的阅读喜好。

张说书院，又名张相公堂，在永乐县［唐玄宗天宝元年（742）改名为满城县］花阳山中。张说（667—731），洛阳（今属河南）

人。武则天时,"应诏举,对策乙等,授太子校书"①,从此踏入仕途。唐中宗时,任工部侍郎、黄门侍郎等。唐睿宗时,进同中书门下平章事,监修国史。唐玄宗时,任中书令、集贤书院学士,深得圣宠。(弘治)《保定郡志》据宋代滕中《张说相公堂记》,分别在卷十二《山川》、卷十六《寓贤》、卷二十二《古迹》中记述了书院的历史:张说"未遇时,至满城花阳山,因见风景异常,花木翁郁,筑室于此,以为读书之处。后人修葺完好,更名相公堂";张说"过满城,筑书院于花阳山,以为藏修之所,后人名其居曰相公堂";"唐张说肄业于此,书院故址见存"。滕中的生活年代距唐不远,其所记当为信史,虽然文章现已散佚,但书院的基本情况清楚明了。②

因年代久远,唐朝其他的民间书院的情况目前已经无法考证,但是从流传下来的诗文中依稀可见当年的盛况。如韩翃的《题玉真观李泌书院》,卢纶的《同耿拾遗春中题第四郎新修书院》《宴赵氏昆季书院因与会文并率尔投赠》,杨发的《南溪书院》,贾岛的《田将军书院》等诗均是对当时书院和书院生活的描写。当时的地方书院作为一种文化机构,为了发展文教事业,肯定要收藏一定数量的图书。但因年代久远且宣传范围较小,这些书院藏书的具体情况已无法详细考证。

---

① 刘昫等:《旧唐书》卷九十七《张说传》,中华书局,2000年,第2063页。
② 邓洪波:《中国书院史》(增订版),武汉大学出版社,2013年,第2—5页。

第三章

隋唐五代时期的藏书建设

在中国古代四大藏书体系中，官府藏书体系发展时间最久、规模最大且贯穿我国古代藏书事业的始终。这是由于自上古时期开始，文字和文化的持有者一般是国家统治者及其辅佐人员，如巫祝、史官等，他们将君主在治理国家过程中产生的各类文书保存下来并藏于官府，从而形成了最早的官府藏书。可见，文字作为统治阶级掌控社会的工具，是国家思想统治的基础，因而历朝历代统治者无不重视官府藏书建设。征书作为官府藏书建设的重要手段，产生于官府藏书建设的实践过程中，并经历朝历代统治者的修订而进一步传承、发展，最终形成完备的体系。与官府藏书不同，私人藏书多是藏书家个人通过抄写、买卖、交换等方式获得的，获取过程不易，且受个人物力、财力的限制，因此私人藏书的规模、质量均无法与官府藏书相比。但是，私人藏书又是官府藏书、寺观藏书和书院藏书的重要来源，因此，研究私人藏书事业有利于进一步挖掘我国古代藏书建设中关于藏书征集等制度的具体情况。

第一节　官府藏书建设政策

一、购求制度

受魏晋南北朝战乱的影响，隋朝建立之初，官藏典籍受到极大的破坏，《隋书·牛弘传》记载："今御书单本，合一万五千余卷，部帙之间，仍有残缺。比梁之旧目，止有其半。至于阴阳河洛之篇，医方图谱之说，弥复为少。"① 隋文帝从北周政权接管的典籍数量为一万五千余卷，远低于梁武帝时的八万卷。为了尽快恢复官府藏书建设，开皇初，时任秘书监的牛弘奏上《请开献书之路表》，历数自秦以来历朝历代官府藏书的聚散情况，并归纳出官府藏书遭遇的五次劫难；通过对官府藏书建设情况和政权统治情况等的阐述，揭示了官府藏书的重要性，并得出"经邦立政，在于典谟矣。为国之本，莫此攸先"② 的结论。有感于当时官府藏书较之前朝十不存一的状况，隋文帝采纳牛弘在《请开献书之路表》中所提出的建议，下诏"购求遗书于天下"③。《请开献书之路表》一文被《隋

---

① 魏徵：《隋书》卷四十九《牛弘传》，中华书局，2000年，第868—869页。
② 魏徵：《隋书》卷四十九《牛弘传》，中华书局，2000年，第869页。
③ 魏徵：《隋书》卷一《高祖纪上》，中华书局，2000年，第13页。

书·牛弘传》收录，牛弘在奏表中首先指出大力搜集民间藏书、建设官府藏书机构的重要性，即"有国有家者，曷尝不以《诗》《书》而为教，因礼乐而成功也"①；其后提出了藏书搜集应遵照"勒之以天威，引之以微利"②的原则，这一征书原则被隋文帝采纳并完善，成为一项较成熟的制度——购求制度，为后世各朝所沿用。

二、重书政策

自隋文帝设置秘书省执掌官府藏书以来，隋唐两代的统治者都十分重视典籍在经邦治世中所起到的作用，故而都十分注重开展对官府藏书的搜求、整理、保管和利用工作，实行重书政策。唐高祖李渊继承"经邦立政，在于典谟"的思想，在隋大业十三年（617）十一月，"克京城，命主符郎宋公弼收图籍"③，将隋炀帝时西京府库中收藏的部分图籍保留下来。唐高祖武德四年（621），秦王李世民率军东征讨伐隋朝大将军王世充时，"得隋旧书八千余卷"④，但是在将这批藏书运往西京途中发生翻船事故，损失惨重。真正对唐初统治者实行重书政策产生重要影响的是秘书丞令狐德棻，《旧唐书·令狐德棻传》记载："（武德）五年，迁秘书丞……时承丧乱之余，经籍亡逸，德棻奏请购募遗书，重加钱帛，增置楷书，令缮写。数年间，群书略备。"⑤唐高祖采纳了令狐德棻的建议，重视征集藏书，从而促进了官府藏书的恢复，为唐朝官府藏书建设的进一

---

① 魏徵：《隋书》卷四十九《牛弘传》，中华书局，2000年，第867页。
② 魏徵：《隋书》卷四十九《牛弘传》，中华书局，2000年，第869页。
③ 欧阳修、宋祁：《新唐书》卷一《高祖纪》，中华书局，2000年，第4页。
④ 欧阳修、宋祁：《新唐书》卷五十七《艺文志一》，中华书局，2000年，第936页。
⑤ 刘昫等：《旧唐书》卷七十三《令狐德棻传》，中华书局，2000年，第1753页。

步发展奠定了基础。

唐太宗继承前朝重书、征书的传统,当时的学者还对《请开献书之路表》中的重书政策作进一步解读。如魏徵在《隋书·经籍志》总序中曾对统治阶级重视官府藏书建设的重要性进行解读。首先,魏徵将典籍视为具有神妙功能的宝物,认为统治者在国家层面上崇尚典籍、重视典籍,能够"树风声,流显号,美教化,移风俗",充分肯定了典籍对社会的教化功能。其次,魏徵认为统治者在具体为政施德的过程中重视典籍,能够"遭时制宜,质文迭用,应之以通变,通变之以中庸。中庸则可久,通变则可大,其教有适,其用无穷,实仁义之陶钧,诚道德之橐龠也",指出统治者为政施德离不开对典籍的重视和理解。最后,魏徵认为统治者从个人层面出发崇尚典籍,能够使个人"温柔敦厚""疏通知远""广博易良""洁静精微""恭俭庄敬""属辞比事",指出典籍对民众的教化作用。① 总体来看,魏徵从宏观、中观、微观三个角度对统治者重视官府藏书建设的重要性进行了阐述,阐明了典籍"经邦立政"的重要价值,这是对牛弘《请开献书之路表》中有关官府藏书建设理论的进一步细化和深入,对当时唐太宗实行的重书政策产生了深远的影响。唐太宗在位时收购天下藏书,并采取"选五品以上子孙工书者为书手"的措施,组织人员大规模缮写书籍,"藏于内库,以宫人掌之",② 最终形成"群书大备"的局面。

综上所述,经过隋唐两代历任统治者不遗余力地推行重书政策,我国官府藏书的规模急剧扩大。《唐会要》卷三十五记载,"(开元)十九年冬,车驾发京师,集贤院四库书,总八万九千卷,

---

① 魏徵:《隋书》卷三十二《经籍志一》,中华书局,2000年,第613页。
② 欧阳修、宋祁:《新唐书》卷五十七《艺文志一》,中华书局,2000年,第936页。

经库一万三千七百五十二卷,史库二万六千八百二十卷,子库二万一千五百四十八卷,集库一万七千九百六十卷。其中杂有梁、陈、齐、周及隋代古书,贞观、永徽、麟德、乾封、总章、咸亨年奉诏缮写"①之书,这些经过整理之后的单本藏书的总数就已经远超梁武帝时官府藏书的数量了。唐玄宗天宝年间,"库续写又一万六千八百四十三卷"②,官府藏书事业发展到了鼎盛时期。天宝十四年(755),"安史之乱"爆发,唐朝开始由盛转衰,自隋以来历任统治者苦心经营的两京官藏遭到浩劫,"乾元旧籍,亡散殆尽"③。虽然"安史之乱"以后当政的唐肃宗、唐代宗、唐德宗、唐僖宗等统治者均实行了恢复旧藏、重视藏书的政策,但直至唐末仍未能恢复天宝年间官府藏书的盛况。

第二节　官府藏书建设制度

公元581年,北周静帝宇文阐禅位于杨坚,北周灭亡,隋朝建立。由于隋文帝杨坚本是前朝旧臣,隋朝的建立未发生战乱,所以前朝的官府藏书得到了最大程度的保存,为隋朝的官府藏书建设奠定了基础。在官府藏书建设的政策方面,无论是隋朝还是唐朝,统

---

① 王溥:《唐会要》卷三十五《经籍》,中华书局,1955年,第644页。
② 王溥:《唐会要》卷三十五《经籍》,中华书局,1955年,第645页。
③ 刘昫等:《旧唐书》卷四十六《经籍志上》,中华书局,2000年,第1336页。

治者均采取重书政策，努力搜求前朝遗书，广纳民间珍藏，并耗费大量人力、物力、财力组织抄写各类典籍，使得国家库藏日益充盈。因官府藏书的数量不断增加，后期的官府藏书又可分为皇室内藏和官府外藏两种类型，形成了内外分别的局面。此外，在官府征集藏书的过程中逐步形成了完整的官府征书制度。官府征书制度是官府藏书建设的重要制度之一，对其演变进行研究，有利于我们进一步了解古代官府藏书建设的具体手段和方法。

一、藏书建设制度的演变

夏朝作为我国第一个奴隶制王朝，已经建立起了完整的国家机构和政治制度，汉字经过多年的发展在这一时期逐步成熟，史官制度也于这一时期确立，这些都为我国古代藏书事业的萌芽奠定了基础。《墨子·非命下》说："子胡不尚考之乎商、周、虞、夏之记，从十简之篇以尚。"由此可知，在夏朝，人们已经开始"从十简之篇"即以十篇为一卷有序收集整理典籍。到了殷商时期，文字体系进一步完善，典籍数量不断增加。目前我们能够见到的殷商甲骨卜辞就是这一时期国家收藏的文献典籍，现存数量庞大的甲骨文献为这一时期官府藏书事业的繁盛提供了佐证。

夏商之后的周朝是我国古代奴隶制王朝发展的顶峰，在继承夏商二朝收藏典籍的传统的基础上，完善了掌管典籍的史官制度，并正式设立官府藏书处所。通过接收前朝旧藏、接收诸侯国叛臣献书、鼓励史官著述等手段，周王室的藏书数量不断增加。为此，周王室建造了宗庙、天府、藏室、盟府、故府等处所对藏书进行集中保存，并设置大史、小史、天府等官职对官府藏书进行管理。对此，清代学者章学诚曾感叹道:"《周官》之籍富矣。"① 目前我们能够看到的儒家、道家、墨家、杂家、小说家、阴阳家、天文家等类型的著作之中都有属于周王室所收藏的典籍。周亡以后，秦朝一统天下，结束了诸侯分裂割据的局面。秦王室集中归聚前朝和各诸侯国的藏书，使官府藏书的数量大幅增加。此外，秦朝统治期间产生的各种律令、史事记载、皇帝诏令、各地官员的奏章等也极大地丰富了官府藏书。

在汉武帝广开献书之路以前，官府藏书的收集主要依靠两种渠道：一是接收前朝旧藏，二是收集当朝典籍、官府文书。当时几乎不存在民间献书或从民间征书的情况，主要原因有两个：一是当时知识文化被统治阶级垄断，民间很难产生思想文化著作；二是"挟书之律"的颁布严格限制了民间藏书的种类和范围，导致藏书聚集于官府，阻碍了民间藏书的发展。

二、官府征书制度产生的背景

汉朝建立之初，官府藏书寥寥无几，汉高祖刘邦开始有意识地向民间征书以扩充官府藏书。汉惠帝四年（前191），下诏废除"挟书之律"，承认民间藏书的合法化，由此民间藏书的数量不断增加，为官府征书提供了丰富的来源。汉武帝时，为了进一步扩大官府藏书的规模，"置太史公，命天下计书，先上太史，副上丞相，开献书之路"②。由于献书之路的开启，官府藏书事业一度发展到鼎盛。

---

① 章学诚著，叶瑛校注：《文史通义校注》卷六《外篇一·和州志艺文书序例》，中华书局，1985年，第650页。
② 魏徵：《隋书》卷三十二《经籍志一》，中华书局，2000年，第614页。

献书之路的开启是我国古代官府征书制度建立的发端。

西汉时期官府征书制度建立的原因主要有以下三个方面。

首先是官府藏书建设的需要。从当时官府藏书的整体情况来看，秦始皇一统天下结束六国纷争后，将周王室与各诸侯国的藏书收归一处，一时间秦王室的藏书数量骤增。然而秦始皇推行文化专制政策，为了灭绝六国文化及法家以外的诸子学说以加强中央集权，下令"焚书坑儒"。《隋书·经籍志》总序记载："秦政奋豺狼之心，划先代之迹，焚《诗》《书》，坑儒士，以刀笔吏为师，制挟书之令。学者逃难，窜伏山林，或失本经，口以传说。"① 正是焚书政策的实行，使得诸子百家学说遭受重创，民间藏有的大量典籍遭到焚毁。秦末之时农民起义爆发，项羽入关以后火烧秦宫，秦王宫藏典籍付之一炬，致使夏商周三代之法度、先秦圣人之微言皆化为灰烬，官府藏书遭受重创，从而造成了汉朝建立之初"唯有《易》卜，未有它书"② 的局面。因此，为了充实官府藏书，西汉统治者不得不实行征书政策，借助民间藏书来解决前代官府藏书损毁严重的问题。

其次是统治者对官府藏书建设的重视。公元前 206 年，汉高祖刘邦率军攻入咸阳，丞相萧何"尽收秦丞相府图籍文书"③，为西汉官府藏书的建设奠定了基础。待西汉建立，汉高祖刘邦"命萧何次律令，韩信申军法，张苍定章程，叔孙通制礼仪"④，让当时各有专长的大臣制定国家法度，在此过程中促进了相关典籍的聚拢。除此

---

① 魏徵：《隋书》卷三十二《经籍志一》，中华书局，2000 年，第 614 页。
② 班固撰，颜师古注：《汉书》卷三十六《楚元王传》附《刘歆传》，中华书局，2000 年，第 1528 页。
③ 班固撰，颜师古注：《汉书》卷一上《高帝纪上》，中华书局，2000 年，第 17 页。
④ 班固撰，颜师古注：《汉书》卷一下《高帝纪下》，中华书局，2000 年，第 59 页。

之外，汉高祖刘邦命萧何主持建造石渠、天禄、麒麟三座藏书阁，作为固定的官府藏书处所。刘邦重视藏书的思想对继位者产生较大影响，汉文帝、汉景帝、汉成帝等统治者无不重视官府藏书的建设。

最后是民间藏书事业的发展。春秋战国时期，"学在王宫"的局面被打破，越来越多的普通民众可以接受文化教育，从而促使私人藏书产生。秦始皇"焚书坑儒"的政策使得大量学者逃往山林，从而将大量典籍保存于民间。汉初，吸取秦始皇"燔经书，杀儒士，设挟书之法，行是古之罪"[①]导致"秦二世而亡"的教训，统治者改弦更张，实行一系列开明的文化政策鼓励学术发展，如汉高祖开禁私学，汉惠帝下诏废除"挟书之律"等。宽松的文化政策促进了民间学术的发展，从而带动了私人藏书事业的兴盛。丰富的私人藏书为官府征书制度的推行提供了征集对象。此外，宽松的文化政策也使之前因战乱逃往乡野的学者对朝廷产生好感，从而降低了朝廷向民间征集藏书的难度。

总而言之，官府藏书建设的需要、统治者的重视和民间藏书事业的发展这三个方面，共同促使西汉官府开始向民间征集藏书。《汉书·艺文志》记载：

> 汉兴，改秦之败，大收篇籍，广开献书之路。迄孝武世，书缺简脱，礼坏乐崩，圣上喟然而称曰："朕甚闵焉！"于是建藏书之策，置写书之官，下及诸子传说，皆充秘府。至成帝时，以书颇散亡，使谒

---

① 班固撰，颜师古注：《汉书》卷三十六《楚元王传》附《刘歆传》，中华书局，2000年，第1528页。

者陈农求遗书于天下。①

至此官府征书制度正式确立,并为后世王朝所沿用。

三、隋唐以前的献书制度与访书制度

虽然官方记载官府征书制度产生于汉武帝当政时期,但是其实在汉武帝颁布"广开献书之路"的诏令之前,西汉建立之初已经陆续出现各类献书事例。如汉惠帝时"《世本》随之而出",汉文帝时"《诗》始萌牙。天下众书往往颇出,皆诸子传说,犹广立于学官,为置博士"②等记载,均说明在西汉初年已经出现自发的民间献书行为。由于西汉初年几位皇帝的重视和努力,官府藏书的规模不断扩大。为了进一步推行"罢黜百家,独尊儒术"的文化政策,汉武帝对当时"书缺简脱,礼坏乐崩"的官府藏书进行整理,于元朔五年(前124)命丞相公孙弘广开献书之路,大合天下之书。由此官府征书制度正式以国家法令的形式出现并被记录下来。官府征书主要实行以下两种制度。

(一)献书制度

汉代的官府征书制度以献书制度为主,献书制度即指由各封地王侯或平民百姓主动将家中具有收藏价值的藏书无偿呈献给国家的一种官府征书制度。关于这种制度的记载最早可追溯至汉武帝时

---

① 班固撰,颜师古注:《汉书》卷三十《艺文志》,中华书局,2000年,第1351页。
② 班固撰,颜师古注:《汉书》卷三十六《楚元王传》附《刘歆传》,中华书局,2000年,第1528页。

期，汉武帝有感于"书缺简脱，礼坏乐崩"的官府藏书情况，下诏"命天下计书，先上太史，副上丞相，开献书之路"，规定凡是献书，都要先呈送给太史，然后由太史呈交于丞相，最终呈交于皇帝。受汉武帝敕丞相公孙弘"广开献书之路"的影响，一时间从皇亲国戚到平民百姓都纷纷向朝廷献书，如当时孔子的后裔孔安国将孔宅夹壁中的《论语》《古文尚书》《礼记》《孝经》等典籍呈献给国家，音乐家窦公献出了珍藏的《周礼·大司乐》，河间王刘德、淮南王刘安等人都积极向朝廷献书，使官府藏书得到极大的丰富，形成了"百年之间，书积如丘山"[①]的局面。

汉代以后受战乱、迁都等因素的影响，官府藏书毁于一旦。为了恢复官府藏书的规模，魏晋南北朝各代君主均在一定程度上颁布了恢复官府藏书的诏令。这一时期官府藏书的征集制度仍旧以献书制度为主。不过，与汉代不同的是，这一时期的献书主体多为地方诸侯，如西晋愍帝时，凉州刺史张寔"遣督护王该送诸郡贡计，献名马方珍、经史图籍于京师"[②]；南朝宋文帝元嘉十四年（437），北凉王沮渠茂虔向宋奉表献方物，其中包括一批图书，计二十种，合一百五十四卷。[③]以上记载都表明在魏晋南北朝时期，献书是地方诸侯与中央王朝建立统治关系的一种手段，具有明显的政治意味，其政治作用远大于丰富官府藏书的作用。

除了发挥政治作用之外，献书制度最主要的作用是丰富官府藏书。《魏书·李先传》记载，道武帝在迁都平城（今山西大同东北）

---

① 刘歆：《七略》，见《全汉文》卷四十一，载严可均校辑《全上古三代秦汉三国六朝文》（第1册），中华书局，1958年，第351页。
② 房玄龄等：《晋书》卷八十六《张轨传》附《张寔传》，中华书局，2000年，第1485页。
③ 沈约：《宋书》卷九十八《氐胡传》，中华书局，2000年，第1610页。

以后，问当时的博士官李先："天下书籍，凡有几何？朕欲集之，如何可备？"李先曰："陛下诚欲集之，严制天下诸州郡县搜索备送，主之所好，集亦不难。"于是道武帝"班制天下，经籍稍集"。①北齐文宣帝在建国之初注重对官府藏书的建设，如《北齐书·文宣帝纪》记载，天保元年（550），文宣帝下诏："在位王公文武大小，降及民庶，爰至僧徒，或亲奉音旨，或承传傍说，凡可载之文籍，悉宜条录封上。"②北齐后主也致力于向民间征求藏书进行官府藏书建设。魏徵在《隋书·经籍志》总序中曾对北齐、北周的官府藏书建设情况进行总结，其谓："后齐迁邺，颇更搜聚，迄于天统、武平，校写不辍。后周始基关右，外逼强邻，戎马生郊，日不暇给。保定之始，书止八千，后稍加增，方盈万卷。"③

从以上史料记载可以看出，早期的献书制度具有以下三个特点：第一，从献书主体来看，向官府献书的多是门阀贵族或地方诸侯，因此这种献书行为往往带有政治意味，是统治者展示统治能力的重要手段，而非单纯的官府征集藏书行为。第二，从献书内容来看，所献典籍多是在秦始皇"焚书坑儒"事件中遭到集中焚毁的诸子百家学说，容易产生书籍内容重复的问题。第三，从献书数量来看，数量庞大，往往以百卷计，对于补充官府藏书具有积极意义。整体看来，汉代以来官府征书活动中实行的献书制度存在献书群体集中、书目种类少、群众积极性差的问题。

---

① 魏收：《魏书》卷三十三《李先传》，中华书局，2000年，第532页。
② 李百药：《北齐书》卷四《文宣帝纪》，中华书局，2000年，第36页。
③ 魏徵：《隋书》卷三十二《经籍志一》，中华书局，2000年，第616页。

（二）访书制度

在献书制度下，献书的内容和选题都是由献书者决定的，容易造成所献图书的内容与原有官府藏书的内容重复的现象，缺乏针对性。为了提高官府藏书的质量，解决专题性藏书不足的问题，在献书制度之外，还有一种官府藏书机构主动向民间征集典籍的制度——访书制度。访书制度是根据官府藏书建设的需要，有针对性地向民间采访、征求图书的一种官府征书制度。汉成帝"以书颇散亡，使谒者陈农求遗书于天下"，以及东汉开国皇帝光武帝刘秀为了恢复官府藏书，"采求阙文，补缀漏逸"[1]等，都是关于访书制度的记载。这一时期的访书方式为朝廷派遣访书使者前往分散于全国各地的名家大儒处，访求汉代以前历经战火分散在各处的学术经典。到了魏晋南北朝时期，访书制度仍旧是官府藏书征集的重要手段之一，如东晋时期后赵的统治者石虎在建武九年（343）"遣国子博士诣洛阳写石经"[2]藏于秘阁；南朝梁武帝萧衍在称帝后不久，即接受秘书丞王泰的建议向民间访书，要求"便宜选陈农之才，采河间之阙。怀铅握素，汗简杀青，依秘阁旧录，速加缮写"[3]；北魏孝文帝任命薛昙宝为使臣"采遗书于天下"[4]；等等。

除上述针对民间开展的访书活动之外，访书的范围还扩展到其他国家。如为了增加官府藏书中佛教藏书的数量，东汉明帝遣郎中

---

[1] 范晔撰，李贤等注：《后汉书》卷七十九上《儒林列传》，中华书局，2000年，第1717页。
[2] 房玄龄等：《晋书》卷一百六《石季龙载记上》，中华书局，2000年，第1854页。
[3] 任昉：《为梁武帝集坟籍令》，见《全梁文》卷四十二，载严可均校辑《全上古三代秦汉三国六朝文》，中华书局，1958年，第3192页。
[4] 魏收：《魏书》卷四十四《薛野䐗传》附《薛昙宝传》，中华书局，2000年，第675页。

蔡愔、博士弟子秦景等出使天竺访求佛教典籍，卒得佛经《四十二章》及释迦立像。① 这是我国历史上第一次在国家层面上开展的出国访求图书的活动，目的是弥补官府藏书在某些专题方面的不足。此外，南北朝时期各个政权分立，国家之间的访书活动层出不穷。如元嘉三年（426），北凉统治者沮渠蒙逊派遣世子兴国前往南朝宋索书，在宋文帝提供了《周易》及子集诸书共四百七十五卷后，沮渠蒙逊又向时任司徒的王弘求取了《搜神记》。

综上所述，访书制度是用来补充官府藏书的一种重要手段。早期的访书制度具有以下三个特征：第一，从访书的对象看，访书制度下官府访书的对象不再局限于门阀世家和地方诸侯，也包括普通民众和地方学者，这使典籍的种类有所增加。第二，从官府藏书建设的需求看，与献书制度下进献的图书缺乏针对性相比，访书制度可以根据官府藏书建设的需要和图书种类的缺失向民间进行针对性的访求。第三，从经济效益看，与献书制度相比，访书制度耗费的人力、物力、财力更大，访求的难度也较大，而访得的图书数量却较少。

四、隋唐五代时期确立的购求制度

在隋朝以前，官府征书制度一直以献书制度和访书制度为主，两者互为补充，各有利弊。如牛弘在《请开献书之路表》中曾分别对献书制度和访书制度的弊端进行简述，他认为献书制度的弊端是"纵有知者，多怀吝惜"，访书制度的弊端则是"士民殷杂，求访难

---

① 魏收：《魏书》卷一百一十四《释老志》，中华书局，2000 年，第 2011 页。

知"。从献书制度下民众献书的情绪不高,以及访书制度下求访难度大的状况出发,牛弘提出"必须勒之以天威,引之以微利。若猥发明诏,兼开购赏,则异典必臻,观阁斯积,重道之风,超于前世,不亦善乎!"①的观点,建议隋文帝诏令在全国范围内购求藏书来进行官府藏书建设。

（一）购求制度的产生

有关官府征书采用购求方式的记载最早可以追溯至汉代,王充在《论衡》卷二十中说道:"孝明世好文人,并征兰台之官,文雄会聚。今上即令,诏求亡失,购募以金。"②汉章帝重金购求图书的措施开政府以购求形式征集民间藏书的先例,并为后世所沿用。如北魏孝文帝迁都洛阳后,于太和十九年（495）六月颁布诏令:"求天下遗书,秘阁所无、有裨益时用者加以优赏。"③北魏宣武帝于永平三年（510）"诏重求遗书于天下"④。此外,在魏晋南北朝时期,购求政策有了进一步的发展,朝廷购求典籍的奖赏不再局限于授予献书者金帛,也开始授予官职,如《魏书·江式传》记载江式祖父江强"献经史诸子千余卷,由是擢拜中书博士"⑤。虽然自汉代开展官府征书活动以来,利用重金购求图书的事例屡见不鲜,但是从整体来看,献书制度和访书制度仍旧是官府征集藏书的两种主要手段。官府购求图书没有固定的标准,其内核仍旧是献书制度。

---

① 魏徵:《隋书》卷四十九《牛弘传》,中华书局,2000年,第869页。
② 王充撰,陈蒲清点校:《论衡》卷二十《佚文》,岳麓书社,2006年,第264页。
③ 魏收:《魏书》卷七下《高祖纪下》,中华书局,2000年,第120页。
④ 魏收:《魏书》卷八《世宗纪》,中华书局,2000年,第141页。
⑤ 魏收:《魏书》卷九十一《术艺传·江式传》,中华书局,2000年,第1328页。

（二）购求制度的确立

历经魏晋南北朝三百余年的分裂动荡，至隋朝时官府藏书十不存一。为了巩固统治、宣扬文教，隋文帝采纳秘书监牛弘在《请开献书之路表》中提出的建议，在全国范围内开展征书活动，通过献书、访书、购求等方式来丰富官府藏书，官府征书制度的第三种类型——购求制度正式确立。与献书制度和访书制度不同，购求制度的核心是朝廷以一定的标准向民间购求藏书，它是对献书制度和访书制度的进一步发展。购求制度的实行既解决了献书制度下群众自主性不高的问题，又减少了访求制度下人力、物力、财力资源的浪费。自隋朝以法令的形式将购求制度确立以来，购求制度作为官府征书的主要制度为后世王朝所沿用。

购求制度下的官府征书活动具有以下两个特点。

第一，具有明确的奖惩标准。虽然官府征书采用购求方式最早出现于汉章帝时期，并为后世王朝所沿袭，但是其本质是对民间献书行为的奖励，其核心仍旧是献书制度。到了隋朝，朝廷购求图书有了明确的标准，开皇三年（583），隋文帝下诏按照"每书一卷，赏绢一匹"的标准向民间征集藏书。

第二，保证私人藏书的合法性。隋朝以前，无论是实行献书制度还是访书制度，官府征书都是将征集来的图书作为官府藏书进行藏用。但是隋文帝推行的"每书一卷，赏绢一匹"的购求制度则是在购买的基础上开展官府藏书建设。这种以固定价格征求藏书的行为变相承认了私人藏书的合法性，既保证了民间私人藏书家的利益，也促进了私人藏书事业的良好发展。此外，对于从民间购求而来的书籍，隋朝官府也并非全部没入禁宫，而是"校写既定，本即归主"，即官府对图书进行校订抄写后还会将原书归还个人。这种保护私人藏书的行为也极大地激发了民间献书的热情。隋文帝下诏购求图书后的"一二年间，篇籍稍备"。

综上所述，牛弘在《请开献书之路表》中提出的官府征书购求制度是对隋朝以前的献书制度和访书制度的继承与发展，依据有以下三点：第一，从藏书来源看，无论是献书制度、访书制度还是购求制度，均是从民间搜集图书，民间私人藏书是官府征书的主要对象。第二，从献书者的积极性看，无论是献书制度还是访书制度，都要求民间图书的持有者将其藏书无偿捐献给朝廷，而购求制度则是根据所献图书的珍贵程度给予献书者一定的酬劳，提高了献书者献书的积极性。第三，从制度层面看，隋朝建立的图书购求制度从国家法令的层面上保证了图书私有的合法性。与前朝的官府征书活动不同，隋朝官府通过购求的方式将民间藏书征集到中央进行校订缮写，之后仍将旧本归还原主。这种"勒之以天威，引之以微利"的购求措施，将权力的强制性与购求的利益性相结合，提高了群众献书的积极性，使官府藏书建设取得了极大成就，对后世官府征书活动也产生了积极影响。

五、购求制度在后世的发展

购求制度在隋朝确立以后，后世王朝在征集典籍的过程中所实行的购求制度均是在此基础上的进一步发展。《唐会要》卷三十五记载，唐高祖武德五年（622），"秘书监令狐德棻奏，今乘丧乱之余，经籍亡逸，请购募遗书，重加钱帛，增置楷书，专令缮写。数年间，群书毕备。至贞观二年，秘书监魏徵，以丧乱之后，典章纷杂，奏引学者，校定四部书。数年之间，秘府粲然毕备"①。此处的"购募遗书，重加钱帛"正是对隋朝购求制度的继承。《五代会要》卷十八记载，赵莹奏称"自李朝丧乱，迨五十年，四海沸腾，两都沦覆，今之书府，百无二三……今据史馆所阙唐书实录，请下敕命购求"②，《旧五代史·王都传》说"梁国初平，令人广将金帛收市，以得为务，不责贵贱，书至三万卷"③，这些都是对五代十国时期朝廷利用购求制度进行官府藏书建设的记载。从中可以看出，自官府征书购求制度正式确立以来，后世各朝统治者仍旧以牛弘"引之以微利"的思想为基础，利用购求制度开展官府征书活动，并对购求制度进行完善。隋朝之后各朝实行的购求制度具体发生了以下几个方面的变化。

（一）提高购求标准

隋文帝时，官府征书采用"每书一卷，赏绢一匹"的购求标准。后世各朝官府在购求图书的过程中对此标准作了一些改动，如五代十国时期出现了"赐之金帛"和"授以官秩"相结合的奖励措施。《文献通考》卷一百七十四记载，后汉隐帝乾祐中，"礼部郎司徒诩请开献书之路。凡儒学之士，衣冠旧族，有以三馆亡书来上者，计其卷帙，赐之金帛。数多者，授以官秩"④。这种"赐之金

---

① 王溥：《唐会要》卷三十五《经籍》，中华书局，1955年，第643页。
② 王溥：《五代会要》卷十八《前代史》，载《景印文渊阁四库全书》史部（607），台湾商务印书馆，1983—1986年，第608页。
③ 薛居正等：《旧五代史》卷五十四《唐书三十·王处直传》附《王都传》，中华书局，2000年，第508页。
④ 马端临著，上海师范大学古籍研究所、华东师范大学古籍研究所点校：《文献通考》卷一百七十四《经籍考一》，中华书局，2011年，第5203页。

帛"和"授以官秩"相结合的奖励措施为后世所沿用。如宋太祖于乾德四年（966）闰八月"诏购亡书。凡进书者，先令史馆点检，须是馆中所阙即与收纳，仍送翰林学士院引试，验问吏理，堪任职官者，官得具名以闻"①。又如宋真宗咸平四年（1001）十月二十七日，诏"中外士庶有收得三馆所少书籍，每纳到一卷给千钱……如及三百卷已上，量材试问，与出身酬奖"②。为了进一步规范管理民间献书行为，宋朝还对购求标准进行了多次修订，以制度化的方式进一步完善购求标准。如《续资治通鉴》卷一百二十七记载，绍兴十六年（1146）"壬辰，提举秘书省秦熺奉诏立定献书赏格，诏镂板行下：应有官人献秘阁阙书善本及二千卷，与转官，士人免解，余比类增减推赏，愿给直者听。诸路监司守臣访求晋、唐真迹及善本书籍准此"③。根据献书的质量和数量确定献书者"赏格"和"升秩"的标准，这是对购求制度进一步实行制度化和规范化管理。

除授予官职之外，奖励的金额也在不断增加。南唐刘崇远《金华子杂编》卷上记载，南唐烈祖高皇帝"初收金陵，首兴遗教。悬金为购坟典，职吏而写史籍。闻有藏书者，虽寒贱必优辞以假之；或有赍献者，虽浅近必丰厚以答之。时有以学王右军书一轴来献，因偿十余万，缯帛副焉"④。当时官府购求藏书耗费之巨由此可见一斑。

总而言之，自隋朝以后各朝实行的官府征书制度均是在购求制度的基础上加以调整，其本质仍旧是以"勒之以天威，引之以微

---

① 徐松辑，苗书梅等点校：《宋会要辑稿·崇儒》，河南大学出版社，2001年，第232页。
② 徐松辑，苗书梅等点校：《宋会要辑稿·崇儒》，河南大学出版社，2001年，第236页。
③ 毕沅：《续资治通鉴》（第2册），岳麓书社，1992年，第730页。
④ 刘崇远撰，周广业原注，李如冰校注：《金华子杂编》卷上，山东人民出版社，2018年，第164页。

利"为原则。

（二）重视版本形态

隋唐以后，各王朝在进行官府藏书建设时开始注重访求古籍善本。经过五代十国战乱的洗礼，唐朝善本的数量急剧减少，宋高宗在访求图书时就开始有意识地"访求晋、唐真迹及善本书籍"。明清时期，前朝的古籍善本成为官府征书的主要对象。余继登《皇明典故纪闻》卷六记载，永乐初，明成祖"于视朝之暇，辄御便殿阅书史，或召翰林儒臣讲论。尝问：'文渊阁经史子集皆备否？'学士解缙对曰：'经史粗备，子集尚多阙。'成祖曰：'士人家稍有余资，皆欲积书，况于朝廷可阙乎？'遂召礼部尚书郑赐，令择通知典籍者四出购求遗书，且曰：'书籍不可较价直，惟求所欲与之，庶奇书可得'"①。其中"不可较价直""庶奇书可得"的说法，表明当时官府征书的主要对象为珍贵的古籍善本，尤其是宋元旧钞。

受前朝影响，清代仍旧重视对古籍善本的收集，如据《康熙起居注》记载，康熙二十五年（1686），清圣祖康熙帝对身边的大学士说："学问无穷，需博极群书，悉心研究，始能淹贯。但考据源流，探索义蕴，必广搜秘书，以备翻阅，庶于学问有益。朕思通都大邑，野乘名山，必有藏编善本。"②于是，清圣祖谕礼部翰林院："今宜广为访辑，凡经史子集，除寻常刻本外，其有藏书秘录，作何给值采集，及借本抄写等事，尔部院会同详议具奏。务令搜罗罔轶以副朕稽古崇文之至意。"③《国朝宫史续编》卷七十九记载，乾

---

① 余继登辑：《皇明典故纪闻》卷六，书目文献出版社，1995年，第363—364页。
② 王元冬：《清代前期清廷访书征书政策考述》，《传承》2012年第24期。
③ 蒋良骐：《东华录》卷十三，广西人民出版社，2001年，第163页。

降帝曾感叹宋版《汉书》"每一翻阅，楮墨犹香，古今至宝，真有神物护持耶"①。这种注重收藏古籍善本的观念不仅影响了宋代以后各朝的官府藏书建设，而且对清代私人藏书建设的影响极为深远。"清代的藏书家普遍有搜藏善本的嗜好，遇宋雕元椠，往往不惜一掷千金，必得之而后快。如黄丕烈自号'佞宋主人'，陆心源名其藏书楼为'皕宋楼'。"②

（三）明确征书品类

随着购求制度的延续和发展，官府征书的文献类型和品种也在不断细化。官府征书的目的是拾遗补阙，主要是补充官府"遗书"，这种"遗书"被明确为散佚于民间、不为官府所收藏的典籍。受这种拾遗补阙思想的影响，隋唐以后各朝更加明确了官府征书的品类。如《续资治通鉴》卷四记载，乾德四年（966），宋太祖诏令"凡吏民有以书籍来献者，令史馆视其篇目，馆中所无则收之"③。也就是说，当时官府征书的目的是对官府藏书进行查缺补漏，其着眼点是官府藏书的完备性。之后宋朝的历任统治者在官府征书过程中均开始有意注重对文献种类的甄别，如宋真宗咸平四年（1001）诏"令史馆抄出所少书籍名目，于待漏院张挂，及遣牒诸路转运司，严行告示"④。官府征书立足官府藏书的状况，其核心目的是广罗天下典籍，使官府藏书无所缺佚。

---

① 庆桂等编纂，左步青校点：《国朝宫史续编》卷七十九《书籍五》，北京古籍出版社，1994年，第746页。
② 韩永进主编：《中国图书馆史（古代藏书卷）》，国家图书馆出版社，2017年，第465页。
③ 毕沅：《续资治通鉴》（第1册），岳麓书社，1992年，第49页。
④ 徐松辑，苗书梅等点校：《宋会要辑稿·崇儒》，河南大学出版社，2001年，第236页。

这种拾遗补阙的征书思想到了清朝更为明显，清朝统治者入主中原后，为了更好地对汉族进行统治，更加注重对可以为施政提供参考和借鉴的汉文典籍进行收集和翻译，如清代官府搜访的文献主要是被翻译为满文的汉文典籍。这一时期官府征书的品类主要围绕文献具有的政治价值而展开，根据文献典籍所具有的不同的政治功能将典籍划分为不同的等级，并针对不同等级的典籍采用不同的方式和手段进行征集。至乾嘉盛世，官府藏书日臻完备，当时官府征书的目标更为明晰，即包罗天下文献，对官府藏书拾遗补阙。乾隆三十七年（1772）正月初四日诏曰："今内府藏书，插架不为不富。然古今来著作之手，无虑数千百家，或逸在名山，未登柱史，正宜及时采集，汇送京师，以彰千古同文之盛，其令直省督抚会同学政等，通饬所属，加意购访。"[1] 在查缺补漏的征书思想的指导下，从官府藏书的实际情况出发，开展有针对性的征书活动，是官府征书制度在宋元以后进一步完善的表现。

（四）注重"寓禁于征"

牛弘在《请开献书之路表》中提出"经邦立政，在于典谟矣"，即官府征书的主要目的在于"经邦立政"。到了清代，官府征书活动又具有了另外一层色彩，即"寓禁于征"，借由征书来实行禁书之策，加强对民间的思想控制。清朝统治者深惧明代遗老和汉族学子存有恢复汉家统治的心理，所以借由征书来维护专制统治，监察民间舆情。这种夹杂禁书目的的征书活动的典型代表是《四库全书》的征书活动。

---

[1] 永瑢等：《四库全书总目》卷首，中华书局，1965年，第1页。

《四库全书》编纂团队将征集来的文献划分为应刻、应抄、存目、禁毁四大类,对于禁毁书目,四库馆臣曾提出《查办违碍书籍条款》九则,并专门编制了《禁书总目》进行审核。对于查缴禁书,乾隆三十九年(1774)八月上谕:"其间毁誉任意,传闻异辞,必有抵触本朝之处,正当及此一番查办,尽行销毁,杜遏邪言。"①因此,当万余种图书自民间被征集至翰林院以后,乾隆帝屡次下旨令各地官府把查缴禁书放在访求遗书的首位。对于当时查缴禁书的情况,清末著名学者章炳麟在《哀焚书》一文中曾说道:

满洲乾隆三十九年,既开四库馆,下诏求书。命有触忌讳者,毁之。……初下诏时,切齿于明季野史。其后四库馆议,虽宋人言辽、金、元,明人言元,其议论偏谬尤甚者。一切议毁。……至于晚明,将相献臣所著,靡有孑遗矣。其他遗闻轶事,皆逋臣所录,非得于口耳传述,而被焚毁者,不可胜数也。②

由此可见,清朝的官府征书工作已经变成统治者强化皇权的手段之一,清政府借征书之事行禁书之实的做法使清代以前各朝的名家真本又一次遭受重创。对此,陈登原在其著作《古今典籍聚散考》中评价道:"摧毁至斯,秦皇之虐,当不过之!"③

自文字产生起至今,中国典籍历经了数千年的沧桑横流,它们命运各异,聚散流转各不相同。纵观中国古代官府征书制度发展的

---

① 陈登原著,陈克艰重新标点:《国史旧闻》(第三分册),辽宁教育出版社,2000年,第463页。
② 陈登原:《古今典籍聚散考》,商务印书馆,1936年,第105—106页。
③ 陈登原:《古今典籍聚散考》,商务印书馆,1936年,第106页。

全过程，官府征书的行为往往伴随着政权的稳定而产生，各类典籍因国家的昌盛而聚集，又因王权的覆灭而流散。官府征书行为产生的原因主要包括三个方面：一是为了维护政治统治，二是统治者的个人喜好，三是国家修书的需要。无论何种原因，官府征书行为都在一定程度上推动了官府藏书事业的发展与兴盛，对文化传承与发展具有积极意义。

第三节　私人藏书体系的藏书建设

隋唐五代时期是写本成熟的时期，也是雕版印刷术发明、改进和推广的时期，由于纸、墨、笔、板材等制书必需品的极大丰富，以及印刷书籍的便捷，图书数量急剧增加，私人藏书也随之迅速发展。而官私教育体系的逐渐完善、科举制度的实行，极大地调动了民间士人读书应试的积极性，稍有文化的家庭都会想尽一切办法聚书、藏书，以备苦读应试，求取功名。上述种种因素使得这一时期藏书家的人数快速增加。这一时期的私人藏书主要通过以下四种途径获得。

一、私人购买

隋唐五代时期，私人藏书的第一个获取途径是购买。隋唐时期,贩书业较以前更为发达,不仅大城市如长安、洛阳等地有专门鬻书者,一些乡村也存在图书买卖活动。由此可知,在当时图书买卖已经成为一种极为普遍的现象。《旧唐书·陇西王博乂传》曾记载唐高祖对其侄儿所说的一段话:"先王坟典,不闻习学。今赐绢二百匹,可各买经史习读,务为善事"①,可见科举考试推动了与之相关的图书买卖活动。

除官方组织的图书买卖兴隆之外,民间的图书买卖也得到了一定的发展,《新唐书》《册府元龟》《柳氏家训》等对此都有记载。例如,《册府元龟》卷一百六十说:"剑南两川及淮南道,皆以版印历日鬻于市。"②也就是说,除了当时的政治中心长安、洛阳等地,在远离政治中心的川蜀等地也出现了图书买卖活动。唐代有许多诗人通过写诗来描述当时图书买卖的盛况,如许浑《寄殷尧藩》云"宅从栽竹贵,家为买书贫"③,吕温《上官昭容书楼歌》云"君不见洛阳南市卖书肆,有人买得研神记"④,王建《赠崔礼驸马》云"金埒减添栽药地,玉鞭平与卖书人"⑤,张籍《送杨少尹赴凤翔》云"得钱只了还书铺,借宅常时事药栏"⑥。当时图书售卖主体多

---

① 刘昫等:《旧唐书》卷六十《陇西王博乂传》,中华书局,2000年,第1591页。
② 王若钦等:《册府元龟》卷一百六十《帝王部·革弊第二》,载《景印文渊阁四库全书》子部(904),台湾商务印书馆,1983—1986年,第786页。
③ 许浑:《寄殷尧藩》,载陈贻焮主编《增订注释〈全唐诗〉》(第三册),文化艺术出版社,2001年,第1348页。
④ 吕温:《上官昭容书楼歌》,载陈贻焮主编《增订注释〈全唐诗〉》(第二册),文化艺术出版社,2001年,第1741页。
⑤ 王建:《赠崔礼驸马》,载陈贻焮主编《增订注释〈全唐诗〉》(第二册),文化艺术出版社,2001年,第1032页。
⑥ 张籍:《送杨少尹赴凤翔》,载陈贻焮主编《增订注释〈全唐诗〉》(第二册),文化艺术出版社,2001年,第1897页。

样,既有书肆,也有行商。

购买是藏书家藏书的主要来源之一,是最普遍、最直接的方式。如隋朝姚察,其父"每得供赐,皆回给察兄弟,为游学之资,察并用聚蓄图书"①;唐朝王涯"家书数万卷,侔于秘府。前代法书名画,人所保惜者,以厚货致之"②,杜暹"清俸买来手自校,子孙读之知圣道,鬻及借人为不孝",杜荀鹤"卖却屋边三亩地,添成窗下一床书"③;五代后唐王都"好聚图书,自常山始破,梁国初平,令人广将金帛收市,以得为务,不责贵贱,书至三万卷,名画乐器各数百,皆四方之精妙者,萃于其府"④。有许多私人藏书家,文献虽未记载其藏书来源,但可以推知,他们主要是靠持续购买、日积月累而拥有大量藏书的。

二、抄录图书

抄录是隋唐五代时期私人藏书家藏书的另一主要来源,这里的抄录包括自己抄写和花钱雇人抄写。这一时期,手抄笔录仍然是生产和复制图书的主要方法。魏晋南北朝时期形成的佣书业,此时还在书籍市场上活跃着、发展着,书佣、书手们仍然依靠抄书赚钱,维持生计。例如,南朝陈灭亡,沈光居于长安,"甚贫窭,父兄并

---

① 姚思廉:《陈书》卷二十七《姚察传》,中华书局,2000年,第242页。
② 刘昫等:《旧唐书》卷一百六十九《王涯传》,中华书局,2000年,第2999—3000页。
③ 杜荀鹤:《书斋即事》,载陈贻焮主编《增订注释〈全唐诗〉》(第四册),文化艺术出版社,2001年,第1239页。
④ 薛居正等:《旧五代史》卷五十四《唐书三十·王都传》,中华书局,2000年,第508页。

以佣书为事"①；虞世基于南朝陈灭亡后归隋，"为通直郎，直内史省。贫无产业，每佣书养亲"②；萧铣祖父萧岩，"隋开皇初叛隋降于陈，陈亡，为文帝所诛。铣少孤贫，佣书自给，事母以孝闻。炀帝时，以外戚擢授罗川令"③；武则天时期，王绍宗"家贫，常佣力写佛经以自给，每月自支钱足即止，虽高价盈倍，亦即拒之"④；神龙初，王琚"年二十余，尝谒驸马王同皎，同皎甚器之，益欢洽。言及刺武三思事，琚义而许之，与周璟、张仲之为忘年之友。及同皎败，琚恐为吏所捕，变姓名诣于江都，佣书于富商家"⑤。唐诗中也时时提及佣书之事，如窦群《初入谏司喜家室至》云"不知笔砚缘封事，犹问佣书日几行"⑥，许浑《宣城赠萧兵曹》云"赊酒不辞病，佣书非为贫"⑦。

佣书业在这一时期的繁盛也与雕版印刷术的普及程度较差有关，早期使用雕版印刷术的书籍只是一些历书、相书、占卜书和佛经之类的读物，质量较差，士大夫们不愿接受这种新的图书生产方式，认为写本比刻本精美漂亮，所以唐朝时人们依然使用传统方法生产和复制书籍。

除了雇佣书手抄写图书增加藏书，部分藏书家还自己抄写典籍来丰富私藏。如唐朝李延寿，"既家有旧本，思欲追终先志，其齐、

---

① 魏徵：《隋书》卷六十四《沈光传》，中华书局，2000年，第1015页。
② 魏徵：《隋书》卷六十七《虞世基传》，中华书局，2000年，第1057页。
③ 刘昫等：《旧唐书》卷五十六《萧铣传》，中华书局，2000年，第1527页。
④ 刘昫等：《旧唐书》卷一百八十九下《王绍宗传》，中华书局，2000年，第3376页。
⑤ 刘昫等：《旧唐书》卷一百六《王琚传》，中华书局，2000年，第2202页。
⑥ 窦群：《初入谏司喜家室至》，载陈贻焮主编《增订注释〈全唐诗〉》（第二册），文化艺术出版社，2001年，第746页。
⑦ 许浑：《宣城赠萧兵曹》，载陈贻焮主编《增订注释〈全唐诗〉》（第三册），文化艺术出版社，2001年，第1314页。

梁、陈五代旧事所未见，因于编缉之暇，昼夜抄录之"。又如著名藏书家柳仲郢，曾经抄录魏晋南北朝以来的"九经""三史"等史学书籍，共三十余卷，并将这些书籍装订到一起，命名为"柳氏自备"。除了关注史学著作以外，柳仲郢也善于抄写佛道两教经典著作，《旧唐书·柳仲郢传》称赞其抄写的著作"小楷精谨，无一字肆笔"[1]。陆龟蒙的藏书中有一部分源自自己手抄，《新唐书·陆龟蒙传》记载，其"得书熟诵乃录，雠比勤勤"[2]。刘应道"所受官俸，悉缮写经书"[3]。由此可见，在隋唐五代时期，抄书已经成为读书人之间风行的雅事，也是藏书家藏书的主要来源之一。

三、藏书继承

有些藏书家的藏书是从祖父辈那里继承下来的，如李敬族"家有旧书，学又精博"[4]，刘智海"家素多坟籍"，张文诩父张琚"有书数千卷，教训子侄，皆以明经自达"[5]，王方庆"家多书籍"，韦述"家聚书二万卷"，张弘靖"家聚书画，侔秘府"。在我国古代的家族中，书籍是一笔宝贵的财富，它有着特殊的意义。

---

[1] 刘昫等：《旧唐书》卷一百六十五《柳公绰传》附《柳仲郢传》，中华书局，2000年，第2934页。

[2] 欧阳修、宋祁：《新唐书》卷一百九十六《隐逸传·陆龟蒙传》，中华书局，2000年，第4311页。

[3] 刘献臣、刘祎之：《大唐故秘书少监刘府君（应道）墓志铭并序》，载吴钢主编《全唐文补遗》（第三辑），三秦出版社，1996年，第21页。

[4] 李德林：《李敬族墓志》，载韩理洲辑校编年《全隋文补遗》卷一，三秦出版社，2004年，第16页。

[5] 魏徵：《隋书》卷七十七《隐逸传·张文诩传》，中华书局，2000年，第1183页。

四、藏书颁赏

自汉代以来，臣民若因建立功勋、写出佳作美文、有善行美誉、技艺超群等得到皇帝赏识，则会被赐予一些书籍，以褒奖他们的功绩、才艺。这在当时是非常荣耀的事情，有些人受此鼓舞，逐渐成为藏书家。如隋朝张盈"通石渠经史，侍金华讲诵，家有赐书，世传儒业"[①]，辛衡卿"家有赐书，门传旧业"[②]；唐朝薛璿"家有赐书，门为艺府"[③]。柳宗元也属于这类藏书家，其"家有赐书三千卷"[④]。此外，还有个别藏书家，其藏书或源于友人馈赠，或源于自刻自印，不一而足。

以上仅从藏书家藏书的主要来源进行论述，实际上有些藏书家的藏书是由多条渠道汇聚而成的，购买、抄写者有之，继承、获赐者有之，受赠、自抄者有之，购买、自刻者有之，继承、购买、获赐者有之，只不过有主次之分罢了。

在隋唐五代时期，尤其是唐代，比较宽松的社会与思想环境、包容开放的文化政策、科举取士的用人制度，促使当时的私人藏书家群体较魏晋南北朝时期有所扩大，几乎涵盖了各个阶层的各类人士。

---

① 《张盈墓志》，载韩理洲辑校编年《全隋文补遗》卷四，三秦出版社，2004年，第296页。
② 《隋故仓部侍郎辛君（衡卿）墓志铭并序》，载吴钢主编《全唐文补遗》（第二辑），三秦出版社，1995年，第98页。
③ 王仲丘：《大唐故右领军卫将军上柱国新城县开国伯薛府君（璿）墓志文并序》，载吴钢主编《全唐文补遗》（第一辑），三秦出版社，1994年，第127页。
④ 欧阳修、宋祁：《新唐书》卷一百六十八《柳宗元传》，中华书局，2000年，第3985页。

第四节　寺观藏书体系的藏书建设

寺观藏书既具有官府征集藏书时拥有的法律效力，又具有私人藏书搜集规模小的特征。总体来看，隋唐五代时期寺观藏书的征集方式主要包括以下几种。

一、翻译佛经

隋唐五代时期是我国佛教发展的全盛时期，这个时期中华传统文化繁荣发展，中外文化交流渠道畅通，佛教的中国化进程发展迅速，各种宗派纷纷建立。在此背景下，译经事业蓬勃发展，译经规模庞大，如隋文帝曾下诏设置翻经馆，召集中外义学僧人从事译经事业，长安大兴善寺和洛阳上林园都设有翻经馆，尤其是长安的大兴善寺作为当时全国规模最大的译经场所，汇集了众多高僧大德。隋文帝敕昙延等三十余人主持全国译经事业，其余大德沙门或传译佛典，或传播梵语，或监掌译事、诠定宗旨，或校对复核，分工明确，部署合理。在隋文帝统治期间，大兴善寺的译经大德们共译出新经及维旧本七十五部、四百六十二卷，还编制了相应的译经目录。

译经事业在唐代发展到了一个新高峰。译场组织完备、制度健全，新译佛经不断出现，印度佛教各个宗派的著作在中国都有译本，许多原来已经翻译过的佛经被重新刊定。

唐代组织的大规模译经活动集中发生在贞观至贞元年间，以玄奘取经回国后在长安翻译经书最为引人注目。玄奘（602或600—664），十三岁出家，之后前往陕、蜀等地访求名师。二十一岁在成都受戒，后到荆州天皇寺开坛讲学。贞观三年（629）秋，从长安出发前往印度，历时十七年终于取回真经。玄奘法师精通佛理，佛法精湛，故而在印度期间便已经声名远播，产生了较大的影响。在取得真经之后，玄奘途经一百一十余国，于贞观十九年（645）回国，带回梵本经典五百二十策、六百五十七部。回到长安后，唐太宗为玄奘在大慈恩寺专设翻经院。玄奘法师耗时十九年译出大小乘经律论共七十五部、一千三百三十五卷，其中包括被收入佛教《大藏经》体系的《大般若经》《解深密经》《大菩萨藏经》《俱舍论》《大毗婆沙论》《瑜伽师地论》《成唯识论》等。除将印度佛教典籍传入中原之外，玄奘对于中华文化的海外传播也作出了突出贡献。他曾把《老子》《大乘起信论》译为梵文，传入印度，并将去往印度途中的见闻撰写成《大唐西域记》，为之后各王朝对西域等地的管辖提供了地理依据。

继玄奘之后最著名的译经僧人之一义净（635—713），于咸亨二年（671）由海道前往印度求法，费时二十五年，历经三十余国，带回梵本佛典约四百部。回国后，义净在东西两京主持译事，共译出经律五十六部、二百三十卷。据《贞元新定释教目录》记载，在唐武德元年（618）至贞元十六年（800）这一百八十二年的时间里，共译经四百三十五部、两千四百七十六卷。

译经事业发展到唐朝已经形成完善的制度和规范。唐代译场职司有九种：（1）译主，主掌译事，通晓梵汉语言，宣读贝叶经典原文，并讲解其义；（2）笔受，受所宣译之义而为文，亦曰"缀文"，员无恒定；（3）度语，当译主为不通华语的外国僧人时，担任翻译，亦名"传语"；（4）证梵本，校所宣出，反证梵本；（5）润文，从修辞方面对译文加以修饰；（6）证义，证已译之文所诠之义，审其有无差错；（7）梵呗，主持正式译事之前的宗教仪式；（8）校勘，任译后校阅工作；（9）监护大使，由朝廷高官担任，监阅译经，译本由其上奏朝廷。正是这些严格的校阅制度，使得当时的译经事业能够有序发展。

当时的译经场大多是由朝廷设立的，集中了全国一流的佛经翻译人员。译经场的设立促进了外来宗教典籍的本土化发展，让更多宗教经典著作被翻译成汉字并传抄至各处，为之后官府、私人、寺观、书院等藏书机构或处所收藏宗教典籍提供了对象。

二、抄写旧藏

明代胡应麟在《少室山房笔丛正集》卷二中说："凡道家之书，始于周，盛于汉，极于晋、唐。凡释氏之书，始于汉，盛于梁，极于隋、唐。"[①] 佛道两教经本的数量几乎都在隋唐时期达到最大，这一方面是因为经本种类增加，另一方面是因为写经活动持久不衰。在萧梁时期，皇室宫苑华林园藏有佛教经本五千四百卷；而至隋代，皇室禁中则收藏佛教经本六千一百九十八卷，经本数量增加了近八百卷。另外，佛经复本的抄写在隋代盛行一时。《隋书·经籍

---

① 胡应麟：《少室山房笔丛正集》卷二《经籍会通二》，载《景印文渊阁四库全书》子部（886），台湾商务印书馆，1983—1986年，第187页。

志四》记载:"开皇元年,高祖普诏天下,任听出家,仍令计口出钱,营造经像。而京师及并州、相州、洛州等诸大都邑之处,并官写一切经,置于寺内;而又别写,藏于秘阁。天下之人,从风而靡,竞相景慕,民间佛经,多于六经数十百倍。"① 又据道宣《释迦方志·教相篇》记载,隋文帝时官写佛经达到四十六藏、十三万二千零八十六卷。可以说佛经复本的生产,在雕版印刷术发明以前,已达到极高的限度。

隋文帝即位以后,除开展经文整理和抄录工作以外,还组织大量人员对官府藏书中的疑书、伪书进行整理校对,辑误核查。如《众经目录序》曰:"近遭乱世,颇失原起,前写后译,质文不同,一经数本,增减亦异,致使凡人得容妄造,或私采要事,更立别名;或辄构余辞,仍取真号;或论作经称,疏为论目,大小交杂,是非共混,流滥不归,困循未定。"② 《释迦方志·教相篇》记载,隋文帝治故经三千八百五十三部,隋炀帝治故经则达六百一十二藏、二万九千一百七十二部。这些数字的准确性尚需考证,不过大量经过校订的旧有经书为写本经书的抄写提供了对象,促进了写本经书的进一步发展。

这一时期道教经籍写本的数量虽然远比不上佛教经籍写本,但也有所增加。从经本种数上看,萧梁时期阮孝绪编制的藏书目录《七录》,其中的《仙道录》将道教经本分为经戒、服饵、房中、符图四部,共著录四百二十五种、四百五十九帙、一千一百三十八卷。而《隋书·经籍志四》载列道教经本经戒、饵服、房中、符录

---

① 魏徵:《隋书》卷三十五《经籍志四》,中华书局,2000年,第732页。
② 《众经目录序》,见《全隋文》卷三十五,载严可均校辑《全上古三代秦汉三国六朝文》,中华书局,1958年,第4235页。

四部书，共三百七十七部、一千二百一十六卷。萧梁至杨隋，道教经本数量仅增加七十余卷，说明这一时期道教经藏发展缓慢。直到唐朝建立以后，道教写本经书的数量才急剧增长。

唐朝以前，道教的发展滞后于佛教。唐高祖登基以后，为了巩固统治，佯称与老子同宗同族，故而提高了道教在儒、道、释三家中的地位。唐高祖之后的历任统治者无不继承此传统，尊崇道教，尤其是唐玄宗在位的近半个世纪，道教繁荣昌盛。唐玄宗研读《老子》、推崇《老子》，亲自为《老子》注疏并颁行全国。据《龙角山记》中《唐明皇诏下庆唐观》一文记载，开元二十一年（733），唐玄宗诏令百官卿士详读《道德经》。[1] 正是这种推崇道教的政策，使得道教典籍成为当时文人学者争相追捧的对象，对道教经典的抄写也日益频繁，尤其是《道德经》成为科举考试的书目以后，寒门学子为了借助科举考试顺利步入仕途，越发热心抄录道家经典，从而促使道经抄写事业更加繁荣发展。

唐高宗时期，长安昊天观观主尹文操根据观中藏书编制书目《玉纬经目》，载书七千三百卷，这个数字远胜于隋朝的一千二百余卷，侧面印证了当时道教写经事业的繁荣。唐玄宗先天年间，长安太清观观主史崇主持编撰《一切道经音义》，他在《妙门由起序》中说："今且据京中藏内见在经二千余卷，以为音训，具如目录。"[2] 是知此时道教经本数量已不止二千卷。

---

[1]《唐明皇诏下庆唐观》，见《龙角山记》，载张继禹主编《中华道藏》（第四十八册），华夏出版社，2014年，第591—592页。

[2] 史崇：《妙门由起序》，载董诰等编、孙映逵等点校《全唐文》卷九百二十三，山西教育出版社，2002年，第5678页。

三、校对经书

隋唐时期，主政帝王对校翻经籍事业十分重视，自隋文帝时便开始设置翻经馆翻译、校对佛道两教的经典著作。隋炀帝即位后，于东都设置翻经馆，征召达摩笈多、智通等高僧译经，并命彦琮主持翻译工作。彦琮在上林园翻经馆数年间，主持译经二十三部、一百余卷。

至唐代，经过太宗、高宗、中宗等朝的发展，佛道两教经书的翻译、校对工作已经发展至新的高峰。除前文所述译经之外，唐代尤为重视对佛经的校对核查工作。如贞观十六年（642），唐太宗下令为其母亲穆太后抄写《大藏经》，并敕选十名法师对《大藏经》的内容进行校正。龙朔三年（663），唐高宗诏令敬爱寺重新抄写《大藏经》，并命惠概等沙门对其内容进行校订。咸通十一年（870），福寿寺僧尼抄写经书五千四百六十一卷为唐懿宗祝寿，寺僧僧彻担任校对。

四、中外佛教藏书交流

为了增加国内佛教藏书的数量，唐代部分高僧选择前往佛教发源地求取真经，其中最著名的是玄奘取经。玄奘于贞观三年（629）从长安出发前往印度求取真经，于贞观十九年（645）回到长安，带回梵本经典五百二十策、六百五十七部。此外，僧人义净于咸亨二年（671）由海道前往印度求法，历时二十五年，途经三十余国，带回梵本佛经约四百部。

隋唐五代时期，中国不仅向印度、西域等佛教昌盛的国家和地区求取正统佛教经典著作，还积极向日本、中亚宣扬佛教文化，推动了佛教经典著作在国家和地区间的传播。如贞观十五年（641），文成公主与吐蕃赞普松赞干布联姻。文成公主入藏时携带了一尊十二岁的释迦牟尼等身像和三百六十部佛教经典著作。据索南坚赞《西藏王统记》记载，唐太宗以释迦佛像、财帛、珍宝、经史典籍、金玉饰物、绫罗、食物和饮料的制作配方、陶器的制作工艺以及医药医典等作为文成公主的嫁奁，① 从而将汉传佛教传入西藏，藏传佛教由此开始得到发展和推广。由此可见，地区间的交流也是佛教藏书征集的重要方式之一。

第五节　隋唐五代时期民间藏书建设的特征

如前文所述，官府藏书建设主要采取献书、访书和购求三种基本制度，这三种制度的实行以国家强有力的中央集权和政府财政作为后盾，具有规模大、范围广、时间长的特点。反观由私人藏书、寺观藏书和书院藏书这三者构成的民间藏书体系，在人力、物力等方面均难以与官府藏书体系相媲美。对隋唐五代时期的民间藏书建设进行归纳，可以发现其具有以下几个特征。

---

① 索南坚赞著，刘立千译注：《西藏王统记》，西藏人民出版社，1985年，第68—69页。

一、藏书来源以抄写为核心

隋唐五代时期雕版印刷术虽已产生,但是多用于印刷佛经、历书等内容单一、实用性强的图书,并未大规模应用在典籍的制作过程中。当时藏书的来源仍旧以抄写为主。官府里设有书手,为官抄书,如《旧唐书·崔行功传》记载:"太宗命秘书监魏徵写四部群书,将进内贮库,别置雠校二十人、书手一百人……显庆中,罢雠校及御书手,令工书人缮写,计直酬佣,择散官随番雠校。"①

除了官府设有书手,当时社会上也出现了书佣,专门为有钱人家抄书。如《唐才子传》记载郑虔"能书,苦无纸,于慈恩寺贮柿叶数屋,遂日就书殆遍。尝自写其诗并画表献之,玄宗大署其尾曰'郑虔三绝'"②。《旧唐书·萧铣传》记载,萧铣祖父萧岩,"隋开皇初叛隋降于陈,陈亡,为文帝所诛。铣少孤贫,佣书自给,事母以孝闻。炀帝时,以外戚擢授罗川令"③。现存隋唐典籍以手抄为主,刻板典籍集中在佛经、历书等领域,这也从侧面佐证这一时期藏书的来源仍以抄写为核心。

二、兴起校雠之风

隋唐五代时期民间藏书建设的又一个显著特点是许多人开始注

---

① 刘昫等:《旧唐书》卷一百九十上《文苑传·崔行功传》,中华书局,2000年,第3399页。
② 傅璇琮主编:《唐才子传校笺》(第一册),中华书局,1987年,第409页。
③ 刘昫等:《旧唐书》卷五十六《萧铣传》,中华书局,2000年,第1527页。

重校勘工作，版本校雠之学渐兴，从而极大地提高了私人藏书的质量。唐代的藏书家苏弁，有藏书三万卷，皆亲自校雠，无论是藏书的数量还是质量，在当时都可以与秘府相提并论；韦述有藏书两万卷，皆亲自校订，"黄墨精谨，内秘书不逮也"。

这一时期的藏书家，继承了前代校雠藏书的传统，不断整理自己的藏书，以便及时纠谬勘误，为时人及后人能够通读这些书籍提供了极大的便利。如姚察"尤好研核古今，谠正文字，精采流赡，虽老不衰"①，韦处厚"聚书逾万卷，多手自刊校"②。

这些藏书家的校书实践活动，不仅更正了书中的谬误，而且丰富了校勘学的内容，为校勘学的发展提供了许多宝贵的经验。我们之所以能够通读现存古籍，是因为一代又一代的藏书家、校勘家不断对其进行整理校雠，他们的精心呵护和厘正之功不可没。

三、具有自觉性特征

与官府藏书建设相比，隋唐五代时期的民间藏书建设具有自觉性特征。无论是私人、寺观还是书院，其收藏书籍都是自觉自愿进行的，他们"一生精力，耽耽简编，肘敝目昏，虑衡心困，艰险不避，讥诃不辞。节缩饔飧，变易寒暑。时复典衣销带，犹所不顾"③。他们用情于书，几成痴迷，"淫嗜生应不休，痴癖死而后已"④。虽然藏书家的藏书动机不尽相同，但是他们藏书的自觉性却

---

① 姚思廉：《陈书》卷二十七《姚察传》，中华书局，2000年，第245页。
② 刘昫等：《旧唐书》卷一百五十九《韦处厚传》，中华书局，2000年，第2850页。
③ 祁承㸁等：《澹生堂藏书约（外八种）》，上海古籍出版社，2005年，第4页。
④ 叶昌炽：《藏书纪事诗》，古典文学出版社，1958年，第172页。

是惊人的一致，这种自觉性是推动私人藏书事业不断发展的动力，客观上促进了私人藏书事业的繁荣，为保护中华民族历史文化遗产作出了贡献。

民间藏书与官府藏书具有互补关系，这也是民间藏书发挥其社会功能的重要机制。这种互补关系表现在多个方面：第一，民间藏书从官府藏书中接纳流散图书，或得自抄录，或得自赐授。第二，民间藏书之间互相传录，以达到"有功于古人也，已所藏日以富也，楚南燕北，皆可行也"[①]的流通目的。此外，还存在民间藏书从一家散出，被另一家继承的授受关系。第三，民间藏书对于官府藏书建设具有补给作用。每当改朝换代，新朝甫立之时，朝廷总是要向民间征书，这几乎成为历代官府藏书建立或恢复的一条铁律。民间藏书对官府藏书进行补充，保存传递前代文化典籍，可以使原有典籍在更高层次和更大范围内得到认可、保存、整理和传播。

---

① 陈登原：《古今典籍聚散考》，商务印务馆，1936年，第408页。

第四章

隋唐五代时期的藏书管理制度

中国古代的藏书活动始于先秦时期的夏商周，有学者认为周朝已经出现专门的图书收藏设施——"匦"（柜），以及专门的藏书处所——石渠。秦朝制定了专门的图书管理政策，如《史记·秦始皇本纪》记载："非博士官所职，天下敢有藏《诗》、《书》、百家语者，悉诣守、尉杂烧之。"[①]《秦会要》言："秦律，敢有挟书者，族。"[②]汉朝的律令中已经明确规定官府藏书的管理条例。藏书管理制度经前朝发展，至隋唐五代时期已经较为完善，主要包括图书装订形式、藏书保管制度、官修藏书目录等。

---

① 司马迁撰，裴骃集解，司马贞索隐，张守节正义：《史记》卷六《秦始皇本纪》，中华书局，2000年，第181页。
② 孙楷著，徐复订补：《秦会要订补》（修订本）卷二十《刑法上·法律·禁书》，中华书局，1959年，第317页。

第四章 隋唐五代时期的藏书管理制度

第一节 官府藏书管理

一、隋朝官府藏书管理

魏晋南北朝长达三百多年的战乱，对官府藏书事业造成了巨大的破坏。正如《魏书·儒林传》所云："自晋永嘉之后，运钟丧乱……礼乐文章，扫地将尽。"① 在这段时期，对官府藏书破坏较大的事件时有发生，如永嘉之乱、苏峻之乱、齐末兵燹、侯景之乱、梁元帝焚书、尔朱氏之乱等。至隋朝建立时，官府藏书所剩无几。《隋书·经籍志》总序记载："保定之始，书止八千，后稍加增，方盈万卷。周武平齐，先封书府，所加旧本，才至五千。"② 《隋书·牛弘传》记载："今御书单本，合一万五千余卷，部帙之间，仍有残缺。比梁之旧目，止有其半。至于阴阳河洛之篇，医方图谱之说，弥复为少。"一万五千余卷这个数字远低于梁武帝时期官藏八万卷的记录，更别提梁元帝曾聚书达十四万卷。

公元581年，隋文帝杨坚代北周立隋，与南朝陈划江而治，两国之间战事频繁。虽然处于此等境地，隋文帝仍然采纳了秘书监牛

---

① 魏收：《魏书》卷八十四《儒林传》，中华书局，2000年，第1245页。
② 魏徵：《隋书》卷三十二《经籍志一》，中华书局，2000年，第616页。

弘在《请开献书之路表》中提出的建议，下诏"购求遗书于天下"。随着诏令的颁布，国家还相应地采取了一些措施，以加快恢复官府藏书事业，如实行前朝的访求制度"分遣使人，搜访异本"①的同时，又"勒之以天威，引之以微利"，采取献书、访书、购求相结合的方式来征集民间藏书，并按"每书一卷，赏绢一匹"②的奖励标准奖赏主动献书者。此外，还以诏令的形式确立了"校写既定，本即归主"③的访求原则。国家访求天下藏书的活动掀起了民间献书的热潮，一时间官府藏书数量大大增加。对于这一时期的献书情况，《隋书》中有"民间异书，往往间出"④和"一二年间，篇籍稍备"⑤的记载。隋朝国祚虽短，但为我国古代藏书事业的发展作出了难以忽视的贡献。隋朝官府藏书的聚集主要通过以下三个途径。

（一）接受前朝遗书

关于隋朝建立之初官府藏书的来源，《隋书·经籍志》总序曰："后周始基关右，外逼强邻，戎马生郊，日不暇给。保定之始，书止八千，后稍加增，方盈万卷。周武平齐，先封书府，所加旧本，才至五千。"⑥由此可知，隋朝建立之初，官府藏书仅有一万五千卷，其中有万卷来自北周政权，其余的五千卷则是北周伐北齐时收缴而来的藏书。此外，开皇九年（589），隋朝攻灭南朝陈，晋王杨广悉收南朝陈的藏书，《旧唐书·裴矩传》中有"伐陈之役，领元

---

① 魏徵：《隋书》卷三十二《经籍志一》，中华书局，2000年，第616页。
② 魏徵：《隋书》卷三十二《经籍志一》，中华书局，2000年，第616页。
③ 魏徵：《隋书》卷三十二《经籍志一》，中华书局，2000年，第616页。
④ 魏徵：《隋书》卷三十二《经籍志一》，中华书局，2000年，第616页。
⑤ 魏徵：《隋书》卷四十九《牛弘传》，中华书局，2000年，第869页。
⑥ 魏徵：《隋书》卷三十二《经籍志一》，中华书局，2000年，第616页。

帅记室。及陈平,晋王广令矩与高颎收陈图籍,归之秘府"①的记载。但因常年战乱,南朝陈的藏书质量颇为低劣,善本数量较少,故《隋书·经籍志》总序曰:"及平陈已后,经籍渐备。检其所得,多太建时书,纸墨不精,书亦拙恶。"②

（二）从民间访求遗书

从民间访求遗书这一措施由牛弘提出。牛弘在担任秘书监之初就上疏《请开献书之路表》,请求隋文帝下诏广采民间藏书,充盈府库,恢复官府藏书。在该表中他痛陈官府藏书建设的重要性,通过阐明"经邦立政,在于典谟"的核心思想,呼吁隋文帝下诏征集民间藏书,并提出天下藏书"不可王府所无,私家乃有"的观点,建议采取"勒之以天威,引之以微利"的征求原则。开皇三年（583）,隋文帝采纳牛弘的建议,下诏"每书一卷,赏绢一匹,校写既定,本即归主。于是民间异书,往往间出。及平陈已后,经籍渐备"③。官府高价收购图书的行为,掀起了民间献书的热潮,但也导致出现了伪造图籍换取赏金的现象。《隋书·刘炫传》记载:"时牛弘奏请购求天下遗逸之书,炫遂伪造书百余卷,题为《连山易》《鲁史记》等,录上送官,取赏而去。"④当时官府搜集藏书并不局限于经史子集、诸子百家学说,还注重搜求佛经、时人手稿、碑文、铭文等。正是由于国家采取的搜求措施得当,官府藏书事业才得以迅速恢复。对此,明朝学者胡应麟曾说:"隋之书籍所以盛绝

---

① 刘昫等:《旧唐书》卷六十三《裴矩传》,中华书局,2000年,第1624页。
② 魏徵:《隋书》卷三十二《经籍志一》,中华书局,2000年,第616页。
③ 魏徵:《隋书》卷三十二《经籍志一》,中华书局,2000年,第616页。
④ 魏徵:《隋书》卷七十五《儒林传·刘炫传》,中华书局,2000年,第1157页。

古今，奇章力也。"①

（三）组织大规模的抄书录副活动

隋朝攻灭南朝陈后，"收陈图籍，归之秘府"，但这批图籍质量参差不齐，于是隋文帝命人对其进行整理，"总集编次，存为古本。召天下工书之士，京兆韦霈、南阳杜頵等，于秘书内补续残缺，为正副二本，藏于宫中，其余以实秘书内、外之阁，凡三万余卷"②。隋炀帝继位以后，继续组织大规模的抄书活动。为了保证抄书工作顺利进行，隋炀帝在秘书省设置楷书郎员二十人，专门负责抄写御书以增加官府藏书之正副本，从而扩大了官府藏书之规模。《新唐书·艺文志》总序说"隋嘉则殿书三十七万卷"，郑樵《通志》卷七十二中也有"隋家藏书，富于古今"③的说法，可见隋朝官府藏书数量之多。

隋炀帝在位后期，社会动荡不安，民间起义频发，对官府藏书造成了严重破坏。《隋书·儒林传》云："凡有经籍，自此皆湮没于煨尘矣。"④《旧唐书·儒学传上》亦云："自隋氏道消，海内版荡，彝伦攸斁，戎马生郊，先代之旧章，往圣之遗训，扫地尽矣。"⑤南宋王明清《挥麈后录》卷七引唐著作郎杜宝《大业幸江都记》云：

---

① 胡应麟等著，王岚、陈晓兰点校：《经籍会通（外四种）》，北京燕山出版社，2008年，第48页。
② 魏徵：《隋书》卷三十二《经籍志一》，中华书局，2000年，第616页。
③ 郑樵：《通志》卷七十二《图谱略第一·索象》，载《景印文渊阁四库全书》史部（374），台湾商务印书馆，1983—1986年，第495页。
④ 魏徵：《隋书》卷七十五《儒林传》，中华书局，2000年，第1148页。
⑤ 刘昫等：《旧唐书》卷一百八十九上《儒学传上》，中华书局，2000年，第3359页。

"隋炀帝聚书至三十七万卷,皆焚于广陵,其目中盖无一帙传于后代。"①

隋朝在承袭前朝遗书的基础上向民间求取藏书进行抄录,并且采用分类储藏和正副本制度,以便妥善保存和有效利用这些典籍。正是通过上述措施,隋朝的官府藏书事业在短短的几十年间就得到了极大的恢复与发展。

二、唐朝官府藏书管理

隋末,唐高祖李渊发动政变,代隋立唐。隋大业十三年(617)十一月,李渊"克京城,命主符郎宋公弼收图籍",隋朝西京的部分图籍得以保存下来。唐高祖武德四年(621),秦王李世民率军东征,讨伐王世充。在李世民击败前来增援王世充的窦建德军队后,"世充惧,率其官属二千余人诣军门请降,山东悉平。太宗入据宫城,令萧瑀、窦轨等封守府库,一无所取,令记室房玄龄收隋图籍"②,"得隋旧书八千余卷"。但是这批书籍在运往西京途中不幸落入水中,损失惨重。对此,《隋书·经籍志》总序曾有记载:"大唐武德五年,克平伪郑,尽收其图书及古迹焉。命司农少卿宋遵贵载之以船,溯河西上,将致京师。行经底柱,多被漂没,其所存者,十不一二。其《目录》亦为所渐濡,时有残缺。"③ 由此可见,唐初继承的隋朝旧书多有遗失。

唐朝建立初期,在藏书聚集方面采取的措施与隋朝相似,一方

---

① 王明清:《挥麈后录》卷七,载《挥麈录》,上海书店出版社,2001年,第137页。
② 刘昫等:《旧唐书》卷二《太宗纪上》,中华书局,2000年,第20页。
③ 魏徵:《隋书》卷三十二《经籍志一》,中华书局,2000年,第616页。

面接收前朝遗书,另一方面广征民间藏书。但与隋朝不同的是,唐朝延续近三百年时间,是中国封建社会文化发展的鼎盛时期,历任统治者在搜集前朝旧藏和民间藏书的基础上,更加重视编修史志,以此来增加官府藏书的数量。

唐初,时任秘书丞的令狐德棻有感于典籍散乱的情况,于武德五年(622)奏疏恢复官府藏书建设:"今乘丧乱之余,经籍亡逸,请购募遗书,重加钱帛,增置楷书,专令缮写。数年间,群书毕备。"① 通过这次缮写工作,唐朝官府藏书事业初具规模。

贞观年间,官府藏书事业有了进一步的发展。唐太宗早在继位之前,便已"锐意经籍,于秦府开文学馆,广引文学之士,下诏以府属杜如晦等十八人为学士,给五品珍膳,分为三番,更直宿于阁下。及即位,又于正殿之左,置弘文学馆,精选天下文儒之士虞世南、褚亮、姚思廉等,各以本官兼署学士,令更日宿直。听朝之暇,引入内殿,讲论经义,商略政事,或至夜分乃罢。又召勋贤三品已上子孙,为弘文馆学生。……是时四方儒士,多抱负典籍,云会京师"②。唐太宗即位以后,继续选用名臣担任秘书监掌管官府藏书,下诏征集民间藏书,并"选五品以上子孙工书者为书手",大规模缮写图书,"藏于内库,以宫人掌之"。通过开展大规模的征书和抄书活动,最终"群书大备"。《唐会要》卷六十四记载:"武德四年正月,于门下省置修文馆,至九年三月,改为宏文馆,至其年九月,太宗初即位,大阐文教,于宏文殿聚四部群书二十余万卷,于殿侧置宏文馆。"③ 唐太宗在位期间举办的征书活动和实行的抄书

---

① 王溥:《唐会要》卷三十五《经籍》,中华书局,1955年,第643页。
② 刘昫等:《旧唐书》卷一百八十九上《儒学传上》,中华书局,2000年,第3360页。
③ 王溥:《唐会要》卷六十四《史馆下·宏文馆》,中华书局,1955年,第1114页。

政策，为继任者开展官府藏书征集和整理工作奠定了基础。

唐高宗继承太宗遗志，重视官府藏书建设。《旧唐书·崔行功传》记载：

> 先是，太宗命秘书监魏徵写四部群书，将进内贮库，别置雠校二十人、书手一百人，徵改职之后，令虞世南、颜师古等续其事，至高宗初，其功未毕。显庆中，罢雠校及御书手，令工书人缮写，计直酬佣，择散官随番雠校。其后又诏东台侍郎赵仁本、东台舍人张文瓘及行功、怀俨等相次充使检校，又置详正学士以校理之，行功仍专知御集。①

自太宗朝开始的校书工作直至唐高宗乾封元年（666）还在继续。《唐会要》卷三十五云："乾封元年十月十四日，上以四部群书，传写讹谬，并亦缺少，乃诏东台侍郎赵仁本、兼兰台侍郎李怀俨、兼东台舍人张文瓘等，集儒学之士，刊正然后缮写。"② 当时制定了极为严格的缮写制度，检校官若收存不合规制之缮写之书，一旦被查出，将以渎职罪惩处。如《旧唐书·李怀俨传》记载："怀俨，颇以文才著名。历兰台侍郎，受制检校写四部书进内，以书有污，左授郓州刺史。"③ 由此可见当时抄书要求之严格，这也从侧面证明了当时书籍的质量普遍较高。

武则天统治时期，官府藏书事业发展缓慢，并且部分书籍因兵

---

① 刘昫等：《旧唐书》卷一百九十上《文苑传上·崔行功传》，中华书局，2000年，第3399页。
② 王溥：《唐会要》卷三十五《经籍》，中华书局，1955年，第643页。
③ 刘昫等：《旧唐书》卷五十九《李袭志传》附《李怀俨传》，中华书局，2000年，第1574页。

乱而损毁。到唐中宗复位时，因长期管理不善，官府藏书中有一部分已经散佚。为改善官府藏书管理不善的状况，唐中宗于景龙三年（709）六月，"以经籍多缺，使天下搜括"①。但是受韦后政变的影响，这次征书活动并未取得太大进展。

唐玄宗开元年间，唐朝官府藏书事业进入鼎盛时期。唐玄宗统治前期励精图治，国家政治清明、社会稳定、经济发展、文化繁荣。唐玄宗自身文化素质较高，除明习经学以外，音律、历象、书法等皆通晓。他礼贤下士，崇文重儒，"诏群臣及府郡举通经士，而褚无量、马怀素等劝讲禁中，天子尊礼，不敢尽臣之"②。唐玄宗在《命陈希烈兼领秘书诏》中云："国之载籍，政之本源……三五以还，皆率兹道也。"③由此可见唐玄宗对官府藏书建设的重视。唐玄宗继位前，官府藏书"或诠次失序，或钩校涉疏，或擅取借人，或潜将入己。因循斯久"④，导致出现了"秘书省典籍散落，条流无叙"⑤的现象；内府藏书也是"渐致遗逸"⑥"甲乙丛倒"⑦。开元三年（715），唐玄宗感慨道："内库皆是太宗、高宗先代旧书，常令宫人主掌，所有残缺，未遑补缉，篇卷错乱，难于检阅。"⑧因此命

---

① 刘昫等：《旧唐书》卷七《中宗本纪》，中华书局，2000年，第99页。
② 欧阳修、宋祁：《新唐书》卷一百九十八《儒学传上》，中华书局，2000年，第4328页。
③ 李隆基：《命陈希烈兼领秘书诏》，载董诰等编、孙映逵等点校《全唐文》卷三十三，山西教育出版社，2002年，第221—222页。
④ 李隆基：《命陈希烈兼领秘书诏》，载董诰等编、孙映逵等点校《全唐文》卷三十三，山西教育出版社，2002年，第222页。
⑤ 刘昫等：《旧唐书》卷一百二《马怀素传》，中华书局，2000年，第2144页。
⑥ 刘昫等：《旧唐书》卷一百二《褚无量传》，中华书局，2000年，第2146页。
⑦ 欧阳修、宋祁：《新唐书》卷二百《儒学传下·褚无量传》，中华书局，2000年，第4362页。
⑧ 刘昫等：《旧唐书》卷四十六《经籍志上》，中华书局，2000年，第1335页。

褚无量、马怀素二人分别组织人员，采用边求书、边整理、边缮写、边贮存的方式，开展大规模的求书、校书、缮写、编目工作。据史料记载，唐玄宗"令于东都乾元殿前施架排次，大加搜写，广采天下异本。数年间，四部充备"①，又"置集贤院部分典籍、乾元殿博汇群书至六万卷，经籍大备"②。藏书大备后，"上令百官入乾元殿东廊观之，无不骇其广"③。因当时官府藏书数量庞大，唐玄宗最终决定将抄好的书籍分藏两京。"凡四部库书，两京各一本，共一十二万五千九百六十卷，皆以益州麻纸写。其集贤院御书：经库皆钿白牙轴，黄缥带，红牙签；史书库钿青牙轴，缥带，绿牙签；子库皆雕紫檀轴，紫带，碧牙签；集库皆绿牙轴，朱带，白牙签，以分别之。"④我国自此开始出现以经、史、子、集为序，分列入库贮藏的图书保管制度，也产生了以"四部分类法"为标准的图书分类方法。

唐玄宗于开元三年（715）开展的修书、征书活动一直延续到开元十九年（731），这使得官府藏书的数量和种类日臻丰富。《唐会要》卷三十五记载，开元"十九年冬，车驾发京师，集贤院四库书，总八万九千卷，经库一万三千七百五十二卷，史库二万六千八百二十卷，子库二万一千五百四十八卷，集库一万七千九百六十卷。其中杂有梁、陈、齐、周及隋代古书，贞观、永徽、麟德、乾封、总章、咸亨年奉诏缮写"之书。天宝十一年（752），唐玄宗"敕秘书省检覆四库书，与集贤院计会填写"⑤，并"敕秘书监李成

---

① 刘昫等：《旧唐书》卷一百二《褚无量传》，中华书局，2000年，第2146页。
② 欧阳修、宋祁：《新唐书》卷一百九十八《儒学传上》，中华书局，2000年，第4328页。
③ 刘昫等：《旧唐书》卷四十六《经籍志上》，中华书局，2000年，第1335页。
④ 刘昫等：《旧唐书》卷四十七《经籍志下》，中华书局，2000年，第1403页。
⑤ 王溥：《唐会要》卷三十五《经籍》，中华书局，1955年，第645页。

裕排比四库书，先具奏闻"①，要求秘书省与集贤院的藏书互相补充。从天宝三年到天宝十四年（744—755），"四库续写书又一万六千八百三十二卷"。由此可见，唐玄宗一直致力于搜集、征求、缮写藏书，故而在其统治时期官府藏书的数量不断增加。对此，《新唐书·艺文志》总序评价道："藏书之盛，莫盛于开元。"②

唐玄宗统治后期，受"安史之乱"的影响，东都洛阳和西京长安的官府藏书皆付之一炬。玄宗朝之前的历代藏书也在此次兵祸中"亡散殆尽"。对于这段历史，《旧唐书·经籍志》总序说道："禄山之乱，两都覆没，乾元旧籍，亡散殆尽。"③ 唐中期建立起来的以集贤院为中心的官府藏书几近焚毁。唐肃宗平定战乱重回长安以后，虽多次重议聚书之事，并屡下诏书，遣人购募，但是收效甚微。之后的代宗、德宗、宪宗、穆宗、敬宗等人在统治期间也始终致力于搜集遗失的官府藏书，但是官府藏书数量增长缓慢。在唐文宗统治时期，为了改变藏书管理不当、严重缺失的情况，秘书省上疏建议建立图书登记制度，根据缺损情况对图书进行登记。通过这次登记工作，唐朝官府藏书事业获得了较大程度的恢复。之后，唐宣宗改变了原有的大规模缮写藏书的形式，根据具体需要，每年仅写书三四百卷。《唐会要》卷三十五记载：

大中三年正月，秘书省据御史台牒，准开成元年七月敕，应写书及校勘书籍，至岁末闻奏者，令勒楷书等。从今年正月后，应写书四

---

① 王应麟：《玉海》卷五十二《艺文·书目·唐十二库书》，载《景印文渊阁四库全书》子部（944），台湾商务印书馆，1983—1986年，第406页。
② 欧阳修、宋祁：《新唐书》卷五十七《艺文志一》，中华书局，2000年，第935页。
③ 刘昫等：《旧唐书》卷四十六《经籍志上》，中华书局，2000年，第1336页。

百一十七卷。四年二月，集贤院奏，大中三年正月一日以后，至年终，写完贮库，及填缺书籍三百六十五卷，计用小麻纸一万一千七百七张。五年正月，秘书省牒报御史台，从今年正月已后，当司应校勘书四百五十二卷。①

唐僖宗广明元年（880）爆发了大规模的农民起义，黄巢带领起义军攻入长安。因为兵祸，"宫庙寺署，焚荡殆尽，曩时遗籍，尺简无存"②。多年的战乱使官府藏书再难恢复开元盛况。之后，虽然唐昭宗多次下诏征集民间藏书，希望恢复官府藏书，但当时外患已成，内无贤佐，唐王朝的统治大势已去。天祐元年（904），朱全忠挟持唐昭宗迁都洛阳，官府藏书遭受灭顶之灾。《旧唐书·经籍志》总序叹道："及迁都洛阳，又丧其半。平时载籍，世莫得闻。"③历经隋唐两朝的官藏典籍所剩无几。

第二节　图书装订形式

随着造纸术的发明与进步，以及雕版印刷术的出现与发展，隋唐五代时期的图书装订形式也在不断发展变化。在纸本书出现以

---

① 王溥：《唐会要》卷三十五《经籍》，中华书局，1955年，第645—646页。
② 刘昫等：《旧唐书》卷四十六《经籍志上》，中华书局，2000年，第1336页。
③ 刘昫等：《旧唐书》卷四十六《经籍志上》，中华书局，2000年，第1336页。

前，书籍装订形式是简策式，主要有两种：一种是单绳串联，如汉代刘熙在《释名》卷六中说"札，楪也，编之如楪齿相比也"[①]，即在写好的竹木简上端钻孔，用麻绳将之依次串编在一起。另一种是用麻绳或丝绳像编竹帘一样将竹简编连到一起，我们今天看到的很多出土的简策都是以这种形式装订的。除竹简外，缣帛在纸张出现以前也是主要的书写载体。唐代李肇在《唐国史补》卷下里说："宋毫间有织成界道绢素，谓之乌丝栏、朱丝栏，又有茧纸。"[②] 造纸术发明以后，便携、轻薄、可塑性强的纸张逐渐代替竹简、缣帛成为书籍的主要书写材料。书写材料的变化推动了书籍装订形式的转变。纸张发明初期，书籍装订形式对前代简策式仍有继承，即以卷轴装为主。但随着纸张的普及和雕版印刷术的发明，经折装、旋风装乃至册页装依次出现并不断发展。隋唐五代时期的图书装订形式主要有以下几种。

一、卷轴装

唐中期以前，图书装订形式以卷轴装为主。卷轴装是指用帛或纸若干张粘连成长幅，用木杆作轴，从左到右卷成一束的装订形式。

采用卷轴形式装订的书籍通常每行十七至二十个字不等；卷轴高度一般为一市尺；卷轴长度不定，短的只有三尺半，长的可达二

[①] 刘熙：《释名》卷六《释书契第十九》，载《景印文渊阁四库全书》经部（221），台湾商务印书馆，1983—1986年，第412页。
[②] 李肇撰，王福元校注：《唐国史补校注》卷下《叙诸州精纸》，山东人民出版社，2020年，第232页。

三丈。有时为了进一步保护书籍，卷轴装在正文第一张纸的前面还会粘贴一张空白纸或者绫、绢等丝织品。粘贴的这张空白纸被称为"褾"，粘贴的绫或绢被称为"包首""玉池"。褾的右端连接不同颜色、质地的带。带的一端则连接不同材质、颜色的别子，这些别子叫作"签"。一卷书卷好以后，最外层用带缠绕打结，用签别住。之后以十卷为一帙庋置在藏书处所。卷轴平放在书架上，一端向外，系上不同颜色、质地的书签，书签上标写该卷的书名、卷次，以便读者查阅。阅读完图书后再按照书签上的标识将其插入原本摆放的位置，这种行为被后人称为"插架"。我们今天见到的唐代雕版印刷品《无垢净光大陀罗尼经》《金刚经》《乾符历书》《故圆鉴大师二十四孝押座文》等均是以卷轴形式装订的图书。

当时，无论是帝王贵族之家，还是民间士人之后，其藏书的装订形式都是以卷轴装为主。韩愈《送诸葛觉往隋州读书》一诗中"邺侯家多书，插架三万轴。一一悬牙签，新若手未触"等诗句，就是对私人藏书采用卷轴装订形式的真实写照。官府藏书对装订材质的要求则更为精细，如马端临《文献通考》卷一百七十四记载了隋炀帝时期官府藏书的情况：

初，西京嘉则殿有书三十七万卷，帝命秘书监柳顾言等诠次，除其复重猥杂，得正御本三万七千余卷，纳于东都修文殿。又写五十副本，分为三品：上品红琉璃轴，中品绀琉璃轴，下品漆轴，于东都观文殿东西厢构屋以贮之。东屋藏甲、乙，西屋藏丙、丁。又聚魏以来古迹名画，于殿后起二台：东曰妙楷台，藏古迹；西曰宝台，藏古画。

又于内道场集道、佛经,别撰目录。①

官府藏书根据藏书品质的高低采用不同颜色、材质的轴。采用卷轴形式装订的典籍一般以十卷为一帙,如唐代长安西明寺经藏就是如此。另外,为表示庋藏内容不同,有些图书在装订过程中采用不同质地或颜色的轴、带、签,如《唐六典》卷九记载集贤殿书院的藏书皆以益州麻纸写成,并且根据种类的不同采用不同的装裱方式加以区分,"经库书钿白牙轴、黄带、红牙签,史库书钿青牙轴、缥带、绿牙签,子库书雕紫檀轴、紫带、碧牙签,集库书绿牙轴、朱带、白牙签"②。这些色彩、形式各异的典籍外观是图书分类检索标识的原始形态,一定程度上起到了检索书籍的作用。

二、经折装

图书的装订形式在唐代中后期逐步发生变化,由卷轴装向经折装转变,这是因为卷轴装书籍在长期使用过程中,不便之处日益显现。从制作过程来看,卷轴装书籍制作工艺复杂,包括粘纸、加轴、装裱、系带等环节,不仅耗费大量人力、物力,而且无法控制时间成本。从阅读体验来看,卷轴装书籍在使用过程中需要不断展卷、收卷,给查阅工作带来了许多困难。因此,时人在图书制作的过程中逐渐发明了新的图书装订形式——经折装。

---

① 马端临著,上海师范大学古籍研究所、华东师范大学古籍研究所点校:《文献通考》卷一百七十四《经籍考一》,中华书局,2011年,第5200页。
② 张九龄等撰,李林甫等注:《唐六典》卷九《中书省》,载《景印文渊阁四库全书》史部(595),台湾商务印书馆,1983—1986年,第98页。

经折装是指按照反正相接的形式将抄写好的书页一反一正反复折叠,最终形成长方形的一叠,并在叠好的书页前后各加装一片裁剪好的硬纸,用来保护内部柔软的书页的装订形式。20世纪初在敦煌发现的敦煌石室遗书基本都采用这种装订形式。与卷轴装相比,经折装节约了纸张展开的空间,并且翻页方便,便于摆放、诵读。

经折装最早产生于唐朝,清代高士奇在《天禄识余》卷八中说:"古人藏书,皆作卷轴……此制在唐犹然。其后以卷舒之难,因而为折。久而折断,乃分为薄帙,以便检阅。"① 有部分学者猜测经折装的出现应是受印度"贝叶经"的影响,因而又将经折装称为"梵夹装"。当代有部分印刷物仍采用经折装这种装订形式,如裱本字帖,以及小巧玲珑、两面印刷、折叠成长叠的歌单。不过经折装在使用过程中存在着容易散开和撕裂的问题。

三、旋风装

为了解决卷轴装卷舒之难和经折装容易散裂的问题,唐朝出现了旋风装的装订形式。旋风装大致产生于唐中叶,又称为"旋风叶""龙鳞装"。北宋欧阳修在《归田录》卷二中云:"唐人藏书,皆作卷轴,其后有叶子,其制似今策子。凡文字有备检用者,卷轴难数卷舒,故以叶子写之,如吴彩鸾《唐韵》、李郃《彩选》之类是也。"②

---

① 高士奇辑:《天禄识余》卷八《书卷》,载故宫博物院编《故宫珍本丛刊》(第483册),海南出版社,2001年,第82页。
② 欧阳修撰,林青校注:《归田录》卷二,三秦出版社,2003年,第142页。

根据文献记载和现存实物，当时的旋风装可能有以下两种形式。

第一种形式为在经折装的基础上，取一整张纸，一半把书的第一页粘起来，一半把书的最后一页粘起来，即用一整张纸把书的第一页至最后一页连同书背一起包起来，从而避免书籍散开。但是，也有学者认为这只是经折装的一种形式，并非旋风装。如李致忠在《古代版印通论》一书中说："过去很长时间里，中外学者对什么是中国古书的旋风装认识并不清楚。长期把经折装粘加一张整纸就说成是旋风装，或把经折装直接就说成是旋风装，就是这方面的例证。事实上，旋风装跟经折装没有任何联系。"①

第二种形式为长纸作底，首页全裱穿于卷首，自次页起，鳞次向左裱贴于底卷上。这种形式不再将单页的纸张粘连成长卷折叠，而是将单页按照顺序先后粘在一整张纸上，然后再卷成长卷保存。这种有页无册的形式因为形状酷似鱼鳞，所以被后人雅称为"龙鳞装"。现藏北京故宫博物院的王仁煦《刊谬补缺切韵》和吴彩鸾《唐韵》就是以这种形式进行装订的。这种装订形式在南宋张邦基的《墨庄漫录》卷三中也有记载："成都古仙人吴彩鸾善书小字，尝书《唐韵》鬻之。今蜀中导江迎祥院经藏，世称藏中《佛本行经》六十卷，乃彩鸾所书，亦异物也。今世间所传《唐韵》犹有□旋风叶。"②

经折装和旋风装的出现，推动了以折叠的册子和单张书页相结合的图书装订形式——册页装的出现。经折装和旋风装是册页装代

---

① 李致忠：《古代版印通论》，紫禁城出版社，2000年，第56页。
② 张邦基：《墨庄漫录》卷三，载《景印文渊阁四库全书》子部（864），台湾商务印书馆，1983—1986年，第28页。

替卷轴装的过程中出现的两种独特的装帧形式。

隋唐五代是我国古代文明大繁荣时期，也是写本向刻本过渡的重要时期。在这一时期，抄书之风盛行，加上科举制度出现、国家安定繁荣、人民安居乐业，大众对书籍的需求不断增加。上至王公贵族，下至黎民百姓，无不以抄本为贵，各个阶层的抄书活动皆十分频繁。同时，为了提高图书的生产效率，造纸、印刷、装订等图书生产环节都在不断改进。雕版印刷术的发明和书籍装订形式的转变，都表明这一时期图书需求剧增。图书生产效率是影响藏书事业发展的直接因素，隋唐五代时期图书的大规模生产和流通推动了这一时期藏书实践和藏书理论的发展与进步。

第三节　藏书保管制度

一、官府藏书保管制度

中国古代的藏书活动始于先秦时期的夏商周，在该时期，随着甲骨文的兴盛，文书档案的有序化整理已经成为藏书管理的重要环节之一。秦朝制定了专门的图书管理政策，"非博士官所职，天下敢有藏《诗》、《书》、百家语者，悉诣守、尉杂烧之"，"秦律，敢有挟书者，族"。汉朝的律令中已经明确规定官府藏书的管理条例。

古代官府藏书在建立之初就形成了严格出入的管理特点。隋炀帝时期，虞绰私自将禁内兵书借与杨玄感，隋炀帝甚为恼怒。杜宝《大业杂记》亦言隋炀帝"平存之日，爱惜书史，虽积如山丘，然一字不许外出"①。唐朝继承了先秦以来"秘而不宣"的图书保藏理念，并在隋朝基础上建立了更为严格的藏书管理制度，如诏令秘书省图书禁止任意借阅，建立专门的检校制度管理藏书。隋唐五代时期的官府藏书保管制度包括以下几种。

（一）书库管理制度

通过诸多途径将图书汇集到秘书省之后，首先由主事对图书进行造册、登记。据《唐六典》卷十记载，秘书省有"主事一人，从九品上，皇朝置，掌印，并句检稽失"②。主事的职责之一就是对图书进行初步的句检，之后根据簿册对图书进行稽查和保管，直至入库。登记工作结束，确认了秘书省新到的图书，完成了图书由外进省的初次交接，然后便由秘书省官员对图书进行内容和形式上的处理。例如对图书进行初步的点校，以不同的版本进行对校，勘正文字的错误。这些工作由秘书省内专职文字勘校的校书郎、正字来负责，并且由一名秘书少监领导。如贞观七年，颜师古"拜秘书少监，专典刊正，所有奇书难字，众所共惑者，随疑剖析，曲尽其源"③。这一阶段校订工作的主要内容是修订图书在流通、传抄过程中产生的内容和文字方面的差错。另外，文字本身会随着时代的变

---

① 杜宝撰，辛德勇辑校：《大业杂记辑校》，三秦出版社，2006年，第58页。
② 张九龄等撰，李林甫等注：《唐六典》卷十《秘书省》，载《景印文渊阁四库全书》史部（595），台湾商务印书馆，1983—1986年，第103页。
③ 刘昫等：《旧唐书》卷七十三《颜师古传》，中华书局，2000年，第1752页。

化而产生形体、字义的差别,如假借、通假等,在正字的过程中,就需要参酌古今,采取折中通变的方式对文字进行点校,因此在唐朝出现了许多用于指导文字勘校工作的字样图书,如颜师古《颜氏字样》、杜延业《群书新定字样》、颜元孙《干禄字书》、唐玄宗时期的《开元文字音义》、张参《五经文字》和玄度《新加九经字样》。这些字样图书与时俱进,随时修订和补充,有力地指导了文字勘校工作。这类图书的存在也说明了唐朝正字学是伴随着文字勘校工作的进行而深入发展的。

校书郎、正字对图书进行刊正之后,楷书手采用秘书省内的专供纸张、笔墨,以通行的楷书对图书进行抄写,再交由装潢匠进行装潢。装潢匠选择不同质地、颜色的轴、带、帙、签对图书进行装潢,以便区分此书在书库中排架的位置。之后由掌印主事出具秘书省图书印,加盖秘书省印章,至此秘书省图书入库前的流程全部结束。最后由书库管理人员秘书郎完成图书入库工作,图书正式被秘书省收藏。

唐朝秘书省所藏图书分为经、史、子、集四库,每一书库配一名秘书郎和两名典书,掌管图书的出纳、检校,以记录书库的实际存储情况。新书的不断补充、帝王的图书阅览行为、官方修书的参考需求、临时性的图书出库、持续的图书抄写活动等,使得秘书省的藏书数量始终处于变化之中,秘书郎和典书要时刻关注这些变化,记载出入图书的具体名目、时间、缘由、经手人等信息。

(二)正副本制度

历史上,具有凭证功能的档案文献多有副本。例如,《周礼·春官宗伯·大史》曰:"凡邦国都鄙及万民之有约剂者藏焉,以贰六官，六官之所登。"① 图书的副本最迟在汉代已出现。《汉书·叙传上》曰："斿博学有俊材……与刘向校秘书。每奏事，斿以选受诏进读群书。上器其能，赐以秘书之副。时书不布，自东平思王以叔父求《太史公》、诸子书，大将军白不许。"② 据此可知，班斿被赐予的文献是"秘书之副"，也就是刘向所校秘书的副本。作为奉诏校书的最终成果，刘向定著的文本须上奏皇帝，这个文本实际上就是御本，尽管当时并没有出现"御本"的概念。

随着正本（定本）的发展，隋朝出现了"御本"的概念，并在此基础上进一步产生了"副本"的概念。御本，指宫禁中所藏的书籍。《文献通考》卷一百七十四记载："（隋炀）帝命秘书监柳顾言等诠次，除其复重猥杂，得正御本三万七千余卷，纳于东都修文殿。"③ 牛弘《请开献书之路表》曰："今御书单本，合一万五千余卷。"④ 这里的"正御本""御书单本"是供皇帝阅览的御本。而御本概念的提出，又进一步推动了与之相对的副本、贮本等概念的产生，并形成了正、副、贮诸本并存的制度。这意味着，官府藏书除仅供帝王阅览的本子（御本）之外，另有副、贮诸本可服务于其他读者。

《隋书·经籍志》总序曰："于秘书内补续残缺，为正副二本，藏于宫中，其余以实秘书内、外之阁，凡三万余卷。炀帝即位，秘阁之书，限写五十副本，分为三品：上品红琉璃轴，中品绀琉璃

---

① 郑玄注，贾公彦疏：《周礼注疏》卷二十六《春官宗伯·大史》，载李学勤主编《十三经注疏》（标点本），中华书局，1999年，第814页。
② 班固撰，颜师古注：《汉书》卷一百上《叙传上》，中华书局，2000年，第3083页。
③ 马端临著，上海师范大学古籍研究所、华东师范大学古籍研究所点校：《文献通考》卷一百七十四《经籍考一》，中华书局，2011年，第5200页。
④ 魏徵：《隋书》卷四十九《牛弘传》，中华书局，2000年，第868页。

轴，下品漆轴。"①"正"即"御书单本""正御本""御本"，是直接服务于皇帝的；而与之相对的"副本"，成为官府藏书流通利用的主要文本，隋文帝时"副本"是单本（所谓"正副二本"，即正副各一本），隋炀帝时"副本"有五十之巨，且分为三品。副本数量之多，说明隋朝官府藏书有了更为广泛的阅读主体，甚至已经培养出了特定的读者群。

唐朝的情况与隋朝类似。《新唐书·百官志二》曰："秘书郎三人，从六品上。掌四部图籍。以甲乙丙丁为部，皆有三本，一曰正，二曰副，三曰贮。"② 显然，秘书省图书按四部分类，每类图书皆有三本，其中正本是经过严格校雠的定本，往往也是御书，即供皇帝披阅的文本；副本是据正本抄写的复本，质量次于正本，供一般读者借阅使用；贮本是最好的抄本，类似今天的样本，不予外借。不仅如此，私人藏书也开始仿拟官府藏书的正副贮本制度。如《新唐书·柳仲郢传》曰："家有书万卷，所藏必三本：上者贮库，其副常所阅，下者幼学焉。"③ 这与汉魏以来官府所藏秘书不"秘"、魏晋以来私人藏书所提倡的藏书开放精神一脉相承，同时也是图书收藏与人才培养相结合，从而将图书馆服务下移到学子层面的写照，突破了汉代仅从皇帝和政权的高度对图书和图书馆价值进行的单一理解。

（三）图书收纳制度

隋唐时期，人们在藏书保护方面已经积累了一定的知识与经

---

① 魏徵：《隋书》卷三十二《经籍志一》，中华书局，2000年，第616页。
② 欧阳修、宋祁：《新唐书》卷四十七《百官志二》，中华书局，2000年，第799页。
③ 欧阳修、宋祁：《新唐书》卷一百六十三《柳公绰传》附《柳仲郢传》，中华书局，2000年，第3906页。

验，具体表现在以下三个方面。

第一，古代收纳图书的器具分为柜、架两种。贾思勰《齐民要术》卷三记载："厨中欲得安麝香、木瓜，令蠹虫不生。"① 杜宝《大业杂记》记载，隋炀帝时期，东都观文殿的图书收藏在书橱中，"每一间十二宝厨，前后方五香重床，亦装以金玉，春夏铺九曲象簟，秋设凤纹绫花褥，冬则加绵装须弥毡"②。唐朝官府藏书采用的器具主要是书架。刘肃《大唐新语》卷十一记载，开元六年（718）东都乾元殿修书工作告一段落，"分部上架毕，制文武百官入乾元殿东廊观察，移时乃出。于是赐无量等束帛有差"③。唐朝官府书库的图书多摆放在书架上，但是对于珍贵的图书，会使用制作精美的书柜来储藏，如《杜阳杂编》卷下说："武宗皇帝会昌元年……渤海贡马脑柜、紫瓷盆。马脑柜方三尺，深色如茜所制，工巧无比，用贮神仙之书，置之帐侧。"④

第二，为了更好地保护图书，防止图书受潮、文字变形，唐朝的官府藏书机构会对书架进行维护处理。例如，集贤院采用朱蜡染架的方法，对书架进行防水的涂蜡处理，保持木制书架的干燥，防止书架因天气的变化出现返潮现象，损坏图书。《唐六典》卷二十二记载："凡五属所备之物须金石、齿革、羽毛、竹木而成者，则上尚书省，尚书省下所由司以供给焉。"⑤ 唐朝官司器具营造多由少

---

① 贾思勰：《齐民要术》卷三《杂说第三十》，江苏广陵古籍刻印社，1998年，第111页。
② 杜宝撰，辛德勇辑校：《大业杂记辑校》，三秦出版社，2006年，第46—47页。
③ 刘肃：《大唐新语》卷十一，古典文学出版社，1957年，第167页。
④ 苏鹗撰，阳羡生校点：《杜阳杂编》卷下，载上海古籍出版社编、丁如明等校点《唐五代笔记小说大观》，上海古籍出版社，2000年，第1390页。
⑤ 张九龄等撰，李林甫等注：《唐六典》卷二十二《少府军器监》，载《景印文渊阁四库全书》史部（595），台湾商务印书馆，1983—1986年，第207页。

第四章 隋唐五代时期的藏书管理制度

府监负责，秘书省与集贤院的书架由少府监统一营造提供，因此可以推知秘书省的书架应该也进行了防水防潮的处理。

第三，为了防止图书受到灰尘的侵袭，唐朝集贤院所藏图书"皆以油帕覆之。每朝去帕拂尘，灿然锦绣，夺人目矣"[1]。秘书省也采取了同样的防护措施，韦述《两京新记》卷一记载："秘阁图书，皆表以牙签，覆以锦帕。"[2] 负责这些日常清洁工作的是秘书省内的四名掌固。掌固为流外吏员，"主守掌仓库及厅事铺设"[3]，即负责仓库、厅院的摆设及清洁工作。

二、私人藏书保管制度

（一）分类保管法

唐朝私人藏书在藏书保管方面主要学习官府藏书的分类保管方法，对藏书使用不同颜色的标识加以区分。如著名藏书家李泌，博学善谋，官至宰相，被封为"邺侯"。李泌积书至三万余卷，以不同颜色的牙签分别标记藏书的种类：经部用红牙签，史部用绿牙签，子部用青牙签，集部用白牙签。韩愈曾作《送诸葛觉往隋州读书》一诗赞美李泌藏书的丰富与精美："邺侯家多书，插架三万轴。一一悬牙签，新若手未触。"后人因此常用"邺架"比喻藏书之多。这种用不同颜色的牙签来分类标识藏书的方法，证明了私人藏书的

---

[1] 孙逢吉：《职官分纪》卷十五《集贤院》，载《景印文渊阁四库全书》子部（923），台湾商务印书馆，1983—1986年，第381页。
[2] 韦述撰，辛德勇辑校：《两京新记辑校》卷一，三秦出版社，2006年，第10页。
[3] 张九龄等撰，李林甫等注：《唐六典》卷一《三师三公尚书都省》，载《景印文渊阁四库全书》史部（595），台湾商务印书馆，1983—1986年，第10页。

管理方式未尝落后于官府藏书。

（二）副本制度

除模仿官府藏书设置藏书标识以外，部分私人藏书家开始有意识地建立副本，以便于利用图书。如晚唐著名藏书家柳仲郢，"家有书万卷，所藏必三本：上者贮库，其副常所阅，下者幼学焉"。这种根据藏书的不同用途，将图书分为上、中、下三等收藏的方法，在当时是较为先进的管理方法。此外，柳仲郢还手抄经史，旁录佛、道经籍，配以复本，特立一个门类，号称"柳氏自备"，而且"皆楷小精真，无行字"，[1] 这些充分表现了柳氏对其藏书的苦心经营。

（三）建造藏书楼

建造藏书楼，是私人藏书事业进一步发展的佐证。虽然早在北魏时平恒就"别构精庐，并置经籍于其中"[2]，但真正建造书楼藏书则始于唐代。如唐宪宗时历任魏博节度使、成德军节度使的田弘正曾在"府舍起书楼，聚书万余卷，视事之隙，与宾佐讲论古今言行可否"[3]。孙长孺晚年曾在故乡四川眉州专门筑楼藏书，其所藏多为御赐书籍。因其将书籍珍藏于书楼，蜀人乃称之为"书楼孙氏"。相传"书楼"二字，还是唐德宗流亡成都时为孙长孺亲笔书写的。这些例证都说明了唐代私人藏书事业获得了一定的发展。

---

[1] 欧阳修、宋祁：《新唐书》卷一百六十三《柳公绰传》附《柳仲郢传》，中华书局，2000年，第3907页。
[2] 魏收：《魏书》卷八十四《儒林传·平恒传》，中华书局，2000年，第1248页。
[3] 刘昫等：《旧唐书》卷一百四十一《田弘正传》，中华书局，2000年，第2615页。

三、寺观藏书管理体系的确立

大藏，即经典的结集，佛道两教均有各自经典的结集，分别形成了佛教大藏和道教大藏。随着佛教的发展，佛教经本数量不断增加，僧众以及部分学者开始对寺院收藏的众多经本进行整理汇集。结集起来的藏书由于尚无成熟的名称，而被统称为"众经"或"一切经"。如东晋释道安在襄阳白马、檀溪两寺整理寺藏新旧经本，编出《综理众经目录》；南朝梁释僧绍、释宝唱据华林园宝云殿藏经分别编出《华林佛殿众经录》《众经目录》；唐代僧人慧琳在元和年间编成佛教经本名词检索辞典，名曰《一切经音义》；等等。

受佛教影响，道教也曾称自己的经典结集为"众经"或"一切经"。如隋大业年间，皇室内道场收藏佛道两教经本，据《道藏阙经目录》卷上记载，当时道教藏书目录名为《众经目录》。又，贞松堂旧藏《本际经》抄本卷五末尾有题记"冲虚观主宋妙仙入京写一切经"，此"一切经"即指唐时道藏。先天年间，唐玄宗曾敕太清观观主史崇等编撰道教经本名词检索辞典，称为《一切道经音义》。这部道教名词辞典，比佛教名词辞典《一切经音义》的编撰时间还早。但此前佛教经本的结集已广称为"一切经"，如北周王褒《周经藏愿文》云"奉造一切经藏"[①]，因此史崇等编撰的《一切道经音义》在书名中加一"道"字，以示与佛教"一切经"有所区别。

佛教"大藏经"一词最早出现在隋灌顶《隋天台智者大师别

---

① 王褒：《周经藏愿文》，见释道宣《广弘明集》卷二十二，载《景印文渊阁四库全书》子部（1048），台湾商务印书馆，1983—1986年，第582页。

传》中，文内有智者大师共造"大藏经十五藏"的记载。[①] 但实际上，在南北朝后期佛教经本就已成"藏"。从图书学角度来看，大藏经是一套大型丛书。丛书的本质特征有两点：一是要有一个总书名，二是要有一个连接各部图书的内在结构体系（如分类体系，便于编制总目录及读者检索）。"大藏经"，"藏"是容物的意思，最早为梵文 pitaka 的意译，pitaka 的本义即盛东西之箱、笼等；"经"是梵文 sutra 的意译，sutra 的本义为"贯穿"；"藏""经"两个字组合起来便成为佛教经本结集的总书名。辽代僧人非浊《三宝感应要略录》卷中记载，齐高宗明帝，写一切经；陈高祖武帝，写一切经一十二藏；陈世祖文帝，写五十藏；陈高宗宣帝，写十二藏；魏太祖道武皇帝，写一切经；齐肃宗孝明帝，为先皇写一切经一十二藏，合三万八千四十七卷。因此，至迟在6世纪中叶，佛教经本已成"藏"，并且"藏"字开始成为计量单位。

当时每种藏经本都有其内部结构体系。隋开皇十七年（597），费长房撰成《历代三宝记》十五卷，其中卷十三、十四为《入藏目》，即费长房把他认为应该入藏的经本编成一个目录，并根据以往《众经目录》诸本，提出了自己的藏经结构体系，且首次以"入藏目"名之，这对后世产生了巨大影响。可以说，六朝隋初时期，佛教经本的大藏经就是在此基础上形成的。只不过此时尚未定型，还没有形成一个通行全国、被社会公认的藏经结构体系。

真正通行全国、被社会公认的藏经结构体系产生于唐玄宗开元十八年（730）。这一年，长安西崇福寺沙门智昇撰成《开元释教录》二十卷，这部目录的最后两卷是《入藏录》，所列入的经本悉

---

① 方广锠：《佛教大藏经史（八—十世纪）》，中国社会科学出版社，1991年，第3页。

经智昇考订,作为西崇福寺寺藏经本,总计一千零七十六部、五千零四十八卷。唐武宗"会昌毁佛"事件发生以后,在恢复佛教寺藏、收拾废像遗经的时候,各寺院大多按照《开元释教录》之《入藏录》中所收录的佛经进行整理和抄录,并依照这一目录建立本寺大藏经体系。受此影响,《入藏录》一时间成为通行全国、被社会公认的藏经结构体系。因此,《开元释教录》的成书,标志着佛教大藏经体系的完善与成熟。

在佛教大藏经体系发展的同时,道教经典也逐步形成大藏。道教大藏体系产生于北周时期,北周道士王延在通道观校订道教经本八千零三十卷,编成经目《三洞珠囊》七卷。魏晋南北朝时期形成了"三洞四辅七部十二类"的分类体系。《云笈七签》卷六记载:"《道门大论》云'三洞'者,洞言通也,通玄达妙。其统有三,故云'三洞'。第一'洞真',第二'洞玄',第三'洞神'。"[1]"三洞"之名,始于南朝宋陆修静所撰道教书目《三洞经书目录》,后逐渐发展为"三洞四辅"。其中,三洞又各自细分为十二小类(本文、神符、玉诀、灵图、谱录、戒律、威仪、方法、众术、记传、赞颂、表奏),共计三十六类。三洞经典为道教主经。四辅中,太玄部辅洞真,主要为《道德经》及其注疏、其他诸子哲学著作;太平部辅洞玄,主要为《太平经》;太清部辅洞神,主要为金丹类道经;正一部通辅三洞,主要为正一道的经典。虽然三洞四辅的分类体系颇有牵强之处,但隋唐以来的道经编目大多遵循这一分类体系,如唐玄宗曾下令搜访天下道经,组织人员编撰了一部新的"道藏",史称《开元道藏》;宋代则在残留的唐代道藏的基础上进行道教经

---

[1] 张君房:《云笈七签》卷六《三洞经教部·三洞并序》,载《景印文渊阁四库全书》子部(1060),台湾商务印书馆,1983—1986年,第48页。

典目录的编修。

佛道两教的大藏，在隋唐五代时期都已定型完善，后世大藏在经卷种数、卷数以及结构体系上均无实质性的大的改变。佛道经本是佛道文化最根本的载体，将它们汇集整理成大藏，目的在于存真本、去疑伪，缀集难散，抄写复制，传世保存。清代官方主编的以突出儒学经典为主的文献集成丛书《四库全书》，就是受到了大藏的影响和启发。但由于大藏具有相对稳定性，结构体系严谨，佛道两教经本的种类、数量难以再有所增加，而藏外经本容易散落失传，又从侧面限制了两教典籍数量的进一步增长。

第五章

隋唐五代时期的藏书整理

隋唐五代时期的藏书整理工作主要指对官府藏书的整理工作，包括校勘和编目两个方面。隋唐两朝的统治者对典籍的整理工作极为重视，持续不断地开展官府藏书的校勘和编目工作，编撰了大量藏书目录，但这些官府编目的成果多数已散佚。

第一节 隋唐五代时期的藏书整理活动

一、隋朝官府藏书的整理活动

隋朝结束了魏晋南北朝长达三百六十余年的战乱，重新建立起一个大一统王朝,当时官府藏书主要来源于对北周和南朝陈的藏书的继承、民间献书以及广泛抄录民间藏书。经过三十余年的搜集,隋朝官府藏书的数量迅速增加,《宋史·艺文志》总序说:"历代之书籍,莫厄于秦,莫富于隋、唐。隋嘉则殿书三十七万卷。"①隋朝官府藏书事业的发展离不开统治者的政策主张以及民间献书行为。开皇三年(583),秘书监牛弘上《请开献书之路表》,历数前朝藏书聚散情况,阐述官府藏书建设的重要性,并提出广集天下藏书的建议。隋文帝采纳牛弘的建议,下诏派遣使臣向民间广泛征求遗书异本、佛经、碑铭、时人手稿等,并按照"每书一卷,赏绢一匹"的标准奖赏献书者,使得"一二年间,篇籍稍备"。

在官府藏书不断丰富的同时,广泛征集民间藏书的弊端开始显现,多元化的藏书来源导致搜集来的藏书良莠不齐,甚至出现为得恩赏以伪书进献的情况。如《隋书·刘炫传》记载:"时牛弘奏请购求天下遗逸之书,炫遂伪造书百余卷,题为《连山易》《鲁史记》等,录上送官,取赏而去。后有人讼之,经赦免死,坐除名,归于家,以教授为务。"②为建立以善本为中心的官府藏书体系,隋文帝自开皇初便诏令刘焯、刘炫、许善心等人对官府藏书进行整理。开皇九年(589),晋王杨广带兵平定南朝陈,南朝陈的藏书尽归隋朝所有。这极大地充实了隋朝的官府藏书,并为之后的藏书整理工作奠定了基础。在南朝陈的藏书运抵长安后,隋文帝下令"召天下工书之士,京兆韦霈、南阳杜頵等,于秘书内补续残缺,为正副二本,藏于宫中,其余以实秘书内、外之阁,凡三万余卷"。

隋文帝时期的藏书整理工作主要由秘书省主持完成,当时秘书

---

① 脱脱等:《宋史》卷二百二《艺文志一》,中华书局,2000年,第3365页。
② 魏徵:《隋书》卷七十五《儒林传·刘炫传》,中华书局,2000年,第1157页。

省设立"监、丞各一人，郎四人，校书郎十二人，正字四人，录事二人。领著作、太史二曹。著作曹，置郎二人，佐郎八人，校书郎、正字各二人。太史曹，置令、丞各二人，司历二人，监候四人。其历、天文、漏刻、视祲，各有博士及生员"。庞大的校书机构的主要职责是对南朝陈的藏书进行整理、校勘。因南朝陈统治后期政治腐败，民不聊生，皇室藏书多纸墨模糊，笔迹不清，故开皇十七年（597），隋文帝任命许善心为秘书丞主持藏书整理工作，并诏令李文博、陆从典等十余人对藏书进行严格的补辑，最后整理出单本藏书一万五千余卷。此举既提高了藏书的质量，又培养了大批校书郎，为隋炀帝时期和唐朝开展藏书整理活动提供了专业人员，如名臣王珪、房玄龄等人均曾作为校书郎参与过开皇十七年开展的官府藏书整理活动。许善心在主持藏书整理工作的同时，还仿照阮孝绪的《七录》为藏书撰写提要，形成提要目录著作——《七林》。对此，《隋书·许善心传》中有记载："十七年，除秘书丞。于时秘藏图籍尚多淆乱，善心放阮孝绪《七录》更制《七林》，各为总叙，冠于篇首。又于部录之下，明作者之意，区分其类例焉。又奏追李文博、陆从典等学者十许人，正定经史错谬。"[1]

隋文帝在位期间开展的藏书整理活动奠定了隋朝官府藏书事业的基础，在校正、抄写图书的过程中，逐步形成了图书校勘、抄写、装潢的新标准，并为继任者所沿用。隋炀帝杨广即位前便酷爱读书著述，《资治通鉴》卷一百八十二记载："帝好读书著述，自为扬州总管，置王府学士至百人，常令修撰。"[2] 即位以后，隋炀帝继

---

[1] 魏徵：《隋书》卷五十八《许善心传》，中华书局，2000年，第957页。
[2] 司马光撰，胡三省音注：《资治通鉴》卷一百八十二《隋纪六》，载《景印文渊阁四库全书》史部（308），台湾商务印书馆，1983—1986年，第95页。

承了隋文帝制定的藏书征集、整理政策,并在大业九年(613)开展了隋朝历史上规模最大的一次藏书整理活动。《资治通鉴》卷一百八十二记载了这次藏书整理活动:"以至为帝,前后近二十载,修撰未尝暂停。自经术文章、兵农地理、医卜释道,乃至蒱博鹰狗,皆为新书,无不精洽,共成三十一部,万七千余卷。初,西京嘉则殿有书三十七万卷,帝命秘书监柳顾言等诠次,除其复重猥杂,得正御本三万七千余卷,纳于东都修文殿。又写五十副本,简为三品,分置西京、东都宫、省、官府,其正书皆装翦华净。"① 隋炀帝任命原东宫学士柳䛒(字顾言)为秘书监主持此次藏书整理工作,主要任务有两个:第一,对西京嘉则殿的三十七万卷藏书进行分类编次,剔除其中"复重猥杂"即重复和繁杂的书籍,精选出供皇帝阅览的正御本三万七千余卷,收藏在东都的修文殿中。第二,根据正御本抄录五十部副本,并按照内容质量将副本划分为三个等级,分别存放在西京和东都的宫苑、省署和官府中。其中,宫苑内供隋炀帝阅览的正御本装帧华美,以玉石为轴,以锦缎为托裱,皆为官府藏书中的善本、精本,如《隋书·经籍志》总序所云:"炀帝即位,秘阁之书,限写五十副本,分为三品:上品红琉璃轴,中品绀琉璃轴,下品漆轴。于东都观文殿东西厢构屋以贮之,东屋藏甲乙,西屋藏丙丁。"

除组织人员开展官府藏书整理活动之外,隋文帝还继承南北朝时期整理宗教典籍目录的传统,开展经录编撰工作。隋文帝一面寻访名家译经,一面诏令开展佛经整理工作。经过十余年的努力,新修佛经四十六藏,共十三万二千余卷,抄录整理旧经三千八百五十

---

① 司马光撰,胡三省音注:《资治通鉴》卷一百八十二《隋纪六》,载《景印文渊阁四库全书》史部(308),台湾商务印书馆,1983—1986年,第95页。

三部。隋炀帝即位后，沿用隋文帝的修经政策，组织开展了更大规模的经书翻译和撰写工作，新修经书六百一十二藏，共二万九千一百七十二部。

隋朝有三部影响范围较广的佛经目录：一是译经学士费长房于开皇十七年（597）撰成的《历代三宝记》十五卷，该书包括帝年、代录、入藏录、总目四个部分，通称《长房录》，著录佛经二千一百四十六部、六千二百三十五卷；二是法经等编撰的《大隋众经目录》七卷，该书前六卷为别录，末卷为总录，通称《法经录》，著录佛经二千二百五十七部、五千三百一十卷；三是彦琮等于仁寿二年（602）编撰的《隋仁寿年内典录》五卷，该书分为单本、重翻、贤圣集传、别生、疑伪、缺本六类，通称《仁寿录》，著录佛经二千一百零九部、五千零五十八卷。其中，《长房录》兼有经录和佛史双重性质，《法经录》是一部分类较为精细的标准入藏目录，《仁寿录》是一部现藏入藏目录。此外，隋朝的佛经目录还有灵裕所撰《译经录》一卷、彦琮于大业初年编成的《林邑所得昆仑书诸经目录》五卷等。

二、唐朝官府藏书的整理活动

虽然唐初已开展搜书活动，但由于当时内忧外患，朝廷无暇顾及官府藏书的整理工作。唐高祖武德五年（622），政局相对稳定，时任秘书丞的令狐德棻鉴于典籍散乱、经史亡佚的情况较严重，于是"奏请购募遗书，重加钱帛，增置楷书，令缮写。数年间，群书略备"①。唐朝官府藏书体系便由此基本建立起来了。具体来看，唐朝官府藏书整理活动大致分为以下三个方面。

一是以藏书抄录为核心的藏书建设活动。唐太宗继位以后，随着政权的稳固、社会的安定、藏书数量的增加，整理、缮写之事被提上了议事日程。据《旧唐书·魏徵传》记载，贞观二年（628），秘书监魏徵"以丧乱之后，典章纷杂，奏引学者校定四部书"②。基于前朝藏书被大量焚毁、官府藏书十不存一的现象，唐太宗采纳魏徵的建议，开展了唐朝历史上规模最大的藏书整理活动——贞观校书。

贞观年间开展的校书活动中缮写、校雠工作的领导核心经历了从魏徵到虞世南再到颜师古的变更。此次校书活动前期重在整理、抄写图书和撰写书录，后期重在校勘文字，尤其是考订儒家经典。由于当时官府藏书规模宏大，且不断有新书补充进来，再加上领导核心的变更，缮写工作未能完成，但取得了一些阶段性成果。如《旧唐书·魏徵传》记载："数年之间，秘府图籍，粲然毕备。"③《旧唐书·颜师古传》记载："于秘书省考定《五经》，师古多所厘正，既成，奏之。"④

二是以藏书校勘为核心的藏书考订活动。以藏书抄录为主的贞观校书活动开展了数年，但效果不佳。乾封元年（666），唐高宗将藏书整理的重点改为藏书校勘，即纠集儒学之士校勘图书，校毕再缮写图书。《唐会要》卷三十五记载："乾封元年十月十四日，上以

---

① 刘昫等：《旧唐书》卷七十三《令狐德棻传》，中华书局，2000年，第1753页。
② 刘昫等：《旧唐书》卷七十一《魏徵传》，中华书局，2000年，第1719页。
③ 刘昫等：《旧唐书》卷七十一《魏徵传》，中华书局，2000年，第1719页。
④ 刘昫等：《旧唐书》卷七十三《颜师古传》，中华书局，2000年，第1752页。

四部群书，传写讹谬，并亦缺少，乃诏东台侍郎赵仁本、兼兰台侍郎李怀严、兼东台舍人张文瓘等，集儒学之士，刊正然后缮写。"①李嗣真、吴兢等人也参加了校勘缮写图书的活动。《旧唐书·武承嗣传》记载："仍令鸠集学士李嗣真、吴兢之徒，于兰台刊正经史。"②仪凤年间，秘书少监刘应道"奉敕于门下省检校四部群书，广召四方硕学之士，刊定讹舛而进御焉"③。从弘文馆学士李嗣真、史官吴兢和秘书少监刘应道等饱学之士的加入可以看出，当时藏书建设的核心由藏书抄录转变为藏书校勘，对藏书校对人员的选拔也更为严格。

三是以藏书搜求为核心的藏书建设活动。景龙三年（709），唐中宗"以经籍多缺，使天下搜括"。"景云三年六月十七日"，为了进一步扩大官府藏书的规模，唐睿宗"令京官有学行者，分行天下，搜检图籍"。④ 开元七年（719），唐玄宗"诏公卿士庶之家，所有异书，官借缮写"⑤。从唐高祖至唐玄宗，通过几任统治者坚持不懈地收聚书籍，唐朝的官府藏书事业达到了一个高峰。藏书购求和藏书征集成为当时官府藏书建设的两个重要手段。

---

① 王溥等：《唐会要》卷三十五《经籍》，中华书局，1955年，第643页。
② 刘昫等：《旧唐书》卷一百八十三《外戚传·武承嗣传》，中华书局，2000年，第3217页。
③ 刘献臣、刘祎之：《大唐故秘书少监刘府君（应道）墓志铭并序》，载吴钢主编《全唐文补遗》（第三辑），三秦出版社，1996年，第22页。
④ 王溥：《唐会要》卷三十五《经籍》，中华书局，1955年，第644页。
⑤ 刘昫等：《旧唐书》卷四十六《经籍志上》，中华书局，2000年，第1335页。

第二节　藏书分类思想

一、隋朝之前的图书分类方法

秦汉以前，学术分类观念已经普及，随着典籍的增加，人们日益重视对典籍的整理和分类。《汉书·艺文志》记载：

汉兴，改秦之败，大收篇籍，广开献书之路。迄孝武世，书缺简脱，礼坏乐崩，圣上喟然而称曰："朕甚闵焉！"于是建藏书之策，置写书之官，下及诸子传说，皆充秘府。至成帝时，以书颇散亡，使谒者陈农求遗书于天下。诏光禄大夫刘向校经传诸子诗赋，步兵校尉任宏校兵书，太史令尹咸校数术，侍医李柱国校方技。每一书已，向辄条其篇目，撮其指意，录而奏之。会向卒，哀帝复使向子侍中奉车都尉歆卒父业。歆于是总群书而奏其《七略》，故有《辑略》，有《六艺略》，有《诸子略》，有《诗赋略》，有《兵书略》，有《术数略》，有《方技略》。[1]

对于刘向、刘歆父子编订目录、编写叙录的原因，姚名达曰：

---

[1] 班固撰，颜师古注：《汉书》卷三十《艺文志》，中华书局，2000年，第1351页。

> 书籍既多，部别不分则寻求不易；学科既多，门类不明则研究为难。故汇集各书之叙录，依学术之歧异而分别部类，既可准其论次而安排书籍，以便寻检，又可综合研究而辨章学术，考求源流；此实为校雠完毕，各书叙录写定后之必然趋势。①

西汉时期典籍增多，学术分类观念日渐发展，便有了"辨章学术，考求源流"的需要。刘向、刘歆父子将所校之书"条其篇目，撮其指意"，进行分门别类，并在大类之下再分小类，使学术门类更加精细，典籍目录更加专门化。故而当时在《七略》的基础上形成了关于图书的分类方法——六部分类法。

《汉书·艺文志》中的图书分类方法是在《七略》中的"六略之学"的基础上进一步发展而来的。班固继承了刘歆的六分法，仍保留六大类三十八小类的分类体系及基本内容，这种分类方法反映了先秦到汉代知识系统的概貌与各种学术门类之间的关系。因《七略》主要保留在《汉书·艺文志》中，故《汉书·艺文志》及其分类法历来为人们所重视和推崇。到南北朝时，对典籍进行分类者，有王俭的《七志》和阮孝绪的《七录》。《七志》早已散佚，但根据《隋书·经籍志》总序以及《七录》中的记载，可以大致了解其基本情况。据《隋书·经籍志》总序记载，《七志》中的分类法为："一曰《经典志》，纪六艺、小学、史记、杂传；二曰《诸子志》，纪今古诸子；三曰《文翰志》，纪诗赋；四曰《军书志》，纪兵书；五曰《阴阳志》，纪阴阳图纬；六曰《术艺志》，纪方技；七曰《图

---

① 姚名达：《中国目录学史》，上海古籍出版社，2005年，第33页。

谱志》，纪地域及图书。其道、佛附见，合九条。"①

东汉以后，四部分类法逐渐形成。最早采用四部分类法者，是西晋荀勖所编之《中经新簿》。据《隋书·经籍志》总序记载，《中经新簿》将典籍按照甲、乙、丙、丁四部进行分类："一曰甲部，纪六艺及小学等书；二曰乙部，有古诸子家、近世子家、兵书、兵家、术数；三曰丙部，有史记、旧事、皇览簿、杂事；四曰丁部，有诗赋、图赞、《汲冢书》。"② 显然，荀勖的分类体系与《七略》不同，主要表现在以下两点：一是将《七略》中之兵书、术数、方技合于诸子，立为乙部；二是新设丙部以纪史书及类书。荀勖创立的四部分类法，虽以甲、乙、丙、丁为类名，但其实只是将群书分为经、史、子、集四大类而已，没有进行更细的分类。《隋书·经籍志》综合《七略》《中经新簿》《七志》《七录》的分类方法，将群书分为经、史、子集四大类，又将四大类细分为四十小类，为后世的四部分类法确立了规范。《隋书·经籍志》的经、史两部是从《七略》的《六艺略》发展而来的；子、集两部是由《七略》的《诸子略》《诗赋略》《兵书略》《术数略》《方技略》五略合并而成的。这些部类的增加和合并，不仅反映了这一时期学术思想的发展演变，而且表明了中国古代知识系统已经从秦汉时期的"六略之学"，发展为隋唐五代时期的"四部之学"，以经、史、子、集为框架的知识系统已具雏形。

---

① 魏徵：《隋书》卷三十二《经籍志一》，中华书局，2000年，第615页。
② 魏徵：《隋书》卷三十二《经籍志一》，中华书局，2000年，第615页。

二、隋唐五代时期的四部分类方法

　　隋朝一直沿用前朝的图书分类方法，关于图书分类方法的改革直到唐初官修《隋书·经籍志》时才开始。魏徵主持编撰的《隋书·经籍志》，将先秦到唐初的典籍加以整理分类，建立了一种较为完善的学术分科体系及一套较为全面的知识系统。其典籍分类与知识分类的基本思路，是根据魏晋时期的四部分类法来类分群书。其分类体系如下：经部分为《易》、《书》、《诗》、《礼》、《乐》、《春秋》、《孝经》、《论语》、纬书、小学十类；史部分为正史、古史、杂史、霸史、起居注、旧事、职官、仪注、刑法、杂传、地理、谱系、簿录十三类；子部分为儒家、道家、法家、名家、墨家、纵横家、杂家、农家、小说家、兵家、天文、历数、五行、医方十四类；集部分为楚辞、别集、总集三类；附道经，分为经戒、饵服、房中、符箓四类；附佛经，分为大乘经、小乘经、杂经、杂疑经、大乘律、小乘律、杂律、大乘论、小乘论、杂论、记十一类。

　　经部是依据刘歆《七略》的《六艺略》、荀勖《中经新簿》的甲部演变而来的，收录典籍六百二十七部、五千三百七十一卷，分为《易》、《书》、《诗》、《礼》、《乐》、《春秋》、《孝经》、《论语》、纬书、小学十类，其中除了纬书类是新增的，其余九类类名均沿袭《七略》《汉书·艺文志》中的类名。经部所分十类典籍，有各自的功用，排列次序也有内在逻辑关系：《易》类，以纪阴阳变化；《书》类，以纪帝王遗范；《诗》类，以纪兴衰诵叹；《礼》类，以纪文物体制；《乐》类，以纪声容律度；《春秋》类，以纪行事褒贬；《孝经》类，以纪天经地义；《论语》类，以纪先圣微言；纬书类,以纪六经谶候;小学类,以纪字体声韵。

史部是依据阮孝绪《七录》的《纪传录》及荀勖《中经新簿》的丙部演化而来的,收录典籍八百一十七部、一万三千二百六十四卷,分为正史、古史、杂史、霸史、起居注、旧事、职官、仪注、刑法、杂传、地理、谱系、簿录十三类。正史类,以纪纪传表志;古史类,以纪编年系事;杂史类,以纪异体杂纪;霸史类,以纪伪朝国史;起居注类,以纪人君言动;旧事类,以纪朝廷政令;职官类,以纪班序品秩;仪注类,以纪吉凶行事;刑法类,以纪律令格式;杂传类,以纪先贤人物;地理类,以纪山川郡国;谱系类,以纪世族继序;簿录类,以纪史策条目。

子部是合并刘歆《七略》及《汉书·艺文志》之《诸子略》《兵书略》《术数略》《方技略》而成的,收录典籍八百五十三部、六千四百三十七卷,分为儒家、道家、法家、名家、墨家、纵横家、杂家、农家、小说家、兵家、天文、历数、五行、医方十四类。对于子部各类间的关系,《隋书·经籍志三》曰:"儒、道、小说,圣人之教也,而有所偏。兵及医方,圣人之政也,所施各异。世之治也,列在众职,下至衰乱,官失其守。或以其业游说诸侯,各崇所习,分镳并骛。若使总而不遗,折之中道,亦可以兴化致治者矣。"[①] 儒家类,以纪仁义教化;道家类,以纪清净无为;法家类,以纪刑法典制;名家类,以纪循名责实;墨家类,以纪强本节用;纵横家类,以纪辩说诡诈;杂家类,以纪兼叙众说;农家类,以纪播植种艺;小说家类,以纪刍辞舆诵;兵家类,以纪权谋制度;天文类,以纪星辰象纬;历数类,以纪推步气朔;五行类,以

---

① 魏徵:《隋书》卷三十四《经籍志三》,中华书局,2000年,第702页。

纪卜筮占候；医方类，以纪药饵针灸。

集部是依据刘歆《七略》之《诗赋略》、荀勖《中经新簿》之丁部及阮孝绪《七录》之《文集录》演化而成的，收录典籍五百五十四部、六千六百二十二卷，分为楚辞、别集、总集三类。楚辞类，以纪骚人怨刺；别集类，以纪辞赋杂论；总集类，以纪文章事类。

《隋书·经籍志》确立的经、史、子、集四部，用一个字概括一种学术门类，字约意丰，并且分类得当，大小类名均为后世所沿用。例如史部之正史、杂史、地理，集部之别集、总集等类名，都是在《隋书·经籍志》中首次使用，之后才成为固定门类的。四部分类法成为唐代以后历代学者编制目录、类分群书的圭臬，居于典籍分类的正统地位。宋、元、明、清官修的藏书目录、史志目录，以及较多私人藏书目录等，大都遵循四部分类法，并以此丰富和拓展"四部之学"知识系统。

第三节　藏书的流通与利用

隋唐五代时期，由于社会的全面发展和繁荣，文教事业取得了很大的成就，官府藏书得到了多方面的利用，与此同时，官府藏书的流通率也在不断提高。这一时期，著述事业蓬勃发展，书籍品种丰富繁多。《宋史·艺文志》总序说："历代之书籍，莫厄于秦，莫富于隋、唐。隋嘉则殿书三十七万卷。而唐之藏书，开元最盛，为卷八万有奇。其间唐人所自为书，几三万卷。"① 这段话既记录了隋唐官府藏书事业繁盛时藏书的总数，又对唐代的著述总数作了估计。《新唐书·艺文志》总序则记录了唐人著述的具体情况："藏书之盛，莫盛于开元，其著录者，五万三千九百一十五卷，而唐之学者自为之书者，又二万八千四百六十九卷。呜呼，可谓盛矣！"② 隋唐时期官府藏书的数量如此之大，其原因是多方面的，其中的直接原因包括统治者对文化典籍的重视、科举制度的全面实行、佛道经籍的广泛传播和国家间的文化交流等。

一、藏书的流通实践

（一）内部的藏书流通活动

隋唐两朝均制定各类政策促进藏书流通，全社会对典籍的崇拜意识也超过以往。例如，牛弘的《请开献书之路表》上奏后，得到了隋文帝的赞许，隋文帝随即下诏向天下求书；关于隋炀帝对读书著述的热爱以及开展的搜书、编书活动，史籍都有明确的记载；而唐太宗对典籍更是达到了痴迷的程度。隋朝把图书视为经邦大典，这一观念为唐朝所沿袭。魏徵撰写的《隋书·经籍志》总序，清楚地表明了统治者的重书思想及政策，该总序所述比牛弘所上之表更为系统和深刻，尤其指出了四部图书"为治之具"的特质：经史治国，技艺治身，诸子乃经籍之鼓吹，集部文章为政化之重点。这样

---

① 脱脱等：《宋史》卷二百二《艺文志一》，中华书局，2000年，第3365页。
② 欧阳修、宋祁：《新唐书》卷五十七《艺文志一》，中华书局，2000年，第935页。

的文化政策，如此的认识高度，前所未有。《隋书·经籍志》总序虽出自朝臣之手，但完全可以被视为唐朝统治者推行崇文政策的宣言书。开元年间，毋煚编撰《古今书录》，其序云："夫经籍者，开物成务，垂教作程，圣哲之能事，帝王之达典。"① "帝王达典"言简意赅，精确涵盖了隋唐统治者推行重书政策的目的。

正因为隋唐统治者对典籍有如此的认识，所以他们在官府藏书建设上众策并举：广罗藏书，精建藏书机构，组织人员反复整理、缮写图籍，编制卷帙浩繁的多种藏书目录，等等。另外，历任弘文馆、集贤院学士和秘书省的秘书监、秘书少监等都精通业务，为一时儒宗，有些学士还是朝中重臣。

隋朝建立之初，大力倡导儒学，开皇三年（583）四月，隋文帝便"诏天下劝学行礼"②，鼓励兴学讲经。隋朝立国虽浅，但在学校建设、科举取士和学术文化等方面用力甚勤，为后世打下了良好的基础。

唐朝建立以后，在隋朝的基础上进一步完善教育、科举制度，发展文教事业。在文化政策上，兼容并包，儒、道、释并重，但始终把儒学视为根本。唐太宗曾说："朕今所好者，惟在尧、舜之道，周、孔之教，以为如鸟有翼，如鱼依水，失之必死，不可暂无耳。"③ 在这种思想的指导下，唐太宗非常重视学校教育，把学校作为选拔官吏的摇篮。唐朝把学校教育和科举考试捆绑在一起，开办学校就是为了科举取士。举子们为了应试，不得不背诵、研究经

---

① 刘昫等：《旧唐书》卷四十六《经籍志上》，中华书局，2000年，第1338页。
② 魏徵：《隋书》卷一《高祖纪上》，中华书局，2000年，第13页。
③ 吴兢编著，王贵标点：《贞观政要》卷六《慎所好第二十一》，岳麓书社，2000年，第205页。

书,这对经学的发展起了很大的促进作用,也对书籍的生产和流通产生了直接的影响。

隋唐五代时期的官府藏书,虽和前朝一样有很多的限制,并非所有人都能借阅,但其读者范围较前朝还是有所扩大,除皇帝外,史官、著作郎、校书郎、集贤殿学士、太学生等,甚至来唐的留学生,都能到官府藏书机构阅览图书,并可利用图书进行著述。另外,随着隋唐两代藏书数量的增加,藏书处所也在增多,自然需多配置职事人员,如正字、书令史、典书、拓书手、楷书手等,这些人利用职务之便,亦可阅览官府所藏图书。如唐初大臣虞世南,在隋朝大业年间官拜秘书郎,在秘书省任职期间,利用秘书省所藏图籍,编撰了《北堂书钞》。唐代刘悚在《隋唐嘉话》中说:"虞公之为秘书,于省后堂集群书中事可为文用者,号为《北堂书钞》。"①《旧唐书·窦威传》记载:"窦威字文蔚,扶风平陵人。……隋内史令李德林举秀异,射策甲科,拜秘书郎。秩满当迁,而因守不调,在秘书十余岁,其学业益广。"②窦威为了阅读秘阁藏书,放弃升迁机会,十余年固守不调,终学问博洽。《旧唐书·段成式传》记载:"成式字柯古,以荫入官,为秘书省校书郎。研精苦学,秘阁书籍,披阅皆遍。"③段成式利用职务之便,阅遍秘阁藏书,终成为著名学者。《新唐书·艺文志》总序云:"大明宫光顺门外、东都明福门外,皆创集贤书院,学士通籍出入。"④《唐会要》卷六十四云:"开元二年正月,宏文馆学士、直学士、学生,情愿夜读书,及写供奉

---

① 刘悚著,程毅中点校:《隋唐嘉话》卷中,中华书局,1979年,第16页。
② 刘昫等:《旧唐书》卷六十一《窦威传》,中华书局,2000年,第1596页。
③ 刘昫等:《旧唐书》卷一百六十七《段文昌传》附《段成式传》,中华书局,2000年,第2976页。
④ 欧阳修、宋祁:《新唐书》卷五十七《艺文志一》,中华书局,2000年,第936页。

书人、拓书人，愿在内宿者，亦听之。又宏文馆令学士一人专判馆事，并差给事中一人，差知勾当，明为簿历，其学生既在馆宿，博士及直馆，每夜各一人递直。"① 这些学士自然也是官府藏书的读者。据《唐六典》卷九记载，当时的官府藏书分为四库，"每库二人，知写书、出纳、名目、次序，以备检讨焉"②。这里的"出纳"应包括借阅，但在什么范围内进行借阅，则不得而知。总而言之，在唐代阅览官府所藏书籍确实较为容易。例如，《旧唐书·阳城传》记载："阳城字亢宗，北平人也。代为宦族。家贫不能得书，乃求为集贤写书吏，窃官书读之，昼夜不出房，经六年，乃无所不通。"③ 阳城所读官书，就是集贤院藏书。

（二）国家间的藏书流通活动

隋唐五代时期的对外图书交流活动较以往更为频繁，且涉及的图书种类、数量更多。隋朝国祚短，记录不详，而唐朝统治时间长达二百八十九年，其间，我国频繁开展对外经济、文化交流活动。都城长安成为各国使节、商人、学者、僧侣等聚集的国际型城市，国子监领导的国子学、太学、四门学等中央学校，更是广收各国的留学生。这些留学生带来各国的文化，带走大批汉文典籍，将灿烂的中华文明传播到世界各地，从而促进了中外文化的交流与发展。

7世纪至9世纪，与中国交往最频繁、对中国历史发展进程影响最大的是日本。自贞观四年（630）至唐朝灭亡，日本正式派出

---

① 王溥：《唐会要》卷六十四《史馆下·宏文馆》，中华书局，1955年，第1115页。
② 张九龄等撰，李林甫等注：《唐六典》卷九《中书省》，载《景印文渊阁四库全书》史部（595），台湾商务印书馆，1983—1986年，第98页。
③ 刘昫等：《旧唐书》卷一百九十二《隐逸传·阳城传》，中华书局，2000年，第3490页。

的遣唐使团多达十三次,人数最少的一次也不下百人。他们带走了大批汉文典籍,据日本9世纪末所编的《日本国见在书目录》记载,当时日本所存汉文书籍多达一千五百余部、一万六千余卷。①在中日书籍文化交流中起重要作用的是两国的僧人和日本遣唐留学生,如鉴真、阿倍仲麻吕、吉备真备、空海、桔逸势等。

唐朝与朝鲜的图书文化交流亦愈加频繁。据《旧唐书·新罗国传》记载,唐太宗贞观二十二年(648),新罗国王真德"遣其弟国相、伊赞干金春秋及其子文王来朝。诏授春秋为特进,文王为左武卫将军。春秋请诣国学观释奠及讲论,太宗因赐以所制《温汤》及《晋祠碑》并新撰《晋书》"。武则天垂拱二年(686),新罗国王"遣使来朝,因上表请《唐礼》一部并杂文章,则天令所司写《吉凶要礼》,并于《文馆词林》采其词涉规诫者,勒成五十卷以赐之"。②又,据《旧唐书·张荐传》记载,张荐"下笔敏速,著述尤多……新罗、日本东夷诸蕃,尤重其文,每遣使入朝,必重出金贝以购其文"③。白居易的诗传入新罗国后,也受到人们的欢迎。

在中印文化交流史上,玄奘和义净所作的贡献尤多。玄奘于贞观初年赴印度从高僧求学,贞观十九年(645)归国,带回数量众多的佛教经典并进行翻译,其撰写的《大唐西域记》记录了中国西北地区、印度、尼泊尔、巴基斯坦、孟加拉国、斯里兰卡及中亚等地的历史、地理、风土人情等,是一部宝贵的文献资料。义净于咸亨二年(671)由广州走海路赴印度,先后游历三十余国,历时二

---

① 王勇、大庭修主编:《中日文化交流史大系·9·典籍卷》,浙江人民出版社,1996年,第38—39页。
② 刘昫等:《旧唐书》卷一百九十九上《东夷传·新罗国传》,中华书局,2000年,第3630页。
③ 刘昫等:《旧唐书》卷一百四十九《张荐传》,中华书局,2000年,第2734页。

十五年，于武后当政期间回到洛阳。他除带回佛经约四百部外，还撰写了《南海寄归内法传》和《大唐西域求法高僧传》，介绍了印度和南海一带国家和地区的宗教文化以及中国入印僧人的事迹。

二、官府藏书的利用方式

隋唐五代时期官府藏书的利用方式与前朝大致相同，主要表现在修史书和编类书两个方面。隋唐统治者确立了修史制度以后，组织人员编纂了大量史籍，形成了利用官府藏书进行著述的特点。此前修史虽属官修，但没有常设机构，也没有大臣监修。随着中央集权的加强，统治者意识到史书修撰也有集中管理的必要。

（一）隋朝官修活动

隋文帝于开皇十三年（593）颁诏，禁止私人修史："人间有撰集国史、臧否人物者，皆令禁绝。"① 从此以后，编修国史便被朝廷控制。隋朝国运短促，史学成就不大，利用官府藏书撰成的史书主要包括以下数种：（1）著作郎魏澹编撰的《魏史》。《隋书·魏澹传》记载："高祖以魏收所撰书，褒贬失实，平绘为《中兴书》，事不伦序，诏澹别成《魏史》。澹自道武下及恭帝，为十二纪，七十八传，别为史论及例一卷，并《目录》，合九十二卷。"② （2）吏部尚书牛弘编撰的《周史》。关于牛弘的事迹，前文已介绍过，但关于他编撰《周史》一事，《隋书·牛弘传》并未提及，仅在《隋书·经籍志二》的"正史类"中著录其所撰《周史》一书。此外，

---

① 魏徵：《隋书》卷二《高祖纪下》，中华书局，2000年，第27页。
② 魏徵：《隋书》卷五十八《魏澹传》，中华书局，2000年，第950页。

牛弘还参考官府藏书，制定了一系列典章制度，《隋书·牛弘传》对此有记载："牛弘笃好坟籍，学优而仕，有淡雅之风，怀旷远之度，采百王之损益，成一代之典章，汉之叔孙，不能尚也。"①（3）著作郎王劭等人编撰的《隋书》。唐代魏徵《隋书·王劭传》记载："劭在著作，将二十年，专典国史，撰《隋书》八十卷。"②同书《辛德源传》亦记载："秘书监牛弘以德源才学显著，奏与著作郎王劭同修国史。"③（4）秘书丞许善心编撰的《梁史》。《隋书·许善心传》记载："初，善心父撰著《梁史》，未就而殁。善心述成父志，修续家书，其《序传》末，述制作之意曰：'……自入京已来，随见补葺，略成七十卷。'"④ 隋文帝重视并开展大规模的修史活动，收集魏晋南北朝三百六十余年间存续的各朝史料为其编修史志，这为唐朝的修史活动奠定了深厚的文献基础。

除了编修史书，隋朝统治者也大力推动类书编撰工作，隋炀帝即位前和在位期间都广集人才，开展类书编纂工作。据《文献通考》卷一百七十四记载，隋炀帝"为帝前后近二十载……自经术文章、兵农地理、医卜释道，乃至捕搏鹰狗，皆为新书，无不精洽，共成三十一部，万七千卷"⑤，平均每部约有五百五十卷，多为大部头类书，如《长洲玉镜》《隋区宇图志》《编珠》等。

隋炀帝时官方编修的大型类书《长洲玉镜》，共四百卷，由虞绰、虞世南、庾自直、柳䛒等人编撰而成，其内容多为帝王得政、

---

① 魏徵：《隋书》卷四十九《牛弘传》，中华书局，2000年，第876页。
② 魏徵：《隋书》卷六十九《王劭传》，中华书局，2000年，第1083页。
③ 魏徵：《隋书》卷五十八《辛德源传》，中华书局，2000年，第954页。
④ 魏徵：《隋书》卷五十八《许善心传》，中华书局，2000年，第958—959页。
⑤ 马端临，上海师范大学古籍研究所、华东师范大学古籍研究所点校：《文献通考》卷一百七十四《经籍考一》，中华书局，2011年，第5200页。

失政的故事，借此警示后世子孙。其写作体例仿《修文殿御览》，内容源自《华林遍略》，并有所增补。虽然该书已散佚，但在后世典籍如《隋书·经籍志》《通志》《玉海·崔融请修书表》等中仍能见到关于该书的零星记载。

参与《长洲玉镜》编撰工作的虞世南，利用在秘书省担任秘书郎之便，广泛收集史料并私辑类书《北堂书钞》。该书共一百六十卷，分类编排，凡八百五十二类，所收多后世失传之书，可供辑佚。

《编珠》为隋炀帝时期由秘书佐郎杜公瞻奉敕编撰的大型类书，搜罗词藻、典故，编为骈语，以供作文采撷之用。但该书自宋以后一度散佚，后清代名臣高士奇于内府藏书之中发现该书的残本，并对其进行续补，辑为补遗二卷、续编二卷。

胡道静在《中国古代的类书》中曾对隋朝类书的编修工作作如此评价："隋代享国之年甚短，但在类书史上却占一个重要的位置。"①

包括史书、类书在内，隋朝官修书籍近五十种、数千卷，可谓成果丰硕。隋炀帝曾经非常自负地对侍臣说："天下皆谓朕承籍绪余而有四海，设令朕与士大夫高选，亦当为天子矣。"② 他在位期间，官修图书的数量多达三十一部、一万七千余卷。若根据在位者划分隋朝的官修书籍，则隋文帝时编修《隋朝仪礼》一百卷和《五礼》一百三十篇，修成《隋书》八十卷和《魏史》九十二卷，整理官府藏书时编修四部目录，制定《隋律》十二卷和《隋开皇令》三十

---

① 胡道静：《中国古代的类书》，中华书局，2005年，第76页。
② 司马光撰，胡三省音注：《资治通鉴》卷一八百八十二《隋纪六》，载《景印文渊阁四库全书》史部（308），台湾商务印书馆，1983—1986年，第89页。

卷，隋文帝亲自撰写了《新授兵书》三十卷；而据《隋书·经籍志》《旧唐书·经籍志》《新唐书·艺文志》等书著录，隋炀帝组织文人编撰的官修书籍有《江都集礼》一百二十卷、《法华玄宗》二十卷、《长洲玉镜》四百卷、《北堂书钞》一百七十卷、《隋区宇图志》一百二十九卷、《隋诸郡土俗物产》一百五十一卷、《桂苑珠丛》一百卷、《隋诸州图经集》一百卷、《灵异记》十卷、《东征记》、《水饰图经》十五卷、《玄门宝海》一百二十卷、《宝台四法藏目录》一百卷、《隋大业律》十一卷、《隋大业令》三十卷、《淮南王食经并目》一百六十五卷、《相马经》六十卷、《种植法》七十七卷、《四海类聚方》二千零六百卷、《四海类聚单要方》三百卷、《炀帝集》五十五卷等。

（二）唐朝官修活动

唐朝自唐高祖起就十分重视修史，武德五年（622），唐高祖应令狐德棻的请求下诏编修前朝史书。当时修史的目的是从历代治乱兴衰中总结经验，提高国家治理能力，但因唐高祖在位时日不长，故修史工作未能真正展开。唐朝编修史书的工作开始于太宗朝，唐太宗曾说："欲览前王之得失，为在身之龟镜"[①]，"以古为镜，可以知兴替"[②]。在这种思想观念的指导下，唐太宗即位之初便采取一系列措施组织人员编修前朝史书，如设立独立的史馆等。唐初承袭隋制，史馆隶属秘书省著作局，贞观三年（629），唐太宗将史馆移至宫中，设专人负责编撰前朝国史，从此朝廷专门设置史馆、宰相监

[①] 王钦若等：《册府元龟》卷五百五十四《国史部·总序·恩奖》，载《景印文渊阁四库全书》子部（911），台湾商务印书馆，1983—1986年，第617页。
[②] 吴兢编著，王贵标点：《贞观政要》卷二《论任贤第三》，岳麓书社，2000年，第38页。

修史书成为一种制度，并一直延续到清代。在唐太宗的支持下，史馆先后完成前朝六史的撰写工作，其中由令狐德棻、岑文本等编撰的《周书》，由魏徵、孔颖达等编撰的《隋书》，由姚思廉等编撰的《梁书》《陈书》，由李百药编撰的《北齐书》等五部史书，大量摘录有关王朝兴衰、治世良言等史料，为唐太宗制定决策提供了参考与借鉴。而由房玄龄等编撰的《晋书》成书最晚，唐太宗为其中的部分帝纪及传记写了论赞。唐太宗时期官修史书的思想观念影响了后世王朝，其在位期间修成的六部史书成为"二十四史"的重要组成部分。

除史书编撰事业繁荣外，唐朝的类书编纂事业也蓬勃发展，几乎历任统治者都曾聚集大批学者，利用丰富的官府藏书编纂类书，这些类书在数量和质量上均远超前朝。唐朝官修部头较大和较有影响的类书包括以下数种：高祖时的《艺文类聚》，太宗时的《文思博要》，高宗时的《瑶山玉彩》《文馆词林》《累璧》，武后时的《三教珠英》《玄览》，玄宗时的《玄宗事类》《初学记》等。其中，《艺文类聚》是中国现存最早的一部完整的官修类书，全书共一百卷，采集古籍一千四百余种，分为天、岁时、地、州、郡、山、水、符命、帝王、后妃、储宫、人、礼等四十八部，四十八部之下又详细分为七百二十七个子目，开创了"事前文后"的写作风格和注重丰富"人部"的分类理念，为后世四部分类思想的完善提供了借鉴。

"安史之乱"以后，藩镇割据愈演愈烈，唐朝的中央集权制度遭到破坏，朝廷再也没有能力组织人员编纂类书，类书编纂事业随之衰落，前朝编修的大型类书也被战火焚毁。

三、私人藏书的利用方式

魏晋南北朝之前，私人藏书只是为了学术研究（著书立说）和传业授徒；魏晋南北朝之后，私人藏书的功能有所增加。进入隋唐五代时期，私人藏书的功能就更加多元化了，除了学术研究和传业授徒外，又增加了广布文教、应对科举、诗文创作、陶冶情致、经营谋生等。随着私人藏书事业的发展，很多藏书家对藏书的使用情况逐渐发生变化，具体表现在以下几个方面。

（一）广布文教

虽然广布文教与传业授徒都具有教育性质，但是前者更具普及教育的意义。藏书是个人旨趣的体现，不过部分有识之士选择将藏书公开，供公众阅读。如唐代陆端因与人分享藏书而广受赞誉。又如五代后周窦禹钧出资开设书院及公书楼，聚集书籍，聘请名师，传经授业，天下之士，无论贵贱，只要好学，皆可来此接受教育。窦禹钧堪称广布文教的典范，他的藏书观比以往的私人藏书家先进许多，他所追求的藏书价值取向，是那些秘不外宣的私人藏书家难以理解的。五代后晋石昂也践行着同样的理念。石昂"家有书数千卷，喜延四方之士，士无远近，多就昂学问，食其门下者或累岁，昂未尝有怠色"[①]。再如唐朝末年的王师范以藏书丰富、推行教化而著称。《新五代史·王师范传》记载："师范颇好儒学，聚书至万

---

① 欧阳修撰，徐无党注：《新五代史》卷三十四《一行传·石昂传》，中华书局，2000年，第244页。

卷，为政有威爱。"①《旧五代史·杨彦询传》记载："彦询年十三，事青帅王师范，有书万卷，以彦询聪悟，使掌之。"②《宋史·张昭传》记载："青州王师范开学馆，延置儒士，再以书币招直，署宾职。"③ 显然，王师范收藏图书除自用外，还为学馆生徒阅览提供便利，以嘉惠士林。为了加强对藏书的管理，王师范还特意聘请专人掌管藏书。

（二）藏书入仕

科举制度是隋唐以来选拔人才的一项重要制度，它的建立打破了魏晋南北朝以来世家大族垄断社会政治资源的局面，使得平民百姓能够获取阶级提升的机会，因而受到了广大文人学子的追捧。正是科举制度的推行，使得"万般皆下品，唯有读书高"的儒家的重书理念深入人心。唐朝初行科举制度时期，清明的政治环境为其顺利推行提供了良好的政治基础，科举取士较为公平，而且当时科举考试的科目繁多，普通学子既可以通过进士科实现阶层飞跃，也可以通过明经科等专科在朝堂上获得一席之地。所以当时世人积极藏书、抄书、读书，以应对科考选拔。

《旧唐书·白居易传》所收录的《与元九书》中有关于科举考试的记载：

---

① 欧阳修撰，徐无党注：《新五代史》卷四十二《杂传·王师范传》，中华书局，2000年，第299页。
② 薛居正等：《旧五代史》卷九十《晋书十六·杨彦询传》，中华书局，2000年，第827页。
③ 脱脱等：《宋史》卷二百六十三《张昭传》，中华书局，2000年，第7475页。

及五六岁，便学为诗，九岁谙识声韵。十五六，始知有进士，苦节读书。二十已来，昼课赋，夜课书，间又课诗，不遑寝息矣。以至于口舌成疮，手肘成胝，既壮而肤革不丰盈，未老而齿发早衰白，瞥然如飞蝇垂珠在眸子中者，动以万数，盖以苦学力文之所致。

又自悲家贫多故，年二十七，方从乡赋。既第之后，虽专于科试，亦不废诗。及授校书郎时，已盈三四百首。或出示交友如足下辈，见皆谓之工，其实未窥作者之域耳。自登朝来，年齿渐长，阅事渐多，每与人言，多询时务，每读书史，多求理道，始知文章合为时而著，歌诗合为事而作。①

从这两段文字中可以看出，白居易为了举业有成，潜心阅读，甚至达到"二十已来，昼课赋，夜课书，间又课诗，不遑寝息矣"的程度。

除了白居易日夜苦读的记载，关于文人学子热衷于科举考试的事迹在《新唐书》《旧唐书》的各类传记中屡见不鲜。如《旧唐书·李袭誉传》就记述了李袭誉希望子孙借助辛勤耕读实现入仕梦想的藏书、读书心得："袭誉性严整，所在以威肃闻。凡获俸禄，必散之宗亲，其余资多写书而已。及从扬州罢职，经史遂盈数车。尝谓子孙曰：'吾近京城有赐田十顷，耕之可以充食；河内有赐桑千树，蚕之可以充衣；江东所写之书，读之可以求官。吾没之后，尔曹但能勤此三事，亦何羡于人。'"②

---

① 刘昫等：《旧唐书》卷一百六十六《白居易传》，中华书局，2000年，第2960—2961页。
② 刘昫等：《旧唐书》卷五十九《李袭志传》附《李袭誉传》，中华书局，2000年，第1573页。

（三）以诗促藏

唐朝文学繁荣发展，文人骚客备受敬重，创作了大量诗文。清康熙年间编纂的《全唐诗》共收录诗歌四万八千九百余首、诗人二千二百余人，后来又有多位学者对其进行补辑，共收录诗歌五万五千余首、诗人三千七百余人；《全唐文》及其"补编"系列收录文章四万余篇、作者五千余人。

当时有一大批文人所作诗文的内容涉及藏书，如陈子昂、王维、贾至、韦应物、刘言史、卢仝、刘禹锡、李廓、杜牧、许浑、莫宣卿、陆龟蒙、皮日休、韩愈、柳宗元等。这些诗文具体可以分为以下三类。

第一类是描述家中藏书数量的诗文。如陈子昂《秋园卧病呈晖上人》曰"图书纷满床，山水蔼盈室"；王维《晚春严少尹与诸公见过》曰"松菊荒三径，图书共五车"；贾至《闲居秋怀，寄阳翟陆赞府、封丘高少府》曰"闭门对群书，几案在我旁"；韦应物《燕居即事》曰"几阁积群书，时来北窗阅"；刘言史《放萤怨》曰"架中科斗万余卷，一字千回重照见"；刘禹锡《偶作二首》曰"万卷堆床书，学者识其真"；杜牧《冬至日寄小侄阿宜诗》曰"第中无一物，万卷书满堂"；莫宣卿《答问读书居》曰"床头万卷书，溪上五龙渡"；《旧唐书·韩愈传》记载韩愈自谓"沉浸酞郁，含英咀华，作为文章，其书满家"[1]；《新唐书·柳宗元传》所收柳宗元《寄许京兆孟容书》云"家有赐书三千卷，尚在善和里旧宅"[2]。

第二类是描述藏书收集过程的诗文。如李廓《上令狐舍人》曰

---

[1] 刘昫等：《旧唐书》卷一百六十《韩愈传》，中华书局，2000年，第2858页。
[2] 欧阳修、宋祁：《新唐书》卷一百六十八《柳宗元传》，中华书局，2000年，第3985页。

"买书添架上,断酒过花时";许浑《寄殷尧藩》曰:"宅从栽竹贵,家为买书贫";皮日休《读书》曰:"家资是何物,积帙列梁栭。"

第三类是借藏书言志抒情的诗文。如王维《故人张谙工诗,善易卜,兼能丹青、草隶,顷以诗见赠,聊获酬之》云:"自想蔡邕今已老,更将书籍与何人?"许浑《南亭偶题》云:"白首书千卷,朱颜酒一杯。"①

唐朝文人墨客层出不穷,在当时的政策导向和文化氛围中,他们必然要购书、藏书,以赋诗属文,立言传世,而当时的社会提供了购书、藏书的多种途径,于是又催生了一批藏书家。

（四）修身养性

书籍可以提高人的品位、陶冶人的情致,有些士人因厌恶官场争斗,寄情山水,通过藏书、读书,以达到净化心灵、修身养性的目的。譬如,隋朝李巨仁作诗称:"藏书凡几代,看博已经年。逝将追羽客,千载一来旋。"②唐朝王绩在《答冯子华处士书》中说"独坐河渚,结构茅屋……床头素书数帙,《庄》、《老》及《易》而已"③;司空图隐居中条山,以与高僧名士吟咏为乐,"前后所蓄图书七千四百卷"④;张颜"遂下帷闭关,炼藻思,缉坟籍。穷象象,

---

① 以上诗句均出自《全唐诗》。
② 李巨仁:《登名山篇》,载逯钦立辑校《先秦汉魏晋南北朝诗》隋诗卷七,中华书局,1988年,第2726页。
③ 王绩:《答冯子华处士书》,载董诰等编、孙映逵等点校《全唐文》卷一百三十一,山西教育出版社,2002年,第795页。
④ 司空图:《荥阳族系图记》,载陈尚君辑校《全唐文补编》(下册)又再补卷六,中华书局,2005年,第2336页。

端风雅。亘以年岁，研精儒林"①；姚存古"晏居缮性，默壮冲用。聚蓄百家书，讲浮屠理。造达精微，与时消长"②；穆君弘超然世外，"至于聚彼群书，该乎百氏，忘其贫而乐其道，经其口而综于心"③；张德操"既无取于荣进，自得性于琴樽。有蔡氏之书籍，迈韦门之邹鲁"④；王宽"志好山水，尤爱典坟，叠雅思于书帷，浪遥情于琴室"⑤；张达"晚节好学，招请名流，特玩班书，泛涉诸史。缥缃编而满篋，集青汗而盈架"⑥；李明远隐居洛阳，"家有素书数千卷，渴日不足，下帷而勤"⑦；李敬晚年"锐于坟典，博于经史，家藏万卷，君览八千"⑧；乘著"素薄名利，式罕知音……门叶清风，藏书万卷，怀珠吐玉，流芳溢吴"⑨；赵珪名利贫婺皆忘，犹自

---

① 赵植：《唐故吏部常选中山张府君（颜）墓志铭并序》，载吴钢主编《全唐文补遗》（第一辑），三秦出版社，1994年，第202页。
② 郑澣：《唐故东都功德等使朝议大夫内侍省内常侍员外置同正员知东都内侍省事上柱国长城县开国公食邑一千五百户姚公（存古）墓志铭并序》，载吴钢主编《全唐文补遗》（第三辑），三秦出版社，1996年，第201页。
③ 张峭：《大梁洛州河南郡穆徵君（君弘）改葬合祔墓志铭并序》，载吴钢主编《全唐文补遗》（第六辑），三秦出版社，1999年，第206页。
④ 《唐故鄜州直罗县丞张府君墓志铭并序》，载周绍良主编《唐代墓志汇编》显庆一三一，上海古籍出版社，1992年，第313页。
⑤ 《洛州河南县录事王君墓志》，载周绍良主编《唐代墓志汇编》龙朔〇〇二，上海古籍出版社，1992年，第338页。
⑥ 《大唐故凉国公府长史上骑都尉张君墓志铭并序》，载周绍良主编《唐代墓志汇编》永淳〇一八，上海古籍出版社，1992年，第697页。
⑦ 《大唐故李府君墓志铭并序》，载周绍良主编《唐代墓志汇编》开元一〇四，上海古籍出版社，1992年，第1225页。
⑧ 《唐故庄州都督李府君志铭并序》，载周绍良主编《唐代墓志汇编》开元二一〇，上海古籍出版社，1992年，第1303页。
⑨ 《唐故朝散郎守珍王府录事参军飞骑尉乘府君墓志铭并序》，载周绍良主编《唐代墓志汇编》元和一四二，上海古籍出版社，1992年，第2049—2050页。

"手抄古今书数千卷,为文章二十通"①;段成式"家多书史,用以自娱,尤深于佛书"②;徐修矩"守世书万卷,优游自适";卢仝无意仕进,"家甚贫,惟图书堆积"③。上述诸人勇弃功名,对人生有自己的解读,将自由、快乐作为追求的目标,把藏书、读书视为人生最大的乐趣。

（五）鬻书维生

在当时商品经济不太发达的情况下,也有人将私人藏书作为经营谋生的手段。据《云仙杂记》卷三记载,唐代倪若水"藏书甚多,列架不足,叠窗安置,不见天日。子弟直日看书,借书者,先投束脩羊"④。明代彭大翼《山堂肆考》卷一百二十四亦云:"唐倪若水字子泉,藏书甚多,子弟直日看书,有借书者,先束脩投贽,然后与之。"⑤倪若水家富藏书,颇善经营,委派子弟轮流值守,凡来看书借书者,皆要交纳一定费用,他的书斋俨然成为一座书屋,既提供阅览场地,也提供借书服务。唐代官学要行束脩之礼,倪若水所为可能是在模仿官学。作为私人藏书家,他作出的"有借书者,先束脩投贽"的规定,是很典型的以藏书谋生的行为。我们从唐代发达的书业推断,应当还有其他人如此行事。

---

① 《唐故进士赵君墓志铭》,载周绍良主编《唐代墓志汇编》大中〇一一,上海古籍出版社,1992年,第2260页。
② 刘昫等:《旧唐书》卷一百六十七《段文昌传》附《段成式传》,中华书局,2000年,第2976页。
③ 傅璇琮主编:《唐才子传校笺》(第二册),中华书局,1989年,第268页。
④ 冯贽:《云仙杂记》卷三《束脩羊》,载《景印文渊阁四库全书》子部(1035),台湾商务印书馆,1983—1986年,第656页。
⑤ 彭大翼:《山堂肆考》卷一百二十四《文学·藏书·子弟看书》,载《景印文渊阁四库全书》子部(976),台湾商务印书馆,1983—1986年,第430页。

古今中外藏书家的藏书，莫不由累积渐进而成。稳定的社会环境、浓郁的文化风尚、富足的经济生活，是滋养私人藏书事业的肥沃土壤。隋唐三百余年，长安、洛阳的藏书家达到六十六人，其中藏书万卷以上者有十四人。藏书家人数的增长正是得益于隋唐安定的社会环境。隋唐五代时期的私人藏书文化丰富多彩，在典籍聚集、收藏、保管、校雠、流通、利用等方面对魏晋以来的各项传统既有继承，又有创新，为之后各朝私人藏书事业的发展奠定了基础。

四、私人藏书的利用特点

（一）藏书的"公开"与"秘藏"之争开始出现

　　自隋朝废除九品中正制，实行科举制度以来，民间兴起好学之风，科举入仕成为贫民学子跨越阶层的重要途径。因此，私人开始注重藏书尤其是收藏与科举考试有关的经典著作，出现了影响后世的藏书功用思想和藏书休闲阅读理论。藏书应该公开外传以及藏书应该私人保有不得外传这两种思想之间的争论也是在这一时代背景下产生的。其实早在青铜器铸造的鼎盛时期，在青铜铭文的结尾处就有这样的固定语句："子子孙孙永保用"，意思是希望此器物能永世流传，并且得到后世子孙的珍视。研究上古史的学者认为，这表明商周时期人们已普遍接受"不朽"意识，而青铜器之所以能够成为铭文载体，是因为其本身铸造坚固，可以永久保存。这种"永保用"的意识也深深影响了隋唐五代时期私人藏书家的书籍收藏观。古人讲，书有四厄：水、火、兵、虫。水、火容易理解；兵指战乱，战乱往往会使大批书籍遭到焚毁，明末李自成攻破北京、清代太平天国占据东南时都曾大量焚毁书籍；虫指虫蛀，古书用纸多以植物为原材料，极易生虫。此外，鼠蚀、霉烂等对书籍而言都是巨大的灾难。藏书家们深知书籍保存之不易，遇到珍贵或喜爱的书籍时，不但自己费心护持，也希望子孙后代能够珍视。而隋唐时期有部分藏书家则认为藏书应公开传播，藏书利用观在这一时期出现巨大分歧。

关于私人藏书的利用，主要有两种观点。一种观点认为私人藏书不应外传，这种观点的代表人物为唐代杜暹。杜暹家中藏书多至万卷，每卷末尾杜暹都要亲笔题跋："清俸买来手自校，子孙读之知圣道，鬻及借人为不孝。"意思是说，自己辛苦得来的藏书，子孙应该勤加阅读并予以珍藏，转卖、外借都是不孝的做法。杜暹的这三句题跋对后世影响深远。在爱书者看来，"鬻及借人为不孝"是完全可以理解的，并且这种观念在后来的藏书家身上屡见不鲜。另一种观点支持私人藏书对外开放。如唐代陆端"有书满屋，与人共读；有粟如云，与人共分"[①]；李承休"聚书二万余卷，诫子孙不许出门，有求读者，别院供馔。邺侯家多书，有自来矣"。五代时期也有部分藏书家延续唐代私人藏书对外开放的传统，允许藏书外借。如后周窦禹钧"于宅南构一书院四十间，聚书数千卷，礼文行之儒，延置师席。凡四方孤寒之士贫无供须者，公咸为出之，无问识不识。有志于学者，听其自至"[②]。后晋石昂"家有书数千卷，喜延四方之士，士无远近，多就昂学问，食其门下者或累岁，昂未尝

---

① 顾况：《祭陆端公文》，载董诰等编、孙映逵等点校《全唐文》卷五百三十，山西教育出版社，2002年，第3185页。
② 范仲淹：《范文正公文集》卷三《窦谏议录》，商务印书馆，1937年，第21—22页。

有愧色"。

综上所述，自唐代开始已经有学者形成了藏书对外开放的思想，即不将藏书视为一个家族或者一个家庭的私有物品，而是向普通大众开放。这种思想与今天公共图书馆的公开借阅思想几乎一致。在近代西方图书馆学理论传入中国的早期，大多数图书馆学学人认为中国古代没有图书馆，其论据是中国古代藏书楼具有封闭性，而近代西方图书馆则具有开放性。但是从上述文献记载可以看出，我国古代存在图书馆这一事物，虽然其名称是"藏书楼"，但其与近代图书馆一样，具有保管文献资料、提供借阅服务的功能。隋唐五代时期出现的封闭和开放两种藏书思想，在今天的各类图书馆中仍旧存在。

（二）注重钤印文化

随着人们对图书功能的认识的深化，以及图书的社会价值的提升，藏书家在其所藏书籍上钤印的现象开始出现。这一文化活动有三种作用：一表示所属，二便于藏书传承，三表达珍藏欣赏之意。唐代诗人皮日休在《鲁望戏题书印囊奉和次韵》中云："金篆方圆一寸余，可怜银艾未思渠。不知夫子将心印，印破人间万卷书。"[1]这是一首涉及藏书印的和韵诗，反映出当时藏书家对自己的藏书进行钤印的现象已较为普遍。

历代学者或藏书家往往对所收藏的书籍加以考证，并于题识之外钤盖自己的图章印记，这些图章印记被称为"藏章"，即藏书章，它是藏书者借以表明图书所有权和表达个性情趣的一种印记。这些

---

[1] 皮日休：《鲁望戏题书印囊奉和次韵》，载陈贻焮主编《增订注释〈全唐诗〉》（第四册），文化艺术出版社，2001年，第489页。

藏书章可以帮助我们识别书籍的版刻时代，判断书籍的收藏和流传过程，从而确定其价值。

藏书章始于唐朝，唐太宗自书"贞观"二字作连珠印用于御藏书画，印文虽系年号，实是藏章之始。其后，唐玄宗李隆基的"开元"连珠印、唐大臣李泌的"端居室"印、南唐后主李煜的"建业文房"印、宋太祖赵匡胤的"秘阁图书"印等皆为传世藏书章。明清之际，随着私人藏书事业繁盛，使用藏书章的风气日益浓厚。

唐代张彦远在《历代名画记》卷三中收录了许多本朝藏书家的印鉴，例如：光禄大夫中书令上柱国赵国公钟绍京的藏书印，印文是"书印"；张彦远高祖中书令河东公张嘉贞的藏书印，印文是"河东张氏"；张彦远曾祖相国魏国公张延赏的藏书印，印文是"乌石侯瑞"；张彦远祖父相国高平公张弘靖的藏书印是二字小印，印文分别是"鹊"和"瑞"，又有"鹊瑞"二字同为一印的情况；御史大夫黎干的藏书印，印文是"黎氏"；相国邺侯李泌的藏书印，印文是"邺侯图书刻章"；宰相王涯的藏书印，印文是"永存珍秘"；等等。"自古及近代御府、购求之家，藏蓄、传授、阅玩，其人至多，是以要明跋尾印记，乃是书画之本业耳。"①

钟绍京（生卒年不详），字可大，虔州赣（今江西赣州）人。书法家钟繇的后裔。"初为司农录事，以工书直凤阁，则天时明堂门额、九鼎之铭，及诸宫殿门榜，皆绍京所题。"唐玄宗时，官至中书令，封越国公。"绍京雅好书画古迹，聚二王及褚遂良书至数十百卷。"② 其所藏书画多有"书印"印文。

---

① 张彦远著，秦仲文、黄苗子点校：《历代名画记》卷三《叙古今公私印记》，人民美术出版社，2016年，第43—46页。
② 刘昫等：《旧唐书》卷九十七《钟绍京传》，中华书局，2000年，第2058—2059页。

黎干（715—779），字贞固，寿春（今属安徽）人。始以善星纬术，待诏翰林，累官至谏议大夫，后迁京兆尹，除兵部侍郎。其藏书每部钤有"黎氏"印文。

王涯（约764—835），字广津，太原（今山西太原西南）人。德宗贞元年间进士，官右拾遗、起居舍人等。宪宗朝，官知制诰，加中书侍郎、同平章事。穆宗即位，以检校礼部尚书、梓州刺史、剑南东川节度使，后入为御史大夫。敬宗时，充盐铁转运使，入为太常卿。文宗时，封代国公，拜司空，加开府仪同三司，兼领江南榷茶使。"涯博学好古，能为文，以辞艺登科，践扬清峻，而贪权固宠，不远邪佞之流，以至赤族。涯家书数万卷，侔于秘府。"[1] 其藏书每部钤有"永存珍秘"印文。

1984年，河南偃师出土了一枚刻有"渤海图书"字样的藏书印，它是我国现存最早的一枚图书印章，墓主为唐代庐州参军李存。[2] 私人藏书印鉴的广泛使用，为私人藏书文化增添了新的内容。

---

[1] 刘昫等：《旧唐书》卷一百六十九《王涯传》，中华书局，2000年，第2999页。
[2] 李致忠：《古书版本学概论》，书目文献出版社，1990年，第204—205页。

第六章

隋唐五代时期的图书馆学学人及其思想

隋朝是中国历史上在经历了五胡乱华和南北朝两个漫长的分裂时期之后出现的又一个大一统皇朝。继之而起的唐朝进一步确立了全国统一的局面，并在政治、经济、军事、文化、科技等方面全面发展。隋唐时期官府藏书体系确立，藏书制度、藏书管理方法均走向成熟。这些藏书管理实践为藏书理论的产生与发展奠定了实践基础，在此实践基础上，部分图书馆学学人对藏书的一系列现象进行概括总结，最终形成了图书馆学思想和理论。隋唐时期比较系统阐述文献功能的史料当推牛弘的《请开献书之路表》和魏徵的《隋书·经籍志》总序。

第六章 隋唐五代时期的图书馆学学人及其思想

第一节 牛弘与《请开献书之路表》

一、牛弘生平

牛弘（545—611），字里仁，安定（今甘肃泾川北）人。本姓尞，父亲牛允任北魏侍中、工部尚书，封临泾公，赐姓牛。牛弘在北周时期历任中外府记室、内史上士，后升任纳言上士，专门负责公文信札往来。宣政元年（578），转任内史下大夫，升任使持节、大将军、仪同三司。隋朝建立后，任散骑常侍、秘书监，掌管官府藏书。后因建设官府藏书有功，进爵奇章郡公。累官至吏部尚书。卒年六十六，追赠开府仪同三司、光禄大夫、文安侯，谥曰宪。

开皇初年，牛弘任散骑常侍、秘书监，掌管官府藏书。开皇三年（583），他以"经邦立政，在于典谟矣。为国之本，莫此攸先"为据，上《请开献书之路表》。这篇奏表作为我国历史上第一篇专门论述图书馆学理论的文献，对后世各朝官府藏书事业的发展均产生了重大影响，它对图书事业的重要性和图书的社会作用的认识，开我国古代图书馆学理论研究之先河。后人称"这篇奏表以图书搜求立论，旁征博引，诱人深思，不失为我国古代一篇十分重要的图书学论文。特别是其中对图书社会作用和图书事业重要地位的研究,更达到了一个近乎系统完善的地步"①。

牛弘在《请开献书之路表》中首先指出搜集民间藏书、建设官府藏书机构的重要性,即"有国有家者,曷尝不以《诗》《书》而为教,因礼乐而成功也"②,之后历数各朝藏书的聚散情况,提出最早的图书馆学理论——"五厄论",并分析了官府藏书的历史作用,提出了藏书搜集的原则——"勒之以天威,引之以微利"。

二、牛弘的图书馆学思想

根据《请开献书之路表》中的内容,我们将牛弘的图书馆学思想大致归纳为以下几个方面。

(一)图书"五厄论"

"五厄论"源自牛弘在《请开献书之路表》中总结的自秦以来至隋建立这八百余年间官府藏书历经的五次重大灾难,它是牛弘图书馆学思想的重要组成部分。"五厄论"被后来的学者发展成古代图书馆学的重要思想——"书厄观"。所谓"书厄",是指国家所藏图书在短时期内遭受自然灾害或人为破坏而散佚毁失的社会现象。奏表中关于"五厄论"的论述如下:

及秦皇驭宇,吞灭诸侯,任用威力,事不师古,始下焚书之令,行偶语之刑。先王坟籍,扫地皆尽。……此则书之一厄也。……及王

---

① 吴仲强等:《中国图书馆学史》,湖南出版社,1991年,第99页。
② 魏徵:《隋书》卷四十九《牛弘传》,中华书局,2000年,第867页。下文所引《请开献书之路表》中的内容均出自《隋书》卷四十九《牛弘传》,不再一一标注页码。

莽之末,长安兵起,宫室图书,并从焚烬。此则书之二厄也。……及孝献移都,吏民扰乱,图书缣帛,皆取为帷囊。所收而西,裁七十余乘,属西京大乱,一时燔荡。此则书之三厄也。……属刘、石凭陵,京华覆灭,朝章国典,从而失坠。此则书之四厄也。……及周师入郢,绎悉焚之于外城,所收十才一二。此则书之五厄也。

从上述文字可以看出,牛弘将秦始皇焚书坑儒、王莽之乱时长安宫室藏书被大火焚毁、汉献帝移都、西晋八王之乱、侯景之乱时萧绎焚书等事件归纳为自秦至隋建立以前中国图书馆学史上官府藏书经历的五次厄运,提出了中国古代著名的图书馆学思想——"五厄论"。

牛弘以反映历代官府藏书兴衰聚散的几个重大事件为线索,叙述图书的流转变迁,是历史上总结书厄现象的第一人,奠定了古代"书厄观"的理论基础。在牛弘之后,历代学者继承并不断发展"五厄论",形成了关于书厄研究的多个流派。如由注重对书厄现象的探讨与研究而形成的以时序排比书厄事实的"书厄史记录派",其代表人物为明代胡应麟,他在《少室山房笔丛正集》卷一中提出,"牛弘所论五厄,皆六代前事……然则书自六朝之后,复有五厄"[1],从而将早期的"五厄论"发展为"十厄论"。近人祝文白曾在胡应麟之后作"再续五厄论"。除"书厄史记录派"之外,还有旨在探讨书厄现象的社会历史原因的"书厄论研究派",其代表人物及理论有宋人洪迈的"书厄论"和近人陈登原的"四厄论"。

（二）对图书作用的认识

牛弘对图书作用的认识比前人更加深刻,这是其图书馆学思想

---

[1] 胡应麟:《少室山房笔丛正集》卷一《经籍会通一》,载《景印文渊阁四库全书》子部（886）,台湾商务印书馆,1983—1986年,第172页。

的另一重要组成部分。对图书作用的认识是我国古代图书馆学的重要内容，它反映了整个社会对图书馆学的重视程度，与当时图书事业的发展水平密切相关。在封建社会，图书事业发展水平的高低，往往取决于最高统治者对图书作用的认识程度。西汉初年汉高祖与贾谊已意识到文章的教化作用，即图书的社会作用。北魏时期，博士官李先提出图书乃"治化之典"的观点，并总结出图书具有"补人神智"的作用。

牛弘在《请开献书之路表》中详细阐述了他对图书作用的认识，归纳起来有以下两点。

第一，图书具有社会教化作用。牛弘认为：

> 经籍所兴，由来尚矣。爻画肇于庖羲，文字生于苍颉，圣人所以弘宣教导，博通古今，扬于王庭，肆于时夏。故尧称至圣，犹考古道而言，舜其大智，尚观古人之象。《周官》，外史掌三皇五帝之书，及四方之志。武王问黄帝、颛顼之道，太公曰："在《丹书》。"

由此可知，牛弘将图书看作"弘宣教导，博通古今"的工具。牛弘曾说道："有国有家者，曷尝不以《诗》《书》而为教，因礼乐而成功也。"他不仅称赞儒家经典的作用，还认为增长知识、提高修养离不开图书。当然受历史条件的限制，他还未能清楚地认识到图书在之后科举考试中的重要作用，仅仅依稀认识到图书的教育作用。

第二，图书具有政治作用。牛弘在《请开献书之路表》中明确提出"昔陆贾奏汉祖云'天下不可马上治之'，故知经邦立政，在于典谟矣。为国之本，莫此攸先"的观点。他把图书看作统治阶级治国的根本，图书在"经邦立政"时起参考作用。他认为图书是政治斗争中不可或缺的工具,对建立与维护封建统治有着极大的作用,官府藏书建设的最终目的是维护封建统治。后人将他的这一图书馆学思想称为"国本论",这也是牛弘图书馆学思想的核心,其本质是将图书看作统治阶级维护封建统治的根本手段。此后,魏徵在《隋书·经籍志》总序中提出"夫仁义礼智,所以治国也,方技数术,所以治身也;诸子为经籍之鼓吹,文章乃政化之黼黻,皆为治之具也"①,把四部典籍当作"为治之具"。这些都说明中国的图书馆学从一开始就肩负着巩固政权、治国治身的使命。正因为图书具有政治作用的理论与隋文帝巩固政权的意图相符,所以他才采纳牛弘的建议,"开献书之路",让图书为其政治统治服务。但是,牛弘对"开献书之路"所带来的负面影响欠缺考虑。隋文帝虽在开皇初年采纳牛弘的建议下令"开献书之路",但在开皇十三年(593)又下诏"私家不得隐藏纬候、图谶","人间有撰集国史、臧否人物者,皆令禁绝"。②隋文帝借助搜罗民间藏书的机会,大肆销毁不利于隋朝统治的纬候、图谶之书,给此类书籍的传承带来另一种意义上的"书厄"。由此可见,牛弘提出的"开献书之路"的建议,其实质是统治阶级加强中央集权统治的手段。

(三)牛弘的藏书建设思想

牛弘在《请开献书之路表》中提出"经邦立政,在于典谟矣。为国之本,莫此攸先"的观点,将所收图书数量的多少作为衡量一个君主的政治统治是否英明的标准。隋文帝采纳牛弘的建议颁布求书令之后,官府藏书的数量急剧增加,创造了自秦汉以来历代官府

---

① 魏徵:《隋书》卷三十二《经籍志一》,中华书局,2000年,第617页。
② 魏徵:《隋书》卷二《高祖纪下》,中华书局,2000年,第27页。

藏书量的最高纪录。这对隋以后的官府征书工作产生了极大影响，为历代文臣倡议开展征书工作提供了史实和理论依据，激励了封建社会最高统治者效仿古代明君的雄心，所以后世在王朝重建或中兴之时，总有文臣竭力提倡征书，封建帝王给予大力支持，从而"采掇遗亡"，"群书略备"。

从今天学术分科的角度来看，牛弘所上之表实质上是一篇关于图书采访或文献资源建设的论文。当然，他是从历史的角度勾勒文献之"聚"与"散"，并在"聚"与"散"的对比中揭示其演变规律的。由于文献是超越文本知识论的价值存在，所以文献之"聚"与"散"可以折射出政治的兴衰。这样一来，作为官府藏书机构的官员，如何在文献的聚集上有所作为从而襄赞政治，成为不可回避的重要问题。政权能否获得人们的普遍信仰和文化规范的支持，始终是衡量其是否合法与合理的一个重要依据。隋唐五代时期的官府藏书事业正是在这一总体思路下发展的。

牛弘从专业角度分析了"开献书之路"的具体途径是搜求于民间，基本原则是"勒之以天威，引之以微利"，"兼开购赏"，既运用政权的威势，又给予必要的物质补偿。牛弘仿照北齐"初亦采访，验其本目"的做法，利用既有书目检核文献残缺，发现"今御书单本，合一万五千余卷，部帙之间，仍有残缺。比梁之旧目，止有其半"；而他所得出的"至于阴阳河洛之篇，医方图谱之说，弥复为少"的结论，无疑也是"比梁之旧目"的结果。这就为"献书"指明了对象和目标，从而保证了所"献"之书的质量。据《隋书·牛弘传》记载，牛弘请依古制修立明堂，上议曰："案刘向《别录》及马宫、蔡邕等所见，当时有《古文明堂礼》《王居明堂礼》《明堂图》《明堂大图》《明堂阴阳》《太山通义》《魏文侯孝经传》等，并说古明堂之事。其书皆亡，莫得而正。"① 牛弘正是根据既有书目考证出这些亡佚之书的。

除请求统治者"开献书之路"，牛弘在图书建设方面也作出了一定的贡献。开皇九年（589），晋王杨广率兵攻灭南朝陈，"收陈图籍，归之秘府"之后，牛弘受隋文帝派遣，安排人员整理这批典籍。《隋书·经籍志》总序记载：

> 于是总集编次，存为古本。召天下工书之士，京兆韦霈、南阳杜頵等，于秘书内补续残缺，为正副二本，藏于官中，其余以实秘书内、外之阁，凡三万余卷。炀帝即位，秘阁之书，限写五十副本，分为三品：上品红琉璃轴，中品绀琉璃轴，下品漆轴。于东都观文殿东西厢构屋以贮之，东屋藏甲乙，西屋藏丙丁。又聚魏已来古迹名画，于殿后起二台，东曰妙楷台，藏古迹；西曰宝迹台，藏古画。又于内道场集道、佛经，别撰目录。②

由以上记载可知，隋炀帝首创以不同的装裱标准来区分藏书质量的方法。

（四）提出图书访求原则

牛弘对古代图书馆学理论的又一重要贡献是提出国家图书访求原则。牛弘在奏表中历数国家兴亡与藏书数量息息相关的事例，并对当时隋朝的官府藏书情况进行了系统的调查，阐明了隋初官府藏书的状况："今御书单本，合一万五千余卷，部帙之间，仍有残缺。

---

① 魏徵：《隋书》卷四十九《牛弘传》，中华书局，2000年，第870页。
② 魏徵：《隋书》卷三十二《经籍志一》，中华书局，2000年，第616页。

比梁之旧目，止有其半。至于阴阳河洛之篇，医方图谱之说，弥复为少。"由此可知，尽管当时隋朝直接继承了北周的官府藏书，但数量并不多，不算副本只有一万五千余卷。这个数字与南朝梁阮孝绪所编《七录》中书目的总数相比少了一半，而且"部帙"残缺不全。鉴于这种情况，牛弘指出随着隋朝的建立，"土宇迈于三王，民黎盛于两汉"，为满足"大弘文教，纳俗升平"的需要，"一时载籍，须令大备。不可王府所无，私家乃有"。若是官府藏书机构没有收藏民间异书，那么藏书将无法实现其政治作用，不利于政治统治。所以，"开献书之路"搜集民间藏书以补充官府藏书是当务之急。对此，牛弘提出建议："然士民殷杂，求访难知，纵有知者，多怀吝惜，必须勒之以天威，引之以微利。若猥发明诏，兼开购赏，则异典必臻，观阁斯积。"

隋文帝采纳牛弘的建议下诏征求遗书，分别派遣专使到各地搜访民间异书，凡是献出异书一卷者，就赏赐一匹绢作为报酬，而且等朝廷校订缮写结束后，仍将旧本归还。这次搜书活动收获颇丰，北方因战乱散落在民间的书籍不断涌现。经过数年的努力，隋朝官府藏书的规模快速扩张，藏书量最多时有三十七万卷，这是隋以前历代封建王朝中官府藏书数量的最高纪录。这一成就源于牛弘的图书馆学思想对藏书实践的指导作用。隋以后的历代统治者对于被征收图书之人一般都采取优赐、授官两种办法予以酬谢，"勒之以天威，引之以微利"成为官府向民间搜集图书的一种行之有效的办法，并形成定制。由于官府藏书在治理政务方面发挥着重要的参考作用，所以统治者竭尽全力，恩威并施，广泛搜集民间藏书，以补充和完善官府藏书。

梳理牛弘的图书馆学思想可以发现，其主要目的是"经邦立政",其本质是为统治阶级服务。但是牛弘首创的"五厄论""国本论"是古代图书馆学向前迈出的重要一步,在我国古代图书馆学史上占有重要地位。后人对此评价道:"隋唐五代是我国古代图书馆学思想的形成时期,而牛弘的'五厄论'是我国古代图书馆学思想由萌芽到形成的一个里程碑。"① 事实上,"书厄论"也被视为牛弘的最大贡献。梅海燕认为:"《隋书·经籍志》总序有一半的内容是依据'五厄论'而写的,明朝胡应麟认为隋朝在图书事业上有这么大的成就是牛弘的功劳。"②

第二节 魏徵与《隋书·经籍志》

一、魏徵生平

魏徵(580—643),字玄成,魏郡馆陶(今属河北)人,生于相州内黄(今河南内黄西北)。唐初政治家、思想家、文学家和史学家,辅佐唐太宗开创"贞观之治",被后人称为"一代名相"。官至侍中、太子太师,封郑国公,谥号"文贞"。

---

① 程焕文:《略论中国古代图书馆学思想形成时期的几个问题》,《图书馆工作与研究》1989年第2期。
② 梅海燕:《对牛弘〈请开献书之路表〉的探讨》,《河南图书馆学刊》2002年第3期。

唐初，魏徵出任秘书监之职，主管官府藏书。因隋末农民起义频发，官府藏书遭到损毁。初任秘书监的魏徵上疏对当时官府藏书遭受焚毁的状况进行陈述，并奏请重新编修藏书，并校对各类书记。唐太宗采纳魏徵的建议，诏令由魏徵主持《隋书》的编写工作。《隋书·经籍志》对当时藏书的情况进行了全面回顾与总结。魏徵在《隋书·经籍志》总序中对古代藏书的兴亡更替作了历史的总结，其中有关藏书建设、藏书目录划分、藏书分类的思想均可以被看作隋唐五代时期图书馆学思想的重要内容。

二、《隋书·经籍志》总序中的藏书建设思想

与牛弘在《请开献书之路表》中的论述相似，魏徵在《隋书·经籍志》总序（以下简称"总序"）中采用回溯历史的方式，从教化民众、经邦治国、立身齐家三个方面论证并强调了图书的价值。例如，总序说"考之前载，则《三坟》《五典》《八索》《九丘》之类是也"[1]，历数了从三皇五帝到唐初武德年间典籍产生与流传的过程，尤其详述了自春秋末期孔子整理典籍至唐初千余年间我国典籍的聚散史，成为继南朝梁阮孝绪的《七录·序》和隋代牛弘的《请开献书之路表》之后又一篇论及我国典籍流通史的学术文章。追溯历史的主要目的是通过例证的形式揭示历朝历代文献皆重视人文教育传统和道德教化作用，以及社会的有序与和谐，从而论证出文献所具有的价值论取向。

关于藏书建设思想，总序在牛弘《请开献书之路表》的基础上

---

[1] 魏徵：《隋书》卷三十二《经籍志一》，中华书局，2000年，第613页。以下所引总序的内容均出自《隋书》卷三十二《经籍志一》，不再一一标注页码。

讲一步深化,主要包括以下几点。

第一,强调文献在民众修身方面的价值。总序曰:

夫经籍也者,机神之妙旨,圣哲之能事,所以经天地,纬阴阳,正纪纲,弘道德,显仁足以利物,藏用足以独善,学之者将殖焉,不学者将落焉。大业崇之,则成钦明之德,匹夫克念,则有王公之重。其王者之所以树风声,流显号,美教化,移风俗,何莫由乎斯道?

除了强调典籍"经天地,纬阴阳","大业崇之,则成钦明之德"的经邦治国功能,以及"正纪纲,弘道德","美教化,移风俗"的教化作用,还强调典籍的立身功能:"显仁足以利物,藏用足以独善,学之者将殖焉,不学者将落焉","匹夫克念,则有王公之重。其王者之所以树风声,流显号"。而这一立身功能,对于匹夫、显贵而言是相同的。

第二,在更为具体的层面上分析了文献的社会价值。总序最后总结说:"夫仁义礼智,所以治国也,方技数术,所以治身也;诸子为经籍之鼓吹,文章乃政化之黼黻,皆为治之具也。"文献都是"为治之具",但不同的文献有各自的侧重点。这与唐代文化的多元化一致。《全唐文》卷七百四十二《上韦右丞书》有言:"今天下白屋之士,有角立秀出者,或能以黄老言,或能以儒术言,或能以刑法言。"[①] 显然,当时的社会强调增加多层次、宽领域的知识储备。《隋书·经籍志》对除经部之外的其他三类(史、子、集,包括佛道二教)文献的礼赞,并不意味着思想的失序,而是借以强调文献

---

① 刘轲:《上韦右丞书》,载董诰等编、孙映逵等点校《全唐文》卷七百四十二,山西教育出版社,2002年,第4523页。

的整体社会价值，也为经部之外的边缘化的文献和知识提供了存在的可能。《全唐文》卷七百一十五《进六经法言表》强调"不能以百家邪说，六国纵横，秦汉刑名，魏晋偷薄，为盛时道"①，正是这一认识的准确表达。总之，史、子、集三类文献的存在并没有改变儒家经典在总体知识结构中的中心地位。经部居于首位，就是为了确保儒家思想及其人伦彝常在社会中处于优先地位。为此，总序又引《礼记·经解》之语，重点分析儒家经典的价值内涵："故曰：'其为人也，温柔敦厚，《诗》教也；疏通知远，《书》教也；广博易良，《乐》教也；洁静精微，《易》教也；恭俭庄敬，《礼》教也；属辞比事，《春秋》教也。'"

第三，强调文献价值的实现必须结合现实语境。总序在引用《礼记·经解》之语后，进一步指出："遭时制宜，质文迭用，应之以通变，通变之以中庸。中庸则可久，通变则可大，其教有适，其用无穷，实仁义之陶钧，诚道德之橐龠也。其为用大矣，随时之义深矣，言无得而称焉。"这就是说，文献在培养人格、促进政治清明、净化社会风气等方面的价值是毋庸置疑的，但这些价值的实现必须结合现实语境。这是对《汉书·艺文志》将文献与五行相配的思想的进一步发展。《隋书·经籍志》与《汉书·艺文志》的区别是，《汉书·艺文志》更强调五行规范下的文献结构体系的完整与精致，而《隋书·经籍志》只是承续源自五行生克的变化观，认为文献"随时之义深矣"，放弃了五行本身的机械对应，并直接接续牛弘《请开献书之路表》回归现实的价值取向。也就是说，作为"机神之妙旨，圣哲之能事"的文献，其意义的发挥与价值的实现，需要"读者"根

---

① 韦处厚：《进六经法言表》，载董诰等编、孙映逵等点校《全唐文》卷七百一十五，山西教育出版社，2002年，第4331页。

据周遭环境而有所取舍,从而与"作者"进行有效沟通。

第四,文献是"今之所以知古,后之所以知今"的信息保障。文献大致经历了"书契已传,绳木弃而不用,史官既立,经籍于是兴焉"的三大历史发展阶段:结绳记事是第一阶段,"书契"即文书档案是第二阶段,"经籍"即图书是第三阶段。

总之,文献与社会人伦的密切关系始终没有被质疑,文献整理的具体活动只是以变换的形态表达着向社会人伦的效忠与臣服。因此,文献整理活动对读者的承诺不仅是技术和知识层面的,即不仅提供检索手段使读者获得文献,进而获得文献的文本知识,而且营造一种社会和谐、人心归仁的氛围,从而成为灵魂熏修的一个重要凭借。在此意义上,文献整理活动致力于心灵的拯救和社会风气的提振,有力地阐释了"平凡即伟大"的哲理——在文献整理的具体实践中蕴含着形而上的追求。

三、《隋书·经籍志》的分类与著录思想

魏徵是在主动继承刘向的目录学理论与实践的基础上展开关于《隋书·经籍志》的书目编撰和理论思考的。

(一)《隋书·经籍志》的一级分类

《隋书·经籍志》是继《汉书·艺文志》以后我国现存的第二部史志目录,它将图书分为四部"凡五十五篇",是我国现存的第一部以经、史、子、集四部分类法对图书进行分类的目录著作,在我国书目分类史上具有重要地位。

1. 确立四分法的地位

《隋书·经籍志》总序在简述历代书目分类时指出，此前的书目分类方法有六分、九分、七分、五分、四分等。就四分法而言，西晋荀勖的《中经新簿》将医书分为甲、乙、丙、丁四部，是我国四部分类法的开端；东晋李充的《晋元帝四部书目》仍以甲、乙、丙、丁为次，但没有标注类名。而王俭《七志》、阮孝绪《七录》等"七"类书目则标注了类名，以概括各部所包含的图书的内容和性质。《隋书·经籍志》博采众长，既仿照"四"类书目分为四部，又采用"七"类书目的类名进行标注，形成了历史上第一个以经、史、子、集为类名的四部分类体系。始自郑默《中经簿》、荀勖《中经新簿》、李充《晋元帝四部书目》的"四"分体系与始自刘歆《七略》、王俭《七志》、阮孝绪《七录》的"七"分体系之间的争论，随着《隋书·经籍志》的出现而告一段落。《隋书·经籍志》既宣告了四分法的本质性胜利，也证明了《七录》等"七"分体系有可取之处。

《隋书·经籍志》将文献分为四部，四部之外，另有道佛两类，"录其大纲，附于四部之末"①，但这两类都只有文献数量的统计以及一篇序言，而没有著录具体的文献，即没有书目。若绳以后世标准，《隋书·经籍志》所采用的仍然是不完全的四部分类法。北宋中期以三馆一阁（合称崇文院）内的实际藏书为依据所编成的《崇文总目》（原书已佚，清代纂修《四库全书》时，据天一阁所藏不完整抄本及《永乐大典》引文辑为十二卷），设经、史、子、集四部四十五类，共六十六卷，其中子部包括佛道二家，因而它所采用

---

① 魏徵：《隋书》卷三十五《经籍志四》，中华书局，2000年，第732页。

的是真正的四部分类法。不过,这并不会影响《隋书·经籍志》在我国书目分类史上的重要地位。

2.《隋书·经籍志》的二级分类

《隋书·经籍志》的二级类目"凡五十五篇",其中佛道二类的二级类目计十五个(道经有四个,佛经有十一个),其余四十个是经、史、子、集一级类名下的二级类目,它们各有类序,剖析源流,发明其旨,由此形成了结构严谨、条理分明的图书二级分类体系,对后世影响很大。唐朝统治者曾将四部四十类体系视为法程,命人将其编入《唐六典》,并分别对各个类目作简要说明:"甲部为经,其类有十……乙部为史,其类一十有三……景部为子,其类一十有四……丁部为集,其类有三。"① 此后,历代官私书目、正史艺文、经籍志,几乎都恪守成规,少有违越。

《隋书·经籍志》的四十个二级类目多源自"七"类书目中的二级类目,尤其对阮孝绪《七录》的类目设置仿拟甚多。诚如姚振宗《隋书经籍志考证》所指出的:"以《七录》叙目校之,唯史部之正史、古史、杂史、起居注四篇不用阮例,余或合并篇目,或移易次第,大略相同。"

《四库全书总目·凡例》指出:"自《隋志》以下,门目大同小异,互有出入,亦各具得失,今择善而从。"② 这反映了《隋书·经籍志》的类目设置对《四库全书总目》的影响。这种影响,除了与《隋书·经籍志》确立的四部分类法有关,也与其二级类目的完善和系统化有关。

---

① 张九龄等撰,李林甫等注:《唐六典》卷十《秘书省》,载《景印文渊阁四库全书》史部(595),台湾商务印书馆,1983—1986年,第104—105页。
② 永瑢等:《四库全书总目》卷首,中华书局,1965年,第17页。

（二）《隋书·经籍志》的著录思想

《隋书·经籍志》的著录思想主要体现在文献著录内容和著录方式两个方面。

1.《隋书·经籍志》的文献著录内容

《隋书·经籍志》的著录内容包括两大部分：一是唐初以从隋东都和西京所获官府藏书为基础的实存文献。当时实有八万九千六百六十六卷，而《隋书·经籍志》仅著录三万六千七百零八卷，另外实存的近五万三千卷或因"重复相糅"，或因"文义浅俗、无益教理"而未被收录。《隋书·经籍志》总序说："其旧录所取，文义浅俗、无益教理者，并删去之。"这批为《隋书·经籍志》所著录的唐初实存文献应该都是经过严格校雠的。二是广泛参考前人书目而得到的"古有（尤其是'梁有'）今无"的"曾有"文献，总计一千部、一万二千余卷。《隋书·经籍志》总序说："其旧录所遗，辞义可采，有所弘益者，咸附入之。远览马史、班书，近观王、阮志、录。"这部分文献完全是根据前贤编修的书目移录而来的，不是手自校雠的结果。

唐高祖武德年间曾开修梁、陈、北齐、北周、隋五代史书，但并未修成。唐太宗贞观年间令魏徵总知其务，设史馆再度开修史书，最终撰成只有纪传的《五代史》。为补其阙，贞观十五年（641）遂开修《五代史》的志书，至显庆年间修成"十志"，称为《五代史志》，《经籍志》是十志之一。包括《经籍志》在内的十志皆附丽于魏徵主编的《隋书》，但在时间跨度上却兼及梁、陈、北齐、北周、隋五代。因此，《隋书·经籍志》实为《五代史》的"经籍志"，其所著录的文献反映了梁、陈、北齐、北周、隋五代官私书目所载图书在唐初保存和散佚的情况。也正因为如此，《隋书·经籍志》并不等同于藏书目录，它改变了《汉书·艺文志》仅纪一代藏书之盛的成规，是我国古代不完全根据现实藏书情况来编制史志目录的开端。以《隋书·经籍志》为代表的纪历代藏书之盛的书目，与以《汉书·艺文志》《旧唐书·经籍志》《宋史·艺文志》为代表的纪一代藏书之盛的书目和以《明史·艺文志》《清史稿·艺文志》为代表的纪一代著作之盛的书目，形成鼎足之势。

综上所述，《隋书·经籍志》的文献著录内容包括两大部分：一是"今考见存"的唐初实际藏书；二是"约文绪义"的"梁有而今亡或残"之书。这在我国史志目录中颇具特色。一方面，实有文献"今考见存"，曾有文献"约文绪义"，"各列本条之下"，实有和曾有交相辉映，既包含考求现有文献和曾有文献的异同的用意，也存在将唐代现有藏书与南朝梁曾有藏书作比较的动机，同时还形成了一个兼及实有和虚拟的文献目录的雏形。另一方面，《隋书·经籍志》中保存了许多隋代之前的目录中所记载的文献，由于这些文献多已亡佚，只能通过《隋书·经籍志》而得其崖略。阮孝绪的《七录》既记有也记无，以"天下之遗书秘记，庶几穷于是"和"不足编于前录而载于此"为职志，著录的文献数量巨大。而南宋郑樵不仅在《通志·艺文略》中践行了"通纪有无"的著录原则，还指出书目通过"通纪有无"可以实现"其先后本末具在"，从而使读者"睹其书可以知其学之源流"①。可以肯定的是，从阮孝绪的《七录》到郑樵的《通志·艺文略》，《隋书·经籍志》起到了承上启下的作用。

---

① 郑樵：《通志》卷七十一《校雠略第一·编次必谨类例论六篇》，载《景印文渊阁四库全书》史部（374），台湾商务印书馆，1983—1986年，第482页。

2.《隋书·经籍志》的文献著录方式

《隋书·经籍志》的文献著录方式并不完全一致,有些仅列书名和卷数而不标注作者信息,如"《周易私记》二十卷""《周易谱》一卷";有些冠以朝代、官爵、人名,再以书名、卷数为续,如"后汉大将军护军司马《班固集》十七卷"。但总体而言,《隋书·经籍志》的文献著录方式是以书名及卷数为标目,而作者、存佚等信息则以小注的形式出现。例如,"《归藏》十三卷晋太尉参军薛贞注","《周易》二卷魏文侯师卜子夏传,残缺。梁六卷"。

《隋书·经籍志》以前的史志目录,其著录文献的方式颇不统一,如《汉书·艺文志》著录文献时,或先书名、篇卷而后作者,或先作者而后书名、篇卷,或只记书名、篇卷而不记作者。与之相比,《隋书·经籍志》的著录方式虽间有例外,但基本是以书名标目为主,对后世书目产生了很大的影响。此外,《隋书·经籍志》著录文献时多坐实作者,这与先秦汉魏的著作往往由"门弟子相与编录","汉末人著书,尚不自题姓名"[①] 的情况并不相同。

四、《隋书·经籍志》的图书馆学思想价值

《隋书·经籍志》在中国文献学、目录学、图书分类学等方面都具有深远的意义,具体表现在以下几个方面。

第一,《隋书·经籍志》第一次明确地提出了四部分类的名称。《隋书·经籍志》是我国古代第一部正式以经、史、子、集序列编制的史志目录,它的出现标志着经、史、子、集四部分类法的正式

---

① 余嘉锡:《目录学发微(外一种:古书通例)》,岳麓书社,2010年,第184页。

确立。《隋书·经籍志》结束了魏晋以来由学术的变化而引起的不同分类法互竞、并立的局面，图书分类学由此开启了以四部分类法为正统的新阶段。因此，《隋书·经籍志》在我国图书分类学史上、目录学发展史上都起到了承上启下的作用，具有里程碑意义。

第二，《隋书·经籍志》总序阐明了文献的重要作用，将文献与治国联系起来，为国家进行藏书建设提供了扎实的理论基础，体现了魏徵"经学致用""藏书为治"的文献收藏观，明确了文献的永恒价值，提升了文献收藏的历史地位。

第三，从文献史的角度来看，《隋书·经籍志》总序详尽地论述了先秦、西汉、东汉、曹魏、东晋、宋、齐、梁、隋各朝在文献收藏和整理方面所作出的努力，使人们能够更清晰、更具体地了解文献的聚散、盛衰和一次次走向新的发展之路的历程，将文献的聚散与社会的兴替联系起来，建立起了历史意义上的大文献史。

第四，《隋书·经籍志》总序总结了唐之前的历代官府藏书整理活动，记述了历代为收集图书所作出的努力以及图书整理成果，甚至记载了各个朝代的藏书规模。从某种意义上来说，《隋书·经籍志》总序可以被看作唐之前的官府藏书活动的历史总结。

第七章

隋唐五代时期图书馆学思想发展概况

　　隋唐五代时期藏书管理实践的发展为藏书理论的繁荣奠定了基础，在此基础上，部分图书馆学学人对藏书实践过程中出现的一系列现象进行了概括总结，最终形成了这一时期的图书馆学思想。程焕文在《略论中国古代图书馆学思想形成时期的几个问题》中称隋唐五代是我国古代图书馆学思想的形成时期。从藏书体系来看，中国古代传统意义上的官府藏书、私人藏书、寺观藏书和书院藏书四大藏书体系形成于这一时期；从藏书主体来看，造纸术、印刷术在这一时期的发展促使图书版本由写本向刻本转变，刻本逐渐盛行；从图书馆学思想来看，私人藏书的"乐借"与"吝借"观念、"五厄论"思想皆产生于这一时期。因此，对隋唐五代时期藏书"措理之术"的深入挖掘和系统梳理能够帮助我们分析、批判、继承、吸收前人的图书馆学思想，并对前人的经验加以总结概括，最终形成对这一时期藏书事业的整体概览，这有助于我们科学而全面地了解我国古代藏书事业与图书馆学思想的历史。

第一节　古代藏书体系的形成时期

《宋史·艺文志》总序言："历代之书籍，莫厄于秦，莫富于隋、唐。"隋唐两朝历经三百余年，在文化发展上起着承前启后的重要作用，在中国古代图书馆学发展史上也起着承前启后的作用。

在隋唐以前，根据藏书的性质，我国古代的藏书系统大致可以分为公藏和私藏两类，其中公藏主要包括皇家藏书、中央官府藏书和地方官府藏书，私藏则主要指私人藏书。隋唐五代时期，随着教育、文化事业的发展，在官府藏书和私人藏书之外，又出现了寺观藏书和书院藏书。之后，官府藏书、私人藏书、寺观藏书和书院藏书不断发展，最终作为我国古代藏书的四大体系被确立下来并为后世所沿用。直到清朝灭亡，民国时期引进西方图书馆学体系，延续千余年的四大藏书体系才土崩瓦解。隋唐五代时期的藏书事业既承袭汉朝以来的成就和遗风，又较之前的魏晋南北朝时期有了很大程度的改进。

一、官府藏书体系完备

隋唐是我国封建君主专制制度高速发展的时期，皇权高度集中，其结果就是统治者的意志更容易被实现。隋唐两朝历任统治者都注重官府藏书事业的发展,而藏书事业发展带来的必然结果就是官府藏书体系的建立与完备。

隋唐新政权建立以后,朝廷均制定了高度重视书籍的政策,努力搜集前朝遗书,广征民间藏本,组织人力抄写典籍,在短短数年内就使官府藏书日益丰富。其后,又逐步形成了皇室藏书与官府藏书内外分别的格局。皇室藏书置于禁中宫苑,如隋观文殿、唐弘文馆中的藏书都属于皇室藏书,故这些藏书机构又称"内府"或"内库";官府藏书置于秘书省(又称"秘阁"),在皇宫之外,如隋唐两朝的秘书省皆处于宫外里坊之中。

内府藏书的主要服务对象是皇帝,其数量和质量都远超秘阁,而且宫中所设藏书机构不止一个,悉遵皇帝旨意而定。为保障内府藏书的质量,提高使用效率,皇帝经常诏令博学之士从事藏书的校理、编目、录副等工作,并建立了颇为详尽的管理制度。唐朝弘文馆、集贤殿书院和史馆的功能各不相同,这对五代及北宋"三馆"制度的确立产生了重要影响。

隋唐五代官府藏书事业最兴盛的时期是在唐开元年间。开元十九年(731),仅东都洛阳宫内集贤殿书院的御本就有八万九千卷,并按照经、史、子、集四库分藏。后因唐末战乱频繁,东西两京皇城遭到严重破坏,宫室焚烧殆尽,长安、洛阳历时三百余年形成的官府藏书的中心地位日益瓦解,大量藏书开始散佚。五代十国时期,江南一带的战事少于北方,社会生活相对稳定,交通发达,物产丰饶,偏安一隅的南方王朝官府藏书的数量迅速增长。

二、私人藏书体系兴盛

隋唐五代时期,特别是唐朝,政治、经济、文化逐渐恢复并不断发展,进入了封建社会大繁荣的时期。这一时期,私人藏书事业蓬勃发展,主要因素有以下几点。第一,科举制度的推行,极大地增强了民间学子读书应试的积极性,私人藏书事业的根本动机——"藏书入仕"思想自此开始深入人心,为之后私人藏书体系的正式确定奠定了基础。第二,李白、杜甫、白居易等唐朝文学巨擘为后人留下了无数脍炙人口的文学作品,这些文学作品为书籍的传抄提供了内容,进一步增加了书籍的种类与数量。第三,雕版印刷术的发明、图书形制的变化,提高了图书的生产效率。当时,私人藏书蔚然成风,藏书助学求功名、藏书治学和藏书以保持家传名教,成为世家大族和文人士大夫的共识。在此背景下,唐朝出现了我国最早的私人藏书目录——《吴氏西斋书目》。

三、寺观藏书体系发展

我国的佛教寺院藏书最早可追溯至东汉末年,当时洛阳著名的白马寺已经开始注重收集和保管佛教经典著作,并且拥有一定数量的藏书。魏晋南北朝时期,印度和西域僧人大量进入中国,带来了大量佛教经典著作,并在中原地区广泛宣传宗教思想。受当时统治者偏好的影响,中原地区开设了大量的佛经译场,为佛教的本土化创造了条件。魏晋南北朝时期的部分统治者还下令实行僧官制度,开辟专门场所用于庋藏翻译后的佛教经典著作。东晋时期,在我国的南方地区出现了两个大规模的寺院藏书中心——庐山东林寺和建康道场寺,政府还组织人员编写了专门的佛教经典目录《综理众经目录》。

隋唐五代则是佛教和道教藏书的极盛时期,藏书的数量、品种在当时都达到了前所未有的水平。明代胡应麟在《少室山房笔丛正集》卷二中说道："凡释氏之书,始于汉,盛于梁,极于隋唐。"①据《隋书·经籍志四》记载,南朝梁的皇室宫苑华林园中藏有佛教经本五千四百卷,到隋朝增至六千一百九十八卷,并且抄写佛经在隋朝非常流行。唐朝佛学理论研究蒸蒸日上,形成了如三论、天台、法相、华严等多个宗派;译经事业蓬勃发展;以皇家大藏为标志的造藏之风盛行,并确立了统一的执行规范。这一规范的确立为宋代雕刻全国统一的大藏经扫除了障碍。

与佛教发展相似,道教在唐朝也进入了空前发展的阶段。为了更好地维护统治,唐高祖李渊追认老子为李姓远祖,并规定了"道先、儒次、佛后"的次序,确定了尊奉道教的国策。唐玄宗开设崇玄馆,敕令道士整理校勘从全国各地搜访到的道家经典著作,并以道家经籍考试生员,组织编撰了一部新的"道藏",史称《开元道藏》。《开元道藏》规模宏大,后在"安史之乱"中遭到毁坏。从道教发展的历史来看,唐玄宗时期我国古代道教经典的数量达到了最高峰。之后受"安史之乱"以及历代兵祸的影响,后世道教经典的数量再也没能超过玄宗朝。

总体来说,佛教藏书、道教藏书在隋唐五代时期呈现繁荣局面的原因主要有两个方面:一是佛道两教写经数量成倍增长;二是佛道两教大藏体系已臻完善,这为寺观藏书的形成奠定了基础。

---

① 胡应麟:《少室山房笔丛正集》卷二《经籍会通二》,载《景印文渊阁四库全书》子部(886),台湾商务印书馆,1983—1986年,第187页。

四、书院藏书体系产生

书院在我国有悠久的历史,其萌芽可以追溯至汉代,与汉代的"精舍""精庐"有一定的继承关系。《后汉书·儒林列传下》记载,包咸"少为诸生,受业长安,师事博士右师细君,习《鲁诗》《论语》。……因住东海,立精舍讲授"①。由此可知,"精舍""精庐"是汉代产生的聚集生徒、私家讲学的重要场所。但受当时文字载体的影响,"精舍""精庐"主要以口耳相传的方式授课,不具备大规模聚集书籍的条件。真正意义上的书院产生于唐朝。"书院"一词最早出现于唐朝,据《唐六典》卷九记载,开元五年(717),唐玄宗组织学者于乾元殿校理经籍;次年,乾元殿改名为"丽正修书院",又称"丽正书院""丽正殿书院";开元十三年(725),丽正殿书院更名为"集贤殿书院",这是官办书院的发端。② 在丽正书院之后,唐朝还出现了张九宗书院、义门书院等十几处私人书院。书院作为教育组织,其教课授徒的性质提出了广罗典籍的要求,从而促进了书院藏书体系的产生,并为后世宋、明、清等朝书院藏书事业的发展奠定了基础。

综上所述,隋朝作为结束魏晋南北朝几百年战乱的大一统王朝,国祚虽短,但是在政治、经济和文化等方面都制定了开创性的改革举措,为唐朝统一全国后的大繁荣局面奠定了基础。唐朝建立

---

① 范晔撰,李贤等注:《后汉书》卷七十九下《儒林列传下》,中华书局,2000年,第1733页。
② 张九龄等撰,李林甫等注:《唐六典》卷九《中书省》,载《景印文渊阁四库全书》史部(595),台湾商务印书馆,1983—1986年,第98页。

以后，继续维持了统一的政局。唐太宗吸取隋朝灭亡的历史教训，注重以人为本，广纳各方谏言，礼贤下士，开创了"贞观之治"。武则天在位时期，继续沿袭太宗朝的统治策略，不仅注重国家法度建设，而且开设明经科，善于选才纳士。武则天在处理对外关系等问题时，也采取了比较恰当的措施，避免了矛盾和冲突，从而巩固了国家统一，维护了社会稳定。唐玄宗在位前期，励精图治，广罗贤才，任用贤相姚崇、宋璟、张说、张九龄等人，这一时期国家安定富强，对外交流、贸易频繁，社会政治、经济、文化等各方面的发展均达到唐朝的顶峰，出现了"开元盛世"。在盛世之下，人民安居乐业，田间阡陌纵横，社会秩序井然。天宝十四年（755），"安史之乱"爆发，并持续了八年之久，唐王朝开始由盛转衰。"安史之乱"后相继出现了藩镇割据、朋党之争、宦官专权等一系列问题，导致唐朝一步步走向衰落直至灭亡。即便如此，从总体来看，唐朝的局势仍是以统一、稳定为主。国家的长期统一、政局的长期稳定，使统治者能够有效集中国家的人力、物力、财力开展图书编修和保存工作。人民的安居乐业也为私人藏书、寺观藏书、书院藏书等藏书事业的发展提供了人力和物力。此外，唐朝文化繁荣发展，文人骚客不断涌现。文化事业的繁荣促进了图书出版事业的发展，也为藏书事业的繁荣提供了丰富的图书资源和充足的人力资源。

五代十国时期，官府藏书虽屡遭破坏，但仍然体量最大、典藏最多且最为精美。私人藏书、寺观藏书和书院藏书则在政权相对稳定的南方诸地继续发展，中原藏书事业的中心地位受到了冲击和动摇。

第二节　古代图书馆学思想的形成时期

隋唐五代时期，伴随着藏书实践活动的普及和藏书数量的增多，藏书的意义日益为人们所重视，记录历代藏书情况的文献不断产生，对于藏书征集、整理、分类、校勘等活动中所蕴含的藏书措理之术的研究不断发展与完善，这标志着我国古代图书馆学思想在经过先秦至汉魏六朝的酝酿以后，在隋唐五代正式进入形成时期，对当时及后世的藏书事业产生了极大的影响。这一时期图书馆学思想的发展具体表现在以下几个方面。

一、系统阐述官府藏书的重要性

通过前文的多方论证可知，无论是官府藏书事业，还是民间藏书事业，到了隋唐五代都进入飞速发展时期，尤其是官府藏书从结构体系到规模都达到了中国古代封建社会的一个高峰。虽然在隋朝以前，朝廷重视官府藏书体系建设的意识已经萌芽，但是这种意识的形成离不开隋初牛弘在《请开献书之路表》中有关官府藏书建设重要性的论述。

牛弘在《请开献书之路表》中提出"经邦立政，在于典谟矣。为国之本，莫此攸先"的观点，将所收图书数量的多少作为判断一个君主的政治统治是否英明的标准。隋文帝采纳牛弘的建议颁布求书令之后，官府藏书的数量激增，创造了自秦汉以来历代官府藏书数量的最高纪录。这对隋朝以后的官府征书工作产生了极大影响，激励了封建社会最高统治者效仿古代明君的雄心。所以后世在王朝重建或中兴之时，总有文臣竭力提倡征求图书，封建帝王给予大力支持，从而"采掇遗亡"，"群书略备"。

受牛弘关于官府藏书建设重要性的论述的影响，魏徵在《隋书·经籍志》总序中提出了"夫仁义礼智，所以治国也，方技数术，所以治身也；诸子为经籍之鼓吹，文章乃政化之黼黻，皆为治之具也"的观点，把四部典籍当作统治者为政治国的依据。魏徵采用回溯历史的方式，从教化民众、经邦治国、立身齐家三个方面论证了图书收集的价值。魏徵的藏书建设思想主要包括以下几个方面：第一，强调文献在民众修身方面的价值；第二，在更为具体的层面上分析了文献的社会价值；第三，强调文献价值的实现必须结合现实语境；第四，文献是"今之所以知古，后之所以知今"的信息保障。这些关于官府藏书建设的论述对于促进唐朝及后世各朝官府藏书事业的发展具有积极意义。这些都说明，中国的图书馆学从一开始就肩负着巩固政权、治国治身的使命。

二、提出藏书的文化传承意义

随着藏书事业的繁荣昌盛，继魏徵之后，时人对藏书作用的认识有了进一步的发展和变化，提出了藏书不仅在强化政治统治的层面具有深远意义，而且对保存人类文明具有深远的影响，这一观点的代表人物为唐代学者刘知幾。刘知幾在《史通》卷十一中对文献的传播功能进行了详细论述:"苟史官不绝,竹帛长存,则其人已亡,杳成空寂,而其事如在,皎同星汉。用使后之学者,坐披囊箧,而神交万古,不出户庭,而穷览千载。"① 如果"竹帛长存",那么尽管当时书写历史的人已经亡故,发生的史实还是能以文字的形式被保存下来并为后人所了解,这肯定了藏书的文化传承意义。为了进一步形象地描述藏书的文化传承意义,刘知幾在书中还列举了历史上著名的明君贤士、暴君佞臣的故事,让后世之人能够明辨前朝历史。刘知幾首次提出藏书的文化传承意义,这对后人重视藏书建设产生了积极影响。

三、开藏书沿革史研究之先河

牛弘的《请开献书之路表》是我国古代重要的图书馆学思想著作,不仅在论述官府藏书事业的重要性上具有重要贡献,而且在我国藏书沿革史研究方面有开创之功。任继愈在《中国藏书楼》中说:"隋代牛弘的《请开献书之路表》可说是我藏书沿革史研究的开山之作。"② 这主要是因为牛弘在《请开献书之路表》中对隋朝以前历朝历代书籍散佚损毁的情况进行了系统的总结,并将此现象称为"书厄",奠定了古代"书厄观"的理论基础。

牛弘的"五厄论"建立在官府藏书"兴废有数"的基础上,其核心是论述官府藏书建设对巩固封建统治的作用。"五厄论"是我国古代图书馆学思想由萌芽到形成的一个里程碑,在我国古代图书

---

① 刘知幾著,浦起龙通释,王煦华整理:《史通通释》卷十一《外篇·史官建置》,上海古籍出版社,2009年,第280—281页。
② 任继愈主编:《中国藏书楼》,辽宁人民出版社,2001年,第556页。

馆学史上占有重要地位。

第三节　古代藏书措理之术的规范化时期

陈登原在《古今典籍聚散考》中说："收藏之量愈富，措理之术愈精。学者于此，可见人文进展之迹焉。"[①] 所谓"措理之术"，即藏书的学术思想与方法技术。隋唐五代时期丰富的藏书和频繁的官府、民间藏书整理活动，推动了这一时期藏书措理之术的发展，具体表现在以下几个方面。

一、藏书建设制度

隋唐五代时期，无论是官府藏书，还是民间藏书，都得到了极大的发展，对于藏书建设制度，尤其是藏书建设中有关藏书征集制度的研究日益增多，并且伴随着藏书实践的发展逐渐建立起完善的官府藏书建设制度和民间藏书建设制度。

在官府藏书建设制度方面，确立了藏书购求制度。历经魏晋南北朝三百余年的分裂动荡，隋朝初建时官府藏书十不存一，为了巩固统治、宣扬文教，隋文帝采纳了时任秘书监的牛弘在《请开献书

---

① 陈登原：《古今典籍聚散考》，商务印书馆，1936 年，第 301 页。

之路表》中提出的献书建议，在全国范围内开展征书活动，通过献书、访书、购求等方式来丰富官府藏书。牛弘在奏表中提出可以遵循"勒之以天威，引之以微利"的原则搜集藏书，这一征书原则被隋文帝采纳并经过完善，成为后世各朝所沿用的官府征书制度——购求制度。起初购求制度仅限于奖励金帛财物，之后逐步增加了赠予官爵等名目。

在民间藏书建设制度方面，产生了以抄书为核心的藏书征集制度。当时民间藏书的主要来源是抄写书籍，如南朝陈灭亡后，沈光"家于长安……甚贫窭，父兄并以佣书为事"；虞世基入隋"为通直郎，直内史省。贫无产业，每佣书养亲"。这种以抄促藏的形式对后世读书人产生了重要影响。

二、藏书整理制度

隋唐五代时期，朝廷对藏书征集活动的重视，使得藏书数量快速增长，从而促进了藏书整理、分类、编目等实践活动的发展，推动了相关藏书整理思想的进步，形成了藏书分类、编目思想体系，代表人物为陆德明、魏徵、毋煚。

陆德明（约550—630），名元朗，以字行，苏州吴县（今江苏苏州）人。仕隋为秘书学士，入唐为国子博士。他的分类编目思想主要反映在他的音韵学巨著《经典释文》之中。在《经典释文》中，陆德明第一次提出了"时有浇淳，随病投药"的观点。他说："五经六籍，圣人设教，训诱机要，宁有短长？然时有浇淳，随病投药，不相沿袭，岂无先后？所以次第互有不同。如《礼记·经解》之说，以《诗》为首；《七略》《艺文志》所记，用《易》居前……而王俭《七志》《孝经》为初。原其后前，义各有旨。"① 这是通过总结前代的书目分类体系来介绍书目分类体系发展变化的原因及意义。

魏徵在《隋书·经籍志》总序中历述了从三皇五帝到唐初武德年间典籍的产生与流传的过程，揭示了历朝历代的文献皆重视人文教育传统、道德教化作用、社会有序与和谐的事实，从而最终论证了文献所具有的价值论取向，为四部分类法的确定奠定了理论基础。同时，魏徵十分重视藏书分类的时代性与学术性，认为书目分类应做到"剖析条流，各有其部"②，分类体系则应随着时代和学术潮流的变化而各具特色。魏徵关于图书分类的思想理论，在由他领衔编撰的《隋书·经籍志》中得到了充分的体现。

继魏徵之后，在藏书编目整理理论方面作出重大贡献的是开元年间"十八学士"之一的毋煚。毋煚在开元年间任右补阙、修书学士，受秘书监马怀素之聘整理官府藏书，他的藏书编目思想集中体现于《古今书录》中。在该书的序文中，毋煚立足藏书不断增多的现实情况，分析说明藏书编目工作的重要性。他指出当时"经坟浩广，史图纷博，寻览者莫之能遍，司总者常苦其多"③。面对这种状况，应该采取什么办法呢？毋煚认为，要想充分发挥藏书的作用，就必须编制目录。他对目录的功能、作用作了精辟的论述，认为一部高质量的藏书目录"将使书千帙于掌眸，披万函于年祀，览录而知旨，观目而悉词，经坟之精术尽探，贤哲之睿思咸识，不见古人

---

① 陆德明：《经典释文》卷一《序录·次第》，商务印书馆，1936年，第9页。
② 魏徵：《隋书》卷三十三《经籍志二》，中华书局，2000年，第668页。
③ 毋煚：《古今书录·序》，载刘昫等《旧唐书》卷四十六《经籍志上》，中华书局，2000年，第1337页。

之面，而见古人之心，心传后来，不其愈已！"① 同时，毋煚告诫人们，如不对藏书进行"剖判条源，甄明科部"的分类编目工作，必将造成"先贤遗事，有卒代而不闻，大国经书，遂终年而空泯。使学者孤舟泳海，弱羽凭天，衔石填溟，倚杖追日，莫闻名目，岂详家代？不亦劳乎！不亦弊乎！"②的局面。

隋唐五代时期藏书事业的繁荣反映在图书馆学思想的发展领域，就表现为逐步形成图书馆学思想。这一时期的图书馆学思想是在藏书征集、藏书整理、藏书分类、藏书校勘等丰富的藏书实践活动之中产生的，四大藏书体系、藏书征集制度、佛教与道教大藏体系、藏书措理之术等也逐步确立。这些图书馆学重要组成部分的发展与完善，标志着我国古代图书馆学在经过先秦至汉魏六朝的酝酿以后，在隋唐五代进入形成时期，对当时及后世的图书馆学事业的发展产生了深远影响。

---

① 毋煚：《古今书录·序》，载刘昫等《旧唐书》卷四十六《经籍志上》，中华书局，2000年，第1338页。
② 毋煚：《古今书录·序》，载刘昫等《旧唐书》卷四十六《经籍志上》，中华书局，2000年，第1338页。

主要参考文献

班固撰，颜师古注.汉书.二十四史简体字本.北京：中华书局，2000.

蔡晓初、谷茂兰.唐代藏书考略.江西图书馆学刊，1994（3）.

蔡莹、楼云林编.图书馆简说.上海：中华书局，1936.

曹刚华.北魏中央图书机构——秘书省略述.图书馆杂志，2002（2）.

曹之.中国出版通史：隋唐五代卷.北京：中国书籍出版社，2008.

曹之.中国印刷术的起源.第二版.武汉：武汉大学出版社，2015.

陈德弟.北朝官府藏书活动述论.高校图书馆工作，2004（2）.

陈德弟.北魏官府藏书活动考述.图书馆杂志，2003（7）.

陈德弟.南北朝官府藏书活动述略.贵图学刊，2003（4）.

陈德弟.三国两晋官府藏书活动述略.贵图学刊，2004（2）.

陈德弟.十六国北朝官府藏书活动述论.图书馆工作与研究，2004（3）.

陈德弟.五代时期后唐官府藏书事业考述.中国典籍与文化，2003（3）.

陈登原.古今典籍聚散考.上海：商务印书馆，1936.

陈鸿墀纂.全唐文纪事.北京：中华书局，1959.

陈矩弘.元代秘书监藏书论略.图书与情报，2007（3）.

陈乐素.宋初三馆考.图书季刊，1936（3）.

陈磊.试析隋及唐初的儒学统一.孔子研究，2001（6）.

陈灵海.唐代刑部研究.北京：法律出版社，2010.

陈寿撰，裴松之注.三国志.二十四史简体字本.北京：中华书局，2000.

陈曙.论官府藏书.图书馆学刊，1992（3）.

陈曙.西洋官府藏书.河南图书馆学刊，1992（3）.

陈曙.中外官府藏书之比较.山东图书馆季刊，1992（1）.

陈寅恪.隋唐制度渊源略论稿.北京：中华书局，1963.

陈寅恪.元白诗笺证稿.上海：上海古籍出版社，1978.

陈影鹤.中国图书馆史略.厦门图书馆声，1933（3）.

成骥.浅述宋朝秘书省的职官地位和俸禄.开封大学学报，2000（2）.

程焕文.隋代官府藏书史略.河南图书馆学刊，1987（4）.

程俱撰，张富祥校证.麟台故事校证.北京：中华书局，2000.

代洪波.历代帝王与古代官府藏书的发展.图书与情报，2001（2）.

董诰等编，孙映逵等点校.全唐文.太原：山西教育出版社，2002.

杜宝撰，辛德勇辑较.大业杂记辑校.西安：三秦出版社，2006.

杜秉庄、杜子熊编著.书画装裱技艺辑释.上海：上海书画出版社，1993.

杜玉珠.明朝前期官府藏书管理探析.内蒙古师范大学学报（哲学社会科学版），2004（6）.

范晔撰，李贤等注.后汉书.二十四史简体字本.北京：中华书局，2000.

房玄龄等.晋书.二十四史简体字本.北京：中华书局，2000.

费愉庆.中国古代官府藏书机构考.当代图书馆，2004（3）.

封演撰，赵贞信校注.封氏闻见记校注.北京：中华书局，2005.

傅璇琮、谢灼华主编.中国藏书通史.宁波：宁波出版社，2001.

冈野一朗著，钟显谟译.中国古来之图书馆.民铎，1925（1）.

高承撰，李果订，金圆、许沛藻点校.事物纪原.北京：中华书局，1989.

葛立斌."兰台令史"与"东观校书郎".广东教育学院学报，2007（6）.

葛立斌."兰台令史"渊源考.兰台世界，2008（8）.

公振.简论北宋三馆秘阁的地位和作用.图书情报知识，1983（2）.

谷亚成.略述汉代官府藏书.西北大学学报（哲学社会科学版），1990（4）.

海继才.北宋的皇帝与官府藏书.中国出版，1997（7）.

韩刚.唐代集贤画院与画直考（上）.荣宝斋，2005（3）.

朝刚.唐代集贤画院与画直考（下）.荣宝斋，2005（4）.

韩愈.韩昌黎全集.北京：北京燕山出版社，1996.

何俊伟.白族地域古代官府藏书的历史与特色.兰台世界，2010（18）.

何锡光.唐代史馆的史料来源的常例和别例.重庆三峡学院学报，2007（2）.

贺霞.官藏、私藏书及其对我国古代文化的影响.图书馆论坛，2003（3）.

洪迈撰，孔凡礼点校.容斋随笔.北京：中华书局，2005.

胡玉兰.唐代著作郎官述论.西安电子科技大学学报（社会科学版），2006（3）.

胡震亨.唐音癸签.上海：上海古籍出版社，1981.

华欣.汉代的官府藏书.出版发行研究，1988（3）.

黄仁宇.赫逊河畔谈中国历史.北京：生活·读书·新知三联书店，1992.

黄兆郸.唐代图书馆事业发展初探.福建图书馆学刊，1989（1）.

计有功.唐诗纪事.北京：中华书局，1965.

贾光.秘书监在古代文献集藏历史中的作用和影响.图书馆杂志，2003（4）.

贾思勰.齐民要术.扬州：江苏广陵古籍刻印社，1998.

蹇长春.白居易评传.南京：南京大学出版社，2002.

《景印文渊阁四库全书》：经部：221.台北：台湾商务印书馆，1983—1986.

《景印文渊阁四库全书》：史部：308、374、595、603、607.台北：台湾商务印书馆，1983—1986.

《景印文渊阁四库全书》：子部：864、886、890、904、911、912、923、944、976、1035、1048、1060、1061.台北：台湾商务印书馆，1983—1986.

况能富.中国图书馆学思想的发展及其影响初探.图书馆学通讯，1985（1）.

来新夏等.中国图书事业史.上海：上海人民出版社，2009.

来新夏.中国古代图书事业史概要.天津：天津古籍出版社，1987.

赖瑞和.论唐代官员的办公时间.中国史研究，2005（4）.

劳格、赵钺著，徐敏霞、王桂珍点校.唐尚书省郎官石柱题名考.北京：中华书局，1992.

冷一江.唐代官府藏书在人才培养中的作用.图书与情报，2003（2）.

黎文丽.白居易任校书郎期间的创作与心态.西北大学学报（哲学社会科学版），2010（6）.

李百药.北齐书.二十四史简体字本.北京：中华书局，2000.

李德辉.唐代文馆制度及其与政治和文学之关系.上海：上海古籍出版社，2006.

李昉等编.文苑英华.北京：中华书局，1966.

李福长.唐代学士与文人政治.济南：齐鲁书社，2005.

李更.宋代馆阁校勘研究.南京：凤凰出版社，2006.

李更旺.南北朝诸国官府藏书机构考.河南图书馆学刊，1986（3）.

李更旺.西汉官府藏书机构考.图书馆杂志，1984（1）.

李更旺.先秦至南北朝官府藏书设置考——兼对《中国古代图书事业史一览表（上）》补遗.图书馆学刊，1982（4）.

李更旺.先秦至西汉官府藏书处所名称考——再对《中国古代图书事业史一览表（上）》补遗订误.图书馆学刊，1983（3）.

李厚培.张籍任秘书郎年代小考.贵州社会科学，1987（12）.

李瑞良.中国古代图书流通史.上海：上海人民出版社，2000.

李文才.十六国著作官考述.图书与情报，2005（5）.

李希泌、张椒华编.中国古代藏书与近代图书馆史料：春秋至五四前后.北京：中华书局，1982.

李秀娥.汉代官府藏书的管理.南都学坛（哲学社会科学版），1999（1）.

李延寿.北史.二十四史简体字本.北京：中华书局，2000.

李永强.虞世南在唐代书坛地位的形成与唐太宗的关系考.书法赏评，2010（6）.

李玉安、李天翔.明代的藏书管理与散佚——论明代废黜秘书监的后果.山东图书馆学刊，2009（6）.

梁启超著，夏晓虹点校.清代学术概论.北京：中国人民大学出版社，2004.

刘海峰.唐代集贤书院有教学活动.上海高教研究，1991（2）.

刘海峰.唐代选举制度与官僚政治的关系.厦门大学学报（哲学社会科学版），1989（3）.

刘洪霞.北宋官府藏书机构和官职的设置——北宋藏书文化研究系列之二.河南图书馆学刊，2007（5）.

刘宁.唐宋之际诗歌演变研究：以元白之"元和体"的创作影响为中心.北京：北京师范大学出版社，2002.

刘蓉、高锦花.唐代史馆制度略论.延安大学学报（社会科学版），2002（4）.

刘肃.大唐新语.上海:古典文学出版社,1957.

刘餗著,程毅中点校.隋唐嘉话.北京:中华书局,1979.

刘文英.浅议唐代藏书事业.四川文物,2002(3).

刘晓东.匡谬正俗平议.济南:山东大学出版社,1999.

刘昫等.旧唐书.二十四史简体字本.北京:中华书局,2000.

刘意诚.我国封建社会国家藏书的建立和补充.四川图书馆学报,1985(5).

刘渝生.中国藏书起源史.南昌:江西人民出版社,1994.

刘渝生.周王朝官府藏书处所辨析.图书情报工作,1986(4).

刘禹锡撰,《刘禹锡集》整理组点校,卞孝萱校订.刘禹锡集.北京:中华书局,1990.

刘玉峰.略说玄宗朝的图书整理与建设.山东大学学报(哲学社会科学版),1993(4).

刘知幾著,浦起龙通释,王煦华整理.史通通释.上海:上海古籍出版社,2009.

柳宗元.柳河东全集.北京:北京燕山出版社,1996.

罗时进、梁尔涛.唐初弘文馆整合与文学建设.学习与探索,2005(5).

罗香林.颜师古年谱.上海:商务印书馆,1941.

马端临著,上海师范大学古籍研究所、华东师范大学古籍研究所点校.文献通考.北京:中华书局,2011.

孟世恩、焦运立.试论中国古代藏书价值观对藏书特色的影响——以官府藏书和私家藏书为例.图书馆工作与研究,2008(1).

潘吉星.中国造纸技术史稿.北京:文物出版社,1979.

潘运告编著.宣和书谱.长沙:湖南美术出版社,1999.

庞弘燊.1979—2010年我国图书馆史研究的定量分析.国家图书馆

学刊，2011（1）.

濮秉钧.中国图书馆事业的回顾和展望.建国月刊，1937（4）.

祁琛云.宋代图书的征集途径述略.图书馆理论与实践，2007（6）.

钱存训著，郑如斯编订.中国纸和印刷文化史.桂林：广西师范大学出版社，2004.

钱大昕撰，陈文和、张连生、曹明升校点.廿二史考异.南京：凤凰出版社，2008.

钱健.唐代特进秘书监——藤原清河.图书馆，1986（5）.

钱易撰，黄寿成点校.南部新书.北京：中华书局，2002.

钱振东.书厄述要.坦途，1927（4）.

邱陵编著.书籍装帧艺术简史.哈尔滨：黑龙江人民出版社，1984.

瞿大风.古代图书管理机构——秘书监.内蒙古社会科学（文史哲版），1987（3）.

全根先.唐代官府的写书活动.学理论，2010（13）.

任继愈主编.中国藏书楼.沈阳：辽宁人民出版社，2001.

单永华.唐代中央藏书体制管窥.甘肃社会科学，1987（4）.

上海古籍出版社编，丁如明等校点.唐五代笔记小说大观.上海：上海古籍出版社，2000.

沈德潜选注.唐诗别裁集.上海：上海古籍出版社，1979.

沈括.梦溪笔谈.长沙：岳麓书社，2002.

沈约.宋书.二十四史简体字本.北京：中华书局，2000.

施安昌.唐代正字学考.故宫博物院院刊，1982（3）.

松见弘道著，黄宗忠、姜振儒、杨志清译，杨志清校.中国图书与图书馆.北京：书目文献出版社，1995.

宋敏求撰，辛德勇、郎洁点校.长安志.西安：三秦出版社，2013.

孙光宪撰，贾二强点校.北梦琐言.北京：中华书局，2002.

孙国栋.唐宋史论丛.上海：上海古籍出版社，2010.

孙楷著，徐复订补.秦会要订补.修订本.北京：中华书局，1959.

孙玲玲、刘丽斌.我国文献收藏活动与文化价值观的关系.兰台世界，2009（18）.

谭必勇.从史馆制度看唐代档案文献编纂.山西档案，2003（5）.

陶宗仪.南村辍耕录.北京：中华书局，1959.

王定保撰，黄寿成点校.唐摭言.西安：三秦出版社，2011.

王夫之.读通鉴论.北京：中华书局，1975.

王国强.历代政府藏书管理机构考略.河南图书馆学刊，1988（4）.

王嘉撰，萧绮录，齐治平校注.拾遗记.北京：中华书局，1981.

王林善、罗元贞.唐代的史馆修史制度.山西大学学报（哲学社会科学版），1986（3）.

王明清.挥麈录.上海：上海书店出版社，2009.

王溥.唐会要.北京：中华书局，1955.

王巍、徐晗星.论北宋发达的官府藏书体系及其特色.图书馆学研究，1996（2）.

王先谦补注.汉书补注.北京：书目文献出版社，1995.

王小甫、张春海、张彩琴编著.创新与再造：隋唐至明中叶的政治文明.北京：北京大学出版社，2009.

王永兴.陈寅恪先生史学述略稿.北京：北京大学出版社，1998.

王照年、罗玉梅.论北宋国家藏书制度的初创——以《麟台故事》所载为主.漳州师范学院学报（哲学社会科学版），2010（1）.

王子舟.隋代官府藏书考述.图书馆学研究，1998（3）.

韦述撰，辛德勇辑校.两京新记辑校.西安：三秦出版社，2006.

韦庄撰，李谊校注.韦庄集校注.成都：四川省社会科学院出版社，1986.

魏收.魏书.二十四史简体字本.北京：中华书局，2000.

魏徵.隋书.二十四史简体字本.北京：中华书局，2000.

吴钢主编.全唐文补遗：第二辑.西安：三秦出版社，1995.

吴钢主编.全唐文补遗：第六辑.西安：三秦出版社，1999.

吴钢主编.全唐文补遗：第三辑.西安：三秦出版社，1996.

吴钢主编.全唐文补遗：第一辑.西安：三秦出版社，1994.

吴兢编著，王贵标点.贞观政要.长沙：岳麓书社，2000.

吴炯炯、王瑞芳.隋代秘书省相关问题考论.图书与情报，2010（1）.

吴晞.秘书监和我国古代图书事业.大学图书馆学报，1991（5）.

吴夏平.盛唐集贤院诗歌活动考论.贵州文史丛刊，2007（4）.

吴夏平.唐代秘书省社会地位变迁考论.兰台世界，2008（8）.

吴夏平.唐代中央文馆制度与文学研究.济南：齐鲁书社，2007.

吴夏平.唐校书郎考述.贵州文史丛刊，2005（1）.

吴效华.北宋官府藏书的来源——北宋藏书文化研究系列之一.河南图书馆学刊，2007（2）.

武旭、马慧.动乱、兵燹和文献传承——从南北朝、五代十国两次大动荡谈起.图书与情报，2004（5）.

席会芬.北宋官府藏书的保管和整理——北宋藏书文化研究系列之三.河南图书馆学刊，2007（6）.

肖东发、袁逸.略论中国古代官府藏书与私家藏书.图书情报知识，1999（1）.

肖东发主编，何东红、朱赛虹编著.中国官府藏书.贵阳：贵州人民出版社，2009.

肖占鹏、李广欣.唐代编辑出版史.天津：南开大学出版社，2009.

萧统编，李善注.文选.北京：中华书局，1977.

谢灼华主编.中国图书和图书馆史.修订本.武汉：武汉大学出版

社，2005.

徐殿魁.河南偃师市杏园村唐墓的发掘.考古，1996（12）.

徐坚等.初学记.北京：中华书局，1962.

徐寿芝.古代官府藏书与利用.盐城师范学院学报（人文社会科学版），2005（3）.

徐松撰，赵守俨点校.登科记考.北京：中华书局，1984.

徐秀玲.从吐鲁番出土文书看唐代官吏请假制度.兰台世界，2011（2）.

徐雁、王燕均主编.中国历史藏书论著读本.成都：四川大学出版社，1990.

许碚生.古代藏书史话.北京：中华书局，1982.

许学夷著，杜维沫校点.诗源辩体.北京：人民文学出版社，1987.

杨秀发.唐代内府法书的传播形式和途径.书法赏评，2011（3）.

姚广宜.宋代国家藏书事业的发展.河北大学学报（哲学社会科学版），2001（2）.

姚名达.中国目录学史.上海：上海古籍出版社，2005.

姚思廉.陈书.二十四史简体字本.北京：中华书局，2000.

姚行地.《历代政府藏书管理机构考略》补证——兼与王国强同志商榷.河南图书馆学刊，1989（1）.

姚行地."秘书监"探微.图书情报工作，1990（6）.

叶杭庆、赵美娣.浙江古代官府藏书考略.兰台世界，2008（17）.

于桂林.浅探唐代藏书繁荣发展的几点行政因素.河南图书馆学刊，2003（2）.

虞世南撰，陈虎译注.帝王略论.北京：中华书局，2008.

虞世南撰，孔广陶校注.北堂书钞.台北：宏业书局，1974.

喻友信译.图书馆起源小史.学风（安庆），1934（5）.

袁咏秋、曾季光主编.中国历代国家藏书机构及名家藏读叙传选.

北京：北京大学出版社，1997.

圆仁. 入唐求法巡礼行记. 武汉：崇文书局，2022.

苑全亮. 南朝的著作郎与著作佐郎. 黑龙江史志，2008（16）.

岳纯之. 论唐代史馆的人员设置和史料来源. 烟台师范学院学报（哲学社会科学版），2003（3）.

岳纯之. 唐代史馆略说. 历史教学，2002（5）.

曾士莪. 古今公家私家藏书之卷数. 国文周报，1930（30）.

翟晓岩. 明代的官府藏书及其利用. 甘肃社会科学，1993（6）.

战英. 唐前期典籍整理与目录学成就. 古籍整理研究学刊，1997（3）.

张白影. 读《白香山集》辑白居易两任秘书省事略. 图书馆，1987（3）.

张白影. 中国图书馆事业史上的一朵樱花——记日本学者朝衡任唐代秘书监. 图书馆学通讯，1980（1）.

张富祥. 南宋馆阁制度述略. 山东师大学报（社会科学版），1986（4）.

张金霞. 颜师古语言学研究. 济南：齐鲁书社，2006.

张九龄撰，熊飞校注. 张九龄集校注. 北京：中华书局，2008.

张彦远辑，洪丕谟点校. 法书要录. 上海：上海书画出版社，1986.

张彦远著，秦仲文、黄苗子点校. 历代名画记. 北京：人民美术出版社，2016.

张莹. 汉代政府藏书评述. 山东图书馆季刊，1988（1）.

长孙无忌等撰，刘俊文点校. 唐律疏议. 北京：中华书局，1983.

赵益民、柯平. 五千年国家藏书机构职能考. 图书馆，2009（6）.

赵翼著，栾保群、吕宗力校点. 陔余丛考. 石家庄：河北人民出版社，2007.

赵永东. 谈谈唐代的秘书省. 文献，1987（1）.

郑春颖译注. 文中子中说译注. 哈尔滨：黑龙江人民出版社，2003.

郑建明. 我国政府藏书、书目工作机构粗考. 图书馆学刊，1987（4）.

郑如斯、肖东发编著.中国书史.北京：书目文献出版社，1987.

郑士德.中国图书发行史.增订本.北京：中国时代经济出版社，2009.

郑围.略谈先秦时期的图书管理和特点.阴山学刊，1999（1）.

郑学檬、卢华语、张宇等.李世民评传：附魏徵评传.南京：南京大学出版社，2006.

周密著，高心露、高虎子校点.齐东野语.济南：齐鲁书社，2007.

周少川.藏书与文化：古代私家藏书文化研究.北京：北京师范大学出版社，1999.

周少川.论社会政治环境与藏书盛衰.中国文化研究，1999（2）.

周绍良主编.全唐文新编：第4部第3册.长春：吉林文史出版社，2000.

周文超、刘丽斌.中国古代官府藏书和私人藏书活动对文化价值观的影响.兰台世界，2009（13）.

朱金城.白居易年谱.上海：上海古籍出版社，1982.

祝文白.两千年来中国图书之厄运.东方杂志，1945（19）.

索 引

【人 名】

B

白居易 51，56，104，108，118，146，244，252，285

班固 4，6，8，13，100，235

C

蔡邕 101，254，268

曹丕 37，71，74，102，153

陈平原 26

陈子昂 253

褚遂良 122，260

崔沔 32

D

达摩笈多 193

杜定友 13，23

杜兼 120，121

杜牧 104，113，253

杜希德 82

杜暹 112，121，184，258

杜邺 100

杜佑 31

段成式 104，120，121，242，256

段文昌 104，120

F

费长房 54，224，231

冯道 45，57—59，61

冯贽 58

傅荣贤 9

傅璇琮 7，108，109

H

韩愈 112，115，119，124，

126，152，211，221，253

胡应麟 54，190，201，265，271，286

胡震亨 56

桓谭 101

黄宗忠 3，6，14，21

J

江式 173

蒋乂 105，112，118，120

K

康子元 32

孔颖达 82，100，249

孔子 4，99，100，102，103，169，272

L

来新夏 5

黎干 260，261

李承休 104，105，125，126，258

李冲 115，120，124

李大师 125，126

李繁 104，125—127

李靖 157

李泌 104，105，112，125—127，221，260

李世民 88，107，135，161，203

李拭 104

李磎 104，113

李袭誉 114，252

李小缘 16

李廊 104

李渊 25，29，88，107，135，161，203，286

李元嘉 104，114，120，122，124，125

李元裕 115，120，124

李约瑟 63

李肇 50，89，144，210

令狐德棻 161，175，204，231，248，249

刘崇远 177

刘国钧 14，18

刘盼遂 53

刘歆 2，4，6，8，13，71，100，101，234，235，237—239，276

刘炫 111，228

刘禹锡 118，253

刘智海 110，111，186

刘焯 111，228

柳璨 110，230，246

柳玭 57，60，62

柳仲郢 113，128，186，222

柳宗元 104，118，119，122，123，187，253

卢俌 32

卢照邻 115

陆龟蒙 119，186，253

陆深 54

陆爽 110

M

马怀素 32，52，115，124，137，151，154，206，207，294

毛晋 57

米芾 49

N

牛弘 2，4，6，7，9—11，160—162，172—176，180，201，218，228，240，245，246，262—272，274，289—293

P

皮日休 48，119，253，254，259

R

任继愈 6，291

任末 101

S

邵博 52

沈约 102，126

司空图 56，60，124，254

宋璟 151，288

宋繇 102

苏弁 105，112，196

孙抃 105

孙长孺 105，222

孙毓修 54

索南坚赞 194

T

唐长孺 33

田弘正 222

田可封 32

屠隆 51

W

王国维 68

王绩 124，254

王俭 32，235，276，294

王明清 59，202

王僧孺 102

王涯 113，122，184，260，261

王幼学 53

韦景骏 104

韦述 104，105，112，117，118，122，128，186，196，221

韦庄 73

魏澹 245

魏徵 2，4，6，8，31，76，111，122，162，170，175，195，205，232，237，240，246，249，262，267，271，272，275，278，281，290，293，294

毋煚 2，4，7，11，12，138，241，293—295

吴兢 91，104，105，113，114，117，233

吴晗 8

吴仲强 3，17，20，21，23

武则天 76，106，134，288

X

向朗 102

萧统 102

萧颖士 113，114

萧子良 102

许善心 104，110，228，229，246

玄奘 55，58，133，134，141，142，189，193，244

荀勖 236—239，276

Y

颜师古 31，76，82，104，111，116，122，125，205，216，217，232

彦琮 140，193，231

杨恭仁 128

杨广 139，200，228，229，269

杨坚 25，131，148，163，199

杨炎 32

杨侑 25

姚察 116，184，196

姚崇 288

虞世南 31，75，76，85，117，122，204，205，232，242，246，247

宇文阐 25，148，163

元稹 51，55，56，60

Z

张弘靖 104，113，114，122，123，127，128，186，260

张嘉贞 104，114，127，128，260

张九龄 288

张说 156—158，288

张文规 104

张文诩 111，186

张延赏 104，114，127，260

张彦远 50，104，128，260

张盈 187

郑鹤春 19

郑鹤声 19

郑樵 13，69，202，279

智果 137

智通 193

【文献名】

B

《白氏长庆集序》55，56，60

《北史·序传》126

《别录》2，4，6，268

C

《册府元龟》60，183

《初学记》5，70，249

《春秋公羊传·隐公元年》99

《春秋左氏传》42

D

《大隋众经目录》140，141，231

《大业杂记》84，216，220

《读书杂录》56

《敦煌石室书录》54

G

《古今书录·序》2，4，7，11，138

《古文尚书》169

H

《汉书训纂》116
《汉书·艺文志》4，6，8，167，234，235，237，238，274，275，279，280
《翰林志》89
《河汾燕闲录》54
《后汉书·党锢列传》53
《后汉书·宦者列传》48

J

《校雠通义》13
《金刚经》61，62，211
《金华子杂编》177
《旧唐书·白居易传》251
《旧唐书·常衮传》87
《旧唐书·崔行功传》195，205
《旧唐书·窦威传》242
《旧唐书·韩王元嘉传》122
《旧唐书·韩愈传》253
《旧唐书·经籍志》92，156，208，209，248
《旧唐书·敬播传》82

《旧唐书·李怀俨传》205
《旧唐书·李袭誉传》252
《旧唐书·令狐德棻传》161
《旧唐书·柳仲郢传》186
《旧唐书·陇西王博义传》183
《旧唐书·穆宗本纪》88
《旧唐书·裴矩传》200
《旧唐书·王方庆传》121
《旧唐书·韦述传》117
《旧唐书·魏徵传》232
《旧唐书·吴兢传》117
《旧唐书·武承嗣传》233
《旧唐书·萧铣传》195
《旧唐书·新罗国传》244
《旧唐书·许叔牙传》87
《旧唐书·薛稷传》122
《旧唐书·颜师古传》116，232
《旧唐书·阳城传》243
《旧唐书·姚璹传》89
《旧唐书·袁高传》27
《旧唐书·张荐传》244

K

《开元道藏》136，225，286
《开元释教录》224，225

L

《老子》189，192

《历代名画记》50，128，260

《历代三宝记》54，55，224，231

《柳氏家训》57，60，62，183

《龙角山记》192

《论语》42，169，237，287

M

《墨子·非命下》65，164

N

《南齐书·崔慰祖传》102

Q

《七林》104，110，229

《七录》2，191，229，235，236，238，239，270，276，277，279

《七略》2，4，6，8，13，71，234—239，276，293

《七志》32，235，236，276，294

《青州府志》157

《请开献书之路表》2，4，6，7，9，10，160，162，172，174，175，180，200，201，218，228，240，262—264，266，267，272，274，289，291

《全唐诗》152，253

《全唐文》253，273，274

《群书四部录》5，11，12，137

S

《三洞经书目录》225

《三洞珠囊》225

《三国志·王粲传》101

《少室山房笔丛正集》54，190，265，286

《师竹斋读书随笔汇编》53，58

《史记·太史公自序》67

《释迦方志·教相篇》191

《四库全书》180，181，226，276

《宋高僧传》142

《宋史·艺文志》59，228，239，279，283

《隋仁寿年内典录》140，141，231

《隋书·经籍志》2，4—6，8，9，11，81，83，84，132，137，162，

166，170，191，199—201，203，218，230，235—241，245，247，248，262，267，269，271—281，286，290，294

《隋书·李文博传》81

《隋书·刘炫传》201，228

《隋书·刘焯传》111

《隋书·牛弘传》160，199，245，246，268

《隋书·儒林传》40，105，202

《隋书·食货志》27

《隋书·王劭传》246

《隋书·魏澹传》245

《隋书·许善心传》229，246

T

《唐会要》51，85，95，138，148，155，162，175，204，205，207，208，232，242

《唐六典》37，77，78，80，93，94，153，155，212，216，220，243，277，287

《天禄识余》213

《通典》31，39，50

《通志·校雠略》69

《通志·艺文略》279

《图书馆史话》8

《图书馆学》16

《图书馆学导论》6，14，18

《图书馆学基础教程》8，20

《图书馆学要旨》18

W

《晚清图书馆学术思想史》4

《魏书·江式传》173

《魏书·李先传》169

《魏书·儒林传》199

《文史通义》65

《文献通考》74，93，176，211，218，246

《无垢净光大陀罗尼经》57，61，211

《吴氏西斋书目》114，117，285

《五代史志》89，278

X

《香厨四部目录》84

《孝经》42，169，237，294

《新唐书·地理志》50

《新唐书·李元纮传》91

·315·

《新唐书·柳仲郢传》219

《新唐书·柳宗元传》253

《新唐书·陆龟蒙传》186

《新唐书·王珪传》81

《新唐书·颜师古传》116

《新唐书·艺文志》52，83，108，151，202，208，240，248

《新唐书·尹愔传》88，138

《新唐书·张弘靖传》114

《续高僧传》54，55，131，140

Y

《一鸣集》56

《一切道经音义》147，192，223

《云笈七签》148，149，225

《云仙散录》58

Z

《贞观政要》117

《贞元新定释教目录》189

《中国藏书楼》6，291

《中国藏书通史》7，108

《中国雕板源流考》54

《中国图书馆发展史：自清末至抗战胜利》17

《中国图书馆学学科史》8，20，22

《中经簿》276

《中经新簿》236—239，276

《周礼》6，42，97

《资治通鉴》83，229，230

《综理众经目录》223，285

【专有名词】

B

版本学 2，8，14，15，23，24

宝厨 84，220

亳州太清宫 149

C

藏书编目 294

藏书处所 8，18，66，67，70，74，82—84，87，93，94，139，142，164，167，198，211，242

藏书管理人员 70—72，95

藏书管理制度 198，216

藏书机构 16，18，19，22，65—68，70，72，73，86，89—98，111，113，116，136，138，139，141，147，149，161，171，190，220，241，242，264，268，270，284

藏书家 20，22，99—106，108—125，159，174，179，182，184—187，196，221，222，250，254，256—260

藏书利用 15

藏书流通 15，219，240，243

藏书楼 5，7—9，13，15—19，22，29，45，100，112，152，179，222，259

藏书体系 1，7，19，47，64—67，72，73，93，97—99，103，115，122，129，130，136，151，159，182，188，194，228，232，262，282—285，287，289，295

藏书文化 105，106，122，124，257，261

藏书印 127，128，259—261

崇文馆 5，44，49，73，86，87，96，151，154

D

大藏经体系 225

敦煌藏书 145

G

观文殿 5，83，84，93，94，211，220，230，269，284

官府藏书 1，7—11，19，33，36，37，65—76，81，89—95，99，102，103，107，115，116，118，136，139，153，155，156，159—172，174，179，180，191，197—202，204，206—209，211，212，215，216，218—222，227，228，230—233，239，240，242，243，245—247，249，263—265，267，269，270，272，278，282—284，288—294

官府外藏 73，164

官府征书制度 164—168，171，172，174，177，180，181，293

官修活动 245，248

龟室 66

H

弘文馆 5，44，49，73，84—86，94—96，113，117，118，127，154，204，233，241，284

皇室内藏 73，164

J

集贤院 51，90—92，112，113，118，127，138，154，162，207—209，220，221，241，243

嘉则殿 82，83，110，202，211，228，230，240

江州冲阳观 150

京师大慈恩寺 141

京师大兴善寺 139

京师昊天观 148

京师太清宫 149

京师西明寺 142

经折装 210，212—214

卷轴装 210—213，215

L

兰台太史 75

李公书院 156，157

龙鳞装 213，214

庐山东林寺 144，146，285

M

秘书丞 37，71，72，75，104，110，161，171，204，229，231，246

秘书监 2，5，6，10，31，32，35—37，71，72，74—81，83，94，98，110—112，117，118，153，160，174，175，195，199，201，204，205，207，211，218，228，230，232，241，246，263，272，292，294

秘书内省 81，82

秘书省 5，35—37，49，68，71—82，86—89，91，94，95，97，98，113，118，120，137，153—155，161，177，202，206—209，216，217，219，221，228，232，241，242，247，248，284

目录学 2，4，8，10，11，14，15，21—23，110，280

S

石山书院 156

史馆 49，73，87—89，95，113，114，117，118，138，154，176，177，179，248，249，278，284

书院藏书 1，7，8，19，47，99，152，158，159，194，282，283，288

司经局 73，87，154

私人藏书 1，19，47，99—103，105，106，108，109，112，115，123，159，167，174，175，182，188，194，196，211，219，221，250，256—258，282，283，285，288

四部分类法 207，236，237，239，275—277，280，281，294

寺观藏书 1，7，8，19，47，99，159，188，194，282，283，286，288

T

图书馆学思想 1，2，4，6，9，13，15，262，264，265，267，270—272，282，289，291，295

图书收纳制度 219

W

文献学 2，7，10，19，20，280

五台山金阁寺 143

X

香厨 84

挟书之律 100，103，165，167

叙录 234，235

玄都观 132，136，147，148

旋风装 210，213，214

学士院 73，89，90，177

Y

瀛洲书院 156，157

Z

张说书院 156，157

正副本制度 203，217

后　记

1925年，梁启超在《中华图书馆协会成立会演说辞》（以下简称《演说辞》）中提出要建立"中国的图书馆学"。他说：

中国从前虽没有"图书馆学"这个名词，但这种学问却是渊源发达得很早；自刘向、刘歆、荀勖、王俭、阮孝绪、郑樵以至近代的章学诚，他们都各有通贯的研究，各有精到的见解。所留下的成绩，如各史之艺文经籍志，如陈振孙、晁公武一流之提要学以至近代之《四库总目》，如佛教之几十种经录，如明清以来各私家藏书目录，如其他目录学专家之题跋和札记，都能供给我们以很丰富的资料和很复杂的方法。我很相信：中国现代青年，对于外国图书馆学得有根底之后，回头再把中国这种目录学（或用章学诚所定名词叫他作校雠学）加以深造的研究，重新改造，一定能建设出一种"中国的图书馆学"来。

在《演说辞》发表近百年后的今天，通过数代图书馆学学人的共同努力，中国图书馆学已经从孕育阶段逐渐迈向成熟的发展阶段，图书馆学也作为一门专业学科开设了各类课程，开展了各类研究，呈现欣欣向荣之势。然而，与图书馆学发展现状不相匹配的是学术史和学科史建设的基础仍然十分薄弱。现代中国的图书馆学仍是"舶来品",其根底仍旧是"外国图书馆学",现有的图书馆学理论、图书馆学研究方法也大多承自西方和日本。中国的图书馆学正处于《演说辞》中所说的"对于外国图书馆学得有根底"的阶段,在这种情况下,"把中国这种目录学(或用章学诚所定名词叫他作校雠学)加以深造的研究",建设"中国的图书馆学"的时机已经到来。如何科学地反映和总结中国图书馆学的发展历史,汲取中国传统目录学和校雠学思想来建设真正的中国图书馆学,亦成为当代图书馆学学人肩负的一项重要使命。

在这种情况下,学界中有关诸如"中国古代有没有图书馆学""中国古代图书馆学的历史分期""中国古代图书馆学的研究对象及范围界定"等问题的探讨与争论逐渐出现,学者们各执一词,难有定论。目前尚无专门的论著对古代图书馆学学人及其图书馆学理论、方法和实践作较为全面系统的研究。因此,有必要全面系统地阐述古代图书馆学发展的规律、特点及所作的贡献,客观评价并确立古代图书馆学在中国图书馆学史上的地位。

2015年,笔者加入了王余光教授主持的重大项目"中国图书馆学史"的课题研究组,负责隋唐五代时期图书馆学史相关内容的撰写工作,在研究的过程中,逐渐对中国古代图书馆学的整体发展情况产生兴趣。恰逢《演说辞》发表九十周年之际,笔者阅读了王子舟教授等撰写的《"中国的图书馆学"建设仍在路上——纪念梁启超〈中华图书馆协会成立会演说辞〉发表90周年》一文,对其中"'中国的图书馆学'建设仍在路上"的说法深有感触,故而更坚定了深入研究中国古代图书馆学相关问题的信念,并将自己的想法与相关学者进行了交流。在交流的过程中笔者发现,中国历史悠久,对中国古代图书馆学的研究可以上溯至商周、下究至明清,时间跨度大、理论成果多,仅靠一本著作难以全面概括,容易变成泛泛之谈。因而,笔者结合前期在隋唐五代时期的图书馆学实践和图书馆学史研究过程中所积攒的资料以及相关学者的建议,以隋唐五代时期的图书馆学实践和图书馆学思想研究为主题,撰写本书。

本书作为十卷本《中国图书馆学史》的第二卷,在确定"古代图书馆学"这一概念的基础之上,从"藏书管理实践"与"图书馆学思想形成"两个维度对该时期的图书馆学学术史进行系统梳理。在"藏书管理实践"的维度上,系统回顾中国古代传统的四大藏书体系在这一历史时期建立、发展的情况,研究和总结藏书征集、整理、保管、流通、利用等管理实践情况。在"图书馆学思想形成"的维度上,基于藏书管理实践研究中的史料整理,结合第一卷中关于"古代图书馆学研究对象"的界定,融合牛弘、魏徵等图书馆学学人有关藏书建设、藏书管理的学术思想,对隋唐五代时期图书馆学思想进行总结归纳,并对其历史价值、现代传承价值进行论述,以期为"中国古代图书馆学"这一古老学科体系的建立提供史料支撑与理论借鉴。

隋唐五代时期,图书馆学成就突出,气象恢宏,为学科构建作出贡献者不计其数。囿于学力,笔者仅择取了部分掌握比较充分的资料,对学术史影响较大的专题展开探索。因此,本书尚存在以下几点不足:第一,学人个案研究不足。个案研究是宏观研究的基础之一,只有对隋唐五代时期图书馆学学人及其相关论著进行全面研究,才能得出比较可靠的结论。本书在图书馆学学人研究方面存在人数少、分析浅的问题，笔者计划在后续的研究中全面梳理隋唐五代时期的图书馆学学人及其著作，并逐一进行深入分析，借此全面反映隋唐五代时期图书馆学发展的特征和规律。第二，缺乏对古今图书馆学思想传承和演变的深入研究。本书过度重视对隋唐五代时期藏书实践史料的整理，以及对其中图书馆学思想的归纳总结，而缺乏对其现代传承、演变、发展规律的深入对比研究。第三，对隋唐五代时期图书馆学思想的历史价值的总结高度不够。本书对隋唐五代时期图书馆学思想的历史价值总结集中在理论传承价值、制度建立价值和思想形成价值等方面，缺少对其在现代图书馆学学科中的历史地位及价值的阐述。

在拙作即将出版之际，首先要感谢一直关心笔者的学习和生活的王余光教授和钱婉约教授。笔者在王余光教授的悉心指导下撰写了本书，正是这种"传帮带"的传统教育方式，使笔者不仅在人生道路的选择和学术道路的行进上受到了指引与点拨，还学会了如何更好地热爱生活、享受生活，这些潜移默化的影响，将使笔者受益终身。其次，感谢在写作过程中给予指导、建议、帮助和关心的老师、同门，尤其是硕士导师胡立耘教授，当初正是听取了胡立耘教授的建议，笔者才与北大结下了不解之缘。最后，还要感谢安徽教育出版社的编辑老师为本书的出版所付出的努力。

赵 晓

2024年3月31日于昆明